자라 바겐크네히트
Sahra Wagenknecht

1969년 동독 예나에서 독일인 아버지와 이란인 어머니 사이에서 태어났다. 학생군사훈련을 거부해 공부를 계속할 수 없었으나 독일 통일 후 「선택의 한계: 선진 국가들에서 저축 결정과 기본수요」라는 논문으로 국민경제학 박사학위를 취득했다. 그녀와의 인터뷰를 정리한 『현재의 추세에 용감하게 맞서라』(2017), 『자본주의 대신 자유』(2013), 『엉터리 방법들. 금융파탄과 세계경제』(2008) 등의 저서가 있다.

현재 독일 연방의회 의원이자 좌파당의 원내 대표로서 당 안팎의 신망을 받고 있으며 독일을 비롯한 세계인의 공존과 삶의 향상 그리고 지구의 지속가능성을 위해 용감하게 발언하는 정치인이자 비판적 지식인이다.

옮긴이 장수한

충남대학교에서 역사학을 시작해 서강대학교 대학원에서 박사과정을 마쳤다. 독일 빌레펠트 대학에서 독일사를 공부했다. 『독일 프로테스탄트 교회의 역사』(2016), 『그래도, 희망의 역사』(2009) 등의 저서와 『산업과 제국』(에릭 홉스봄, 1984) 외에 여러 책을 번역했다.

풍요의 조건
REICHTUM OHNE GIER

REICHTUM OHNE GIER
by Sahra Wagenknecht

All rights reserved by the proprietor throughout the world in the case of brief quotations embodied in critical articles or reviews.
Korean Translation Copyright © 2018 by Germinal Publishing Co., Gongju-si, Chungnam-do, Korea
Copyright © 2016 by Campus Verlag GmbH., Frankfurt

This Korean edition is published by arrangement with Campus Verlag GmbH., Frankfurt through Bestun Korea Literary Agency Co., Seoul

이 책의 한국어판 저작권은 베스툰 코리아 출판 에이전시를 통해 저작권자와의 독점 계약으로 제르미날 출판사에 있습니다. 저작권법에 의해 한국 내에서 보호를 받는 저작물이므로 무단 전재와 무단 복제를 금합니다.

풍요의 조건
자본주의로부터 우리를 구하는 법

초판 1쇄 발행 | 2018년 2월 10일

지은이 | 자라 바겐크네히트
옮긴이 | 장수한

발행처 | 제르미날 출판사
발행인 | 곽은용
디자인 | 스튜디오 미인

주　　소 | 충청남도 공주시 반포면 상하신길 442-3 (상신리 359-1)
전　　화 | 041-857-1476　**팩　스** | 014-857-1954
전자우편 | germinale@naver.com
출판등록 | 2014년 4월 18일

ISBN 979-11-962735-0-7 (03320)

- 책값은 뒤표지에 있습니다.
- 파본이나 잘못된 책은 구입하신 곳에서 바꿔드립니다.

이 도서의 국립중앙도서관 출판예정도서목록(CIP)은 서지정보유통지원시스템 홈페이지(http://seoji.nl.go.kr)와 국가자료공동목록시스템(http://www.nl.go.kr/kolisnet)에서 이용하실 수 있습니다. (CIP제어번호: CIP2018001875)

풍요의 조건

자본주의로부터 우리를 구하는 법

자라 바겐크네히트 지음 | 장수한 옮김

REICHTUM OHNE GIER

Wie wir uns vor dem Kapitalismus retten

제르미날

일러두기

1. 이 책의 외래어 표기는 국립국어원의 외래어표기법에 따랐다.
2. 단행본과 신문, 잡지 등의 간행물은 『 』, 논문 등은 「 」로 묶었다. 기업명이나 단체명 등은 별도의 표기 없이 붙여 썼다.
3. 본문 안의 대괄호는 옮긴이가 독자의 이해를 돕기 위해 추가한 것이며, 인용구 안의 대괄호는 원저자의 것이다.
   원저자의 주는 후주로 처리했고 본문의 * 표 아래 주는 모두 옮긴이의 것이다.

"낡은 것을 그대로 둔 채
무엇인가 변하기를 바라는 것이야말로
정말 미친 짓이다."

―알베르트 아인슈타인

옮긴이의 여는 글

소유권의 민주적 재구성을 통해 함께 누리는 풍요

이 책은 자라 바겐크네히트$^{Sahra\ Wagenknecht}$의 『풍요의 조건: 자본주의로 부터 우리를 구하는 법』$_{Campus\ Verlag\ Frankfurt/\ New\ York,\ 2016}$을 완역한 것이다.

  자라 바겐크네히트의 책이 국내에서 번역된 것은 이번이 처음이다. 먼저 저자를 간단히 소개하려고 한다. 자라 바겐크네히트는 1969년 동독의 예나에서 태어났다. 그녀의 아버지는 서베를린의 학생 시절에 동베를린에서 예술품거래 담당 공무원으로 일하던 이란 출신 그녀의 어머니를 만났다. 1961년 동서 베를린을 가로막는 장벽이 세워졌지만 젊은이들의 사랑까지 막을 수는 없었다. 그러나 그들의 결혼생활은 장벽의 그늘 아래 불행으로 끝이 났다. 자라 바겐크네히트가 어린 시절에 아버지는 이란 여행 후 행방불명이 되었다. 후에 독일연방의회의 국회의원이 되자 그녀는 시청에 등록된 Sarah 대신 부모가 지어 준 페르시아어 표기법대로 Sahra[자(흐)라]라는 자신의 이름을 되찾았다. 아버지와 어머니를 기억하고 자신의 출생을 확실히 알리는 일이었다.

바겐크네히트는 학생 시절 일상적으로 행해지던 동독의 학생 군사 훈련에 엄청난 부담을 느껴 아무것도 먹을 수 없었는데, 당국은 이를 단식투쟁으로 보았다. 이 일로 "전체를 위해서 충분히 준비되지 않았다"는 이유로 더 이상 공부를 계속할 수 없게 되자 그녀는 비서직 일자리를 구했다. 그러나 3개월 만에 그만두었는데, 당시 동독에서는 용납될 수 없는 일이었다. 결국 그녀는 그 후 더 이상 국가의 지원을 받을 수 없게 돼 보조원으로 일하면서 겨우 생계를 꾸려야 했다. 그녀는 태생적으로 군사주의와 전쟁, 나아가 전체주의에 반대했고 동독 체제로부터 혜택을 입지 못한 사람이었다. 그러나 그녀는 동독의 현실과 자신이 이해한 사회주의 철학을 냉철하게 구별했다. 1989년 봄, 그녀는 "막다른 길목에 내몰린 사회주의를 재구성하고 기회주의자들에게 대항하기 위해 동독 공산당에 가입했다."

바겐크네히트는 동서독이 통일된 1990년 여름 학기부터 예나의 실러 대학과 베를린의 훔볼트 대학에서 철학과 독일 근대문학을 공부했다. 졸업에 필요한 학점을 모두 취득했지만 그녀는 연구의 목적에 회의를 느껴 논문 작성을 포기하고 1996년 9월 네덜란드의 흐로닝언 대학 철학과에 등록했다. 이 대학에서 「청년 마르크스의 헤겔 수용」이란 논문으로 석사 학위를 마치고(1997년 책으로 출판) 2005년 다시 국민경제학 분야에서 「선택의 한계: 선진 국가들에서 저축 결정과 기본수요」라는 주제의 박사 학위 논문을 시작했다. 2012년 8월 그녀는 자신의 연구 결과를 로자룩셈부르크재단Rosa-Luxemburg-Stiftung의 연구 교수이자 켐니

츠 대학의 미시경제학 교수인 프리츠 헬메닥$^{Fritz\ Helmedag}$에게 제출해 좋은 평가와 함께 박사 학위를 취득했다(2013년 출판). 그녀는 이런 지적 활동을 바탕으로 2012년부터 2014년까지 일간지『새 독일$^{Neues\ Deutschland}$』에 현안에 대한 칼럼을 연재하는 등 저널리스트로서도 이름을 얻었다.

바겐크네히트는 1990년대 초부터 사회주의통일당에 기반을 둔 독일 민주사회당에서 정치 활동을 시작했다. 2004년부터 2009년까지 유럽연합 의회의 의원을 지낸 그녀는 정부에 비판적인 독일 사회민주당의 좌파와 노동조합 세력이 연대해 2005년에 결성한 '노동 및 사회정의를 위한 대안 선택'과 민주사회당이 2007년에 통합해 좌파당$^{Die\ Linke}$을 결성하자, 2009년까지 유럽 의회에서 좌파당을 대변했다. 그녀는 2009년 처음으로 노르트라인 베스트팔렌 주 뒤셀도르프에서 독일 연방의회의 국회의원으로 선출되었고 2010년부터 2014년까지 좌파당 대표 대행을 거쳐 2015년 10월 이래 독일 연방 의회에서 좌파당의 원내대표로 활동하고 있다.

바겐크네히트는 2010년 독일 연방의회에서 이스라엘의 국가수반 시몬 페레스$^{Shimon\ Peres}$가 연설을 마치자 다른 의원들이 기립 박수를 보낸 것과 달리 자리에서 일어서지 않았다. 갈색 피부를 가진 여성 의원이 의연하게 자리를 지키고 앉아있는 모습은 분명 눈에 띄는 일이었다. 그러나 그것은 영웅심에서 나온 돌출 행동이 아니라 확신에 찬 정치행위였다. 이 일로 자신과 좌파당이 거듭 언론의 비판과 추궁을 받자 그녀는 좌파당 의원들 역시 홀로코스트의 희생자를 추모하는 데 뜻을 같이한다는 점을 분명히 하는 한편, "그러나 그날 페레스의 연설은 희생자 추모를 위해서만이 아니라 중동 정책을 언급하면서 이란을 향한 전쟁 준비로 해석될 부분을 포함하고 있었다. 그날 내가 그에게 기립 박수를 보내지 않은 것은 전쟁 반대자로서 전쟁을 거부한 것이며 지금도 나는 중동에서 전쟁이 일어나지 않기를 바라고 있다"고 말했다. 미국의 도널드 트럼프 대통령이 예루살렘을 이스라엘의 수도로 인정하면서 이스라엘이 공세를 취하고 있는 지금 기억해야 할 발언이다. 그녀는 독일의 분단과 통일을 거치는 격변의 시대에 동시대인으로서 누구보다도 민감하게 그 변화를 받아들이고 자신의 고유한 방법으로 대응하면서 정치인으로 성장했다.

　바겐크네히트는 독일과 세계가 안고 있는 문제와 관련해 끊임없이 연구하고 책을 저술하는 드문 정치인이다. 최근에 그녀와의 인터뷰를 묶은 『현재의 추세에 용감하게 맞서라』(2017)라는 책이 곧바로 독일의 지성지 『슈피겔』의 베스트셀러에 오른 것도 이런 이력이 만든 결과이다. 이밖에도 『자본주의 대신 자유』(2013), 『자본주의, 위기에 어떻게 대처하나?』(2013), 『엉터리 방법들. 금융파탄과 세계경제』(2008), 『근대주의자들의 신화』(공저, 2001) 등의 저서들이 있다.

　바겐크네히트는 이제 독일 좌파당의 대표적인 정치가이자 독일의 야당 지도자로서 당 안팎으로부터 신망을 얻고 있다. 나아가 그녀는 세계인들의 공존과 지구의 지속가능성을 위해 용감하게 발언하는 비판적인 지식인의 한 사람으로서 폭 넓은 기대를 모으고 있다.

　바겐크네히트의 『풍요의 조건』은 자본주의 세계경제에 대한 날카로운 현실분석을 토대로 인류가 이룩한 풍요를 사회의 약자들이 함께 누리게 될 구체적이고 실질적인 대안을 제시한 책이다. 현실에 맞서 사회와 세계를 바꾸어야 하고 바꿀 수 있다는 그녀의 신념과 열정은 이미 공감을 얻어 『슈피겔Spiegel』의 장기 베스트셀러를 넘어 세계 여러 나라에서 독자들과 만나고 있다.

이 책의 가장 커다란 장점은 통찰력 있는 관찰을 통해 자본주의 경제와 사회의 핵심 작동 원리와 현실을 유리처럼 투명하게 드러낸다는 점이다. 그녀는 끊임없이 인류 역사를 논의의 중심으로 끌어들여 자본주의의 탐욕을 극복할 새로운 방향을 설정하고 현실적인 대안을 제시하는 데 성공하고 있다. 고대 그리스와 로마를 비롯한 유럽의 역사는 물론이고 중국, 일본 그리고 한국 등 동아시아의 경험을 포함하여 현재 세계에서 일어나고 있는 중요한 일들이 이 책의 내용을 구성하고 있다. 나아가 그녀는 스미스, 마르크스, 케인스, 폴라니, 그리고 피케티 등 수많은 경제학자의 저서들과 훌륭한 고전들을 인용해 자신의 인식과 대안이 인류의 위대한 지적 전통을 계승하고 있음을 보여 준다. 하이에크를 비롯한 자유주의자들과 신자유주의자들의 주장이 상대적으로 소수의 의견일 뿐만 아니라 소수의 이익에 이바지할 뿐이라는 사실을 확연히 드러내 자유주의자들마저 자신의 주장에 귀를 기울일 수밖에 없게 만들었다는 평가를 받고 있다.

먼저 바겐크네히트는 21세기 자본주의 경제를 우리가 극복해야 할 경제 봉건주의로 규정한다. 소수 시장 지배 세력이 무제한의 탐욕을 채우면서 아무런 책임을 지지는 않는 오늘의 경제는 성과 · 책임 · 경쟁에 토대를 둔 진정한 시장경제와 거리가 멀다는 점에서 봉건적이고, 20세기 후반 수십 년 동안 젊은이들을 자극했던 접시닦이 신화는 실종되고 중산층이 사라진 반면, 혁신과 경쟁의 결과가 아니라 혈연과 유산에 바탕을 둔 금벌(金閥)이 시장을 완벽하게 장악해 그것을 자신의 후손에게 세습하고 있다는 점에서 봉건왕조와 다르지 않다고 판단한다. 이런 현상은 심지어 계층상승의 기회가 될 교육에서조차 그대로 재현되면서 젊은이들의 미래를 위협하고 있다는 진단이 이어진다. 흔히 창의적인 지적 노력의 결과라고 받아들이는 특허권마저 실은 소수 거대 콘체른의 시장 지배력을 지키는 수단으로 전락했다는 지적은 독자들을 현실로 좀 더 가까이 다가서게한다.

바겐크네히트는 소수 거대 독점기업이 시장 권력을 장악하고 있지만 그들에게 성공을 안겨 준 기술들은 공공 연구 기관이나 대학 연구소들에서 발전한 것이라는 사실을 드러내 결국 납세자들이 재정을 댄 기술들이라고 밝힌다. 예컨대, 애플이 채택한 열두 개의 핵심 기술들은 모두 공적 자금으로 개발한 것들이다. 그러므로 국가의 경제 개입과 규제가 경제를 망치는 요인이 아니라는 사실, 오히려 국가의 경제 개입의 방향이 대단히 중요하다는 사실을 각인시킨다. 실제로 흔히 개인의 혁신이 낳은 결과로 알려진 디지털 경제 부문에서 인프라를 구축하고 스타트업을 지원하는 국가의 역할은 오히려 증대하고 있다. 인공지능이나 3D 프린트가 제공하는 환상에 젖어 시장 지배 권력에게 우리의 미래를 맡기는 대신 국가 권력을 모두에게 유익한 진정한 혁신을 이루는 데 사용해야 한다고 주장한다. 이어서 그녀는 조건 없는 기본 소득의 실시도 필요하지만 우리 모두가 독립적인 인간으로 살아가기 위해서는 숙련 전문 노동의 가치를 되살려야 할 것이라고 주의를 환기시킨다.

바겐크네히트는 금융 부문의 개혁을 우선 과제로 삼는다. 1321년 카탈루냐에서는 파산한 은행가를 참수형에 처하게 한 법이 제정되었다는 역사적 사실을 들추어내, 오늘의 금융 자본은 어떤 실패에도 책임지지 않을 뿐 아니라 오히려 국민의 세금으로 국가가 그 손실을 보전해주는 것과 대조시킴으로써 오늘의 관행이 얼마나 터무니없는 것인가를 확인시킨다. 돈은 공공재라는 인식에서 출발해 금융자본의 무책임한 이윤 증대에 종지부를 찍고, 지역 민주주의에 토대를 둔 새로운 금융 경제의 건설을 제안하면서 그녀는 경제 사정이 전혀 다른 여러 나라에 획일적으로 유로화를 강제하는 오늘의 유로 체제를 날카롭게 비판한다. 한 국가 안에서도 민주주의가 더 잘 작동하려면 작은 지역공동체 주민들이 주체적으로 의사를 결정하고 그것이 국내 정치에 반영되어야 하듯이 유럽연합 내 혹은 세계 여러 지역 경제 단위들의 서로 다른 상황이 반드시 고려될 때에만 국제적 연대와 협력이 본래의 이상을 실현할 수 있을 것으로 전망한다.

이 지점에서 우리는 바겐크네히트가 물려받은 지적 유산에 관심을 가질 수밖에 없다. 그녀의 국민경제학Volkswirtschaftslehre은 크게 보면 두 가지 전통의 종합이다. 그 하나는 독일의 역사적 상황에 적합한 경제 정책을 추구한 프리드리히 리스트 이래 독일 역사학파의 전통이다. 모든 나라에 획일적으로 똑 같은 경제정책을 적용하여 각 국민국가의 특수성과 자율성을 파괴한다면 그것은 인류가 이룩한 경제성과를 초국적 콘체른과 금융자본에 통째로 내주는 꼴이라는 그녀의 판단은 그리스 금융위기의 원인 진단과 해법에서 선명하게 드러나고 있다. 유럽연합이 각국의 금융정책과 독자적인 위기대처 방안을 방해하는 것에 대한 그녀의 비판과 각 국민국가의 자율성을 최대한 보장하라는 그녀의 주장은 이런 전통에서 보면 더 쉽게 이해할 수 있다. 그러나 그녀는 국가의 부에 관심을 둔 역사학파와 달리 '사회'와 삶의 향상에 집중한다.

바겐크네히트는 다른 하나의 전통, 즉 정치 경제학 비판의 지적 전통을 계승하고 있다. 세계적으로 관철되고 있는 '자본'의 지배를 극복할 대안을 제시한 그녀의 처방은 카를 마르크스의 정치 경제학 비판을 그 중요한 기초로 삼고 있다. 자본주의 경제에서 자본이 지향하는 바는 좀 더 나은 양질의 상품생산이 아니라 많은 양의 생산을 통한 이익의 극대화라는 사실을 확인하는 한편, 자유롭고 풍요로운 삶은 다른 사람들과의 연대를 통해서만 실현될 수 있다는 그녀의 생각은 사회적 관계를 주제로 삼은 정치 경제학 비판을 출발점으로 삼은 것으로 볼 수 있다. 그럼에도 그녀의 대안은 사회주의자들이 전통적으로 추구하던 방법에 얽매이지는 않는다. 그녀는 독일인으로서 독일의 지적 유산을 계승하고 있지만 이렇듯 두 전통 모두 무비판적으로 받아들이지는 않는다. 대신 그 전통을 비판적으로 적용하고 있다는 점에서 그녀는 대단히 현실적이다.

바겐크네히트의 이 책이 제시한 대안은 사람들의 통념을 뛰어넘고 있다. 오늘의 자본주의를 변혁하기 위해서 그녀는 많은 사람이 당연하게 받아들이는 '소유권' 자체를 다시 생각해 보자고 제안한다. 아리스토텔레스로부터 시작해 존 로크 그리고 최근에 이르기까지 오늘의 소유권 사상이 어떻게 정착하게 되었는지 그 역사를 차근히 되돌아봄으로써 그녀는 너무나 확고해서 도무지 움직일 수 없다고 생각하기 쉬운 오늘날의 소유권 관념이 실은 역사의 산물이므로 변혁 가능한 대상일 따름이라는 이해로 안내해 간다. 그리고 자본주의적 탐욕을 극복하고 모두가 풍요를 누릴 새로운 소유 형태들을 제안한다. 아무런 성과도 내지 않고 책임도 지지 않으면서 소유주들이 대부분의 이익을 가져가는 오늘의 주식회사 대신, 개인이 전적인 책임을 지는 개인회사, 회사 지분을 다른 사람에게 팔 수 없고 다른 사람이 탈취할 수도 없는 직원들의 회사, 지자체와 같은 공공 기관이 운영하는 지역공동체회사, 그리고 모든 사람들의 복지에 이바지하는 공동번영회사 등이 그 대안들이다. 이런 회사들로 소유권의 구조적 전환 과정에 수많은 장벽에 부딪히겠지만 인류 역사는 불가능해 보이는 일을 현실로 만들어 온 과정이라는 사실을 기억하자. 그녀가 사례로 들고 있는 차이스의 예처럼 이미 오래전에 그런 일을 현실로 만든 사람도 있으니 말이다.

바겐크네히트는 자본주의 세계 경제가 이룩한 풍요를 모든 사람이 함께 누리게 하는 것은 결국 정치의 몫이라는 사실을 직시하면서, 민주주의의 실현이 더 이상 미룰 수 없는 절박한 과제임을 되새긴다. 그리스의 데모스라는 작은 지역공동체가 민주주의의 기반이었듯이 오늘의 세계 경제 역시 서로 다른 여러 단위의 각 지역공동체들이 주민의 생산 활동을 격려하고 생활수준을 보장하는 민주적인 경제 주체가 될 때에만, 그리고 그렇게 된다면, 인류 공동의 번영은 이룰 수 없는 꿈이 아니라는 사실로 우리를 이끌어 간다. 민주주의의 실현은 이렇게 해서 저자와 독자 공동의 과제가 된다.

  이 책은 처음부터 흥미를 유발하는 이야기를 앞세우는 대신 조금씩 그리고 남김없이 자본주의 경제의 실상을 드러내 마침내 독자들을 확고한 이해와 판단에 이르게 한다. 새로운 경제 질서의 기본 방향을 뚜렷이 설정하고 구체적이고 현실적인 대안을 제시한 내용이 책의 더 많은 부분을 차지하고 있어 비판에 머물고 마는 현학자들의 한계를 훌쩍 넘어선다. 청년 실업과 4차 산업혁명의 도래 등으로 불안이 커지고 있는 이 시대에 인류가 경험한 역사를 토대로 정치경제학 비판을 거쳐서 내놓은 바겐크네히트의 제안들은 우리의 대안을 찾는 길에 훌륭한 디딤돌이 될 것이다. 이 책이 우리의 상상력을 활성화하고 용기를 북돋아 줄 것으로 기대한다.

2018년 새해를 맞아

옮긴이 장수한

차 례

옮긴이의 여는 글 • 6

시작하며 | 오늘의 세계는 어디로 가고 있는가? • 19

1부— 성과, 책임, 경쟁: 자본주의의 치명적인 거짓말

❶ — 불량배 경제: 탐욕이 미덕? • 47

❷ — 영광과 쇠퇴: 우리 경제는 얼마나 혁신적인가? • 57

❸ — 접시닦이 신화, 봉건왕조, 그리고 사라진 중간층 • 75

    노동 성과 없는 최상위 소득
    저축은 자본을 마련하는 방법이 될 수 없다
    상속받은 특권: 자본 – 봉건주의
    계층 상승은 과거의 일: '신新중간층'의 몰락

❹ — 강도 귀족과 악덕 기업가: 경쟁 대신 권력 • 115

    산업 과두지배: 신규 참여자에게 기회는 없다
    이해관계의 조정: 혁신과 품질 파괴자로서의 시장 권력
    데이터를 삼키는 괴물: 네트워크상의 독점
    확실한 국가의 개입

❺ — 왜 진정한 기업가는 자본주의를 필요로 하지 않는가? • 167

2부— 경제 봉건주의 대신 진정한 시장경제
: 새로운 경제 질서의 기본 방향

❻ — 무엇이 우리를 풍요롭게 하는가? • 183

❼ — 우리는 어떻게 살기를 바라는가? • 207

❽ — 우리는 바꿀 수 있다: 공동번영은행 • 231

　　　지배자 혹은 봉사자: 우리에게 필요한 금융 시스템
　　　돈은 어떻게 해서 생겼는가?
　　　화폐는 공공재

❾ — 소유권을 다시 생각하라 • 299

　　　아리스토텔레스에서 기본법에 이르기까지, 소유권 이론
　　　무책임한 소유: 자본주의의 핵심
　　　독립적인 경제 소유: 혁신적, 사회적, 개인적

주(註) • 354

시작하며

오늘의 세계는 어디로 가고 있는가?

"이 시대는 분열로 얼룩져 치욕과 비탄이 넘쳐 난다/ 나는 다시 건설해야 할 세계에 온 것이로구나!" 셰익스피어^{William Shakespeare}의 유명한 비극 『햄릿^{Hamlet}』에서 주인공 햄릿은 자신의 왕국이 처한 상황을 깨닫고 괴로워한다. 그의 왕국 재건 시도는 잘 알려진 대로 많은 피를 흘리면서 끝이 났고 결코 좋은 사례는 아니었다. 그러나 우리는 이 비극에서 사회가 쇠퇴할 것이라는 예단을 끌어내는 대신 오히려 그 사회적 쇠퇴에 정확한 방법으로 대응해야 한다는 교훈을 얻어야 한다. 햄릿은 '낡은 시대'로 되돌아가려고 했다. 하지만 미래는 새로운 것에, 아직 이루어지지 않은 것에 있다. 미래에 필요한 생각은 가능성과 설득력에 의해 평가되는 것일 뿐이다. 이미 완벽하게 실현된 적이 있느냐 없느냐는 아무 관련이 없다.

우리 시대 또한 '분열로 얼룩져 있지' 않은가? 우리가 매일 듣는 새

소식들, 우리가 읽는 모든 신문들, 우리가 접하는 온라인에 넘쳐 나는 뉴스들이 그것을 보여 주고 있지 않은가? 기본적으로 우리는, 지금까지 온 것처럼 그렇게 계속 갈 수는 없다고 느끼고 있다. 그리고 실제로 그렇게 되지도 않을 것이다. 중요한 질문은 바로, 그럼 앞으로 어떻게 할 것인가? 라는 것이다.

후퇴하는 문명

이 세계 많은 지역에서 문명이 후퇴하고 있다. 전쟁과 내전이 근동과 중동 그리고 아프리카 일부를 타오르는 화약고로 만들어 버렸다. 국가 질서가 무너졌다. 파벌 지도자, 군사 지휘관 그리고 테러 집단이 통치권을 장악했다. 그 결과 불안, 혼란, 가혹행위 그리고 무자비한 살상이 일어나고 있다. 거의 모든 곳에서 미국뿐 아니라 유럽 국가들이 개입에 나섰다. 원자재와 판매시장, 이득과 지정학적 전략, 파이프라인 통로, 옛 적대국 러시아와의 세력 다툼 등이 주요 관심사다. 러시아는 현실사회주의 일당 국가에서 과두 자본주의로 전환한 후 세계 무대에서 잠시 사라졌으나 이제 다시 영향력을 높이려는 투쟁에 나섰으며, 그것도 군사적으로 개입하고 있다.

세계적으로 약 6,000만 명 이상의 사람들이 그러한 갈등 때문에 고향을 잃어버렸고 도망 길에 올랐다. 그들 중 일부는 유럽으로 들어오는 데 성공했다. 그러나 대다수는 원래 그들의 집이 있던 나라 근처 수용소와 천막도시에서 하루하루를 지탱하고 있다. 일자리도 미래도 희망도 없이, 다른 사람들이 주는 음식으로 끼니를 때우면서 겨우 연명하고 있다.

상대적으로 높은 생활수준을 누리는 산업국가에서도 복지 사각지대에 사는 많은 사람들에게 지난 수년 동안 삶이 좋아지기는커녕 더 거칠어졌다. 금융거품, 경제위기, 실업, 죽어 가는 산업 지역, 황폐해지는 주거지, 생계조차 유지하기 어려운 일자리, 노후 빈곤, 불안전 등이 우리의 일상을 덮고 있으며 우리를 불안하게 만든다.

대홍수가 밀려오고 있다

그러나 이 시대에 세계를 새로 건설하고자 하는 사람은 누구이며, 그렇게 할 수 있고 그에 필요한 대담함과 용기, 그리고 정확한 개념을 갖고 있는 사람은 누구인가? 반대로, 비밀리든 혹은 공개적이든 모든 것이 지금처럼 그대로 유지되기를 바라는 사람은 누구일까? "대홍수가 밀려온들 우리와 무슨 상관이야!Après nous le déluge!" 프랑스 왕 루이 15세의 전설적인 연인 퐁파두르*는 좋지 않은 민심이 달아오른 연회의 분위기를 망치려 하자 1757년 이렇게 외쳤다고 한다. 그녀와 달리 당시 대다수 프랑스 사람들에게 삶은 연회가 아니었다. 그래서 부르봉 왕가는 약 30여 년 후에 실제로 대홍수를 경험했다.

물이 목까지 차 버린 사람들 역시 "대홍수가 밀려온들 우리와 무슨 상관이야!"라고 말하는 것은 바람직하지 않다. 18세기에 그랬던 것이 오늘날에는 같은 방식으로 일어나지 않으리라는 보장이 있는가? 우리

• Madame de Pompadour, 당대 예술과 문화의 후원자였으나, 사치와 낭비가 심해 그녀에 대한 백성들의 원성이 높았다.

는 무엇을 기다리고 있는가?

밀물은 아직 호화 요트만을 띄우고 있다

세계 인구의 최상위 부자 1퍼센트가 지구 위에 사는 나머지 모든 사람이 가진 부보다 더 많은 부를 소유하고 있다. 겨우 62명의 억만장자들이 인류 절반이 가진 것보다 더 많은 재산을 갖고 있다.[1] 게다가 소득과 재산의 불평등이 전 세계적인 수준에서만 점차 커지는 것이 아니라 옛 산업국가들에서도 그리고 그곳에서 특별히 점점 더 증대하고 있다. 약 20여 년 전부터 최상류층의 폭발적인 부가 중간층은 물론이고 빈곤층을 더 이상 끌어올리지 못하고 있다. 중하층의 생활수준은 전체 경제성장을 느리게나마 따라가지 못하고 있을 뿐 아니라, 이젠 아예 더 이상 따라잡을 수 없는 지경에 이르렀다.

이전에는 모든 배를 띄우던 밀물이 지금은 호화 요트만을 띄우고 있다. 1980년대 이래 미국 중간층의 임금은 더 이상 오르지 않았고 하층의 임금은 확실히 내렸다. 그 사이 유럽 역시 이런 추세를 따르고 있다. 상류층은 고급 주택에 앉아서 승강기의 작동을 중지시키고 사다리를 걷어 올렸다. 나머지 사람들은 기껏 지금의 지위를 지킬 수 있다는 사실만으로도 만족해야만 하게 됐다. 많은 사람이 성공하지 못했다. 위기가 몰아친 남유럽에서만 그런 것이 아니라 수출 경제가 활황을 띤 부유한 독일에서도 마찬가지이다.

부지런함과 양질의 노동력, 제2, 제3의 직업 또한 자신과 가족들이 걱정없이 살 수 있도록 보장하지 않는다. 정치적 위선자들이 인기를 끌기 위해 즐겨 사용하는 "사회의 중간층"의 복지가 위태로워졌다. 비록 접시닭이에서 백만장자가 된 것은 아니라 하더라도 전에는 사회적으로 폭 넓게 경험할 수 있었던 개인적 계층 상승은 고사하고 지금은 오직 추락만이 있을 뿐이다. 아이들이 부모 세대보다 좋아진 경우는 오늘날 드물어졌고 오히려 그 반대 사례들이 잦다.

유산 클럽

단 하나의 예외는 배타적 유산 클럽이다. 거대한 상속재산을 기대할 수 있는 사람들로 이루어진 이 클럽의 구성원들은 아무런 노력도 하지 않으면서 유복한 삶을 뒷받침하기에 충분한 재원과 소득을 갖고 있다. 20세기 후반 자본주의가 인기를 누리게 된 근거였던 계층 상승의 약속은 너무나 높고 믿지 못할 것이 되어 버렸다. 재능이나 자신의 노력을 훨씬 넘어서 출신^{出身}이란 요소가 어떤 개인이 사회적 소득과 재산 피라미드의 정상에서 특별석을 차지할 수 있을지 없을지를 결정한다.

물론 고전적인 중간층의 생활수준을 가능하게 해 주는 좋은 일자리가 전혀 없는 것은 아니다. 그러나 대부분 더 값비싼 대가를 지불해야 한다. 즉, 극단적인 성과 압박과 항시 대기 상태로 있어야 하므로 평생 노동을 위해 살아야 하며 그 삶에는 가족, 친구, 자유 시간을 위한 여지는 거의 없다. 그리고 전문직 노동자와 대학 졸업자에게조차 충분한 소득은 더 이상 당연한 결과가 아니다. 고등교육을 받은 높은 학력이 낮은 임금, 비정규직의 지속적인 불안정, 불안한 독립으로부터 그들을 지켜주지 못한다. 남유럽에서는 최상의 교육을 받은 젊은이들조차 때로는 이주 아니면 실업 가운데 하나를 선택해야만 한다.

부유한 유럽에서 굴욕적인 빈곤을 경험한 사람의 수가 증가하고 있다. 점점 더 많은 사람들이 시장바구니에 값싼 물건들만을 담고 겨울에는 돈이 없어 난방을 하지 않은 차가운 집에서 견디고 있으며 레스토랑에 가거나 휴가를 즐기는 것은 꿈속에서나 할 수 있는 일이 됐다. 그들이 맞아야 할 더욱 참담한 현실은, 아이들이 파리 교외와 같은 퇴락한 주거지역*에서 자라도록 방치되고 있다는 것이다. 이런 지역에 재정을 지원해 학교에서 훌륭한 교육 환경을 제공할 수 있도록 해야 하지만, 아이들은 폭력과 때 이른 범죄에 노출되어 있을 뿐이다.

우리는 어떻게 살아가고 싶은가?

우리는 지금 우리가 살아가고 있는 대로 정말 그렇게 살고 싶어 하는가? 우리는 갈수록 아무런 배려 없이 마구 밀치고 팔꿈치를 들이미는 그런 사회에서 살기를 원하는가? 불안이 목덜미까지 차올라 최악의 경우엔 자살을 선택하거나 아니면 패배자들로 이루어진 비참한 군단에 스스로 이름을 올릴 수밖에 없는 사회에서 말이다. 그 군단에게는 때로 벗어날 길이 전혀 없다. 불안감과 미래에 대한 걱정이 우리의 일상을 지배하고, 그래서 그것이 새로운 자유라는 이름으로 우리에게 판매되기를 바라는가? 만약 그렇게 되지 않기를 바란다면 왜 우리는 스스로를 지키지 않는가? 왜 우리는 그토록 많은 것들을 수용하는가? 그토록 많은 불합리한 요구들, 수많은 굴욕들, 우리가 꿰뚫어 보고 있는 위선들,

* 파리의 생 마르탱Saint Martin 10구區나 11구와 같은 빈민촌.

그리고 이미 거짓말이라는 것을 알고 있는 많은 거짓말들을 우리는 왜 그냥 받아들이는가? 왜 우리는 오늘날 사회적 부를 좀 더 정의롭게 분배할 기술적인 가능성을 가졌음에도 그보다 확실히 더 나쁜 삶을 받아들이고 있는가? 우리는 지금 유일하게 그런 삶만을 살고 있을 뿐이다.

소수는 멋진 요트를 타고 세계의 바다를 항해하고 있는 반면, 다수는 겨우 생계를 유지하기 위해 증대하는 압박을 견디면서 싸워야 한다는 사실을 우리는 실제로 정상으로 여기고 있다. 보편 선거권이 있음에도 불구하고 잘해야 상위 10퍼센트, 때로는 겨우 최상위 부자 1퍼센트만의 이익에 이바지하는 정치가 거듭해서 다시 실현되는 것을 우리는 지켜보고 있을 뿐이다.

경쟁은 줄어들고 시장 권력은 커지다

언제나 그렇듯이 정치적 결정과 방향의 설정이, 21세기로 넘어오는 시기에 우리 경제 질서의 얼굴을 변화시켰다. 좀 더 시장 친화적으로, 더 많은 자유, 더 많은 개인의 이니셔티브, 그리고 더 많은 성장이라는 슬로건 아래 그런 변화가 일어났다. 그 결과는 마찬가지로 간단한 공식으로 표현할 수 있다. 시장의 축소, 경쟁의 후퇴, 노동성과 없는 착취의 증대, 의존의 심화, 그리고 성장의 둔화로 나타났다.

변화의 핵심은 세 차원에서 일어났다. 첫째, 전에는 경제생활에 일정한 틀을 제공했고 뼈아픈 위기 경험을 통해 도입된 규제들이 자유시장이란 이름으로 제거됐다. 이에 대한 가장 두드러진, 그러나 유일하지는 않은 사례는 금융 부문이다. 그 결과 실험적인 영업 모델들이 아무런 제재도 받지 않고 출시됐고 고삐가 풀린 시장은 공급자들로 넘쳐 나 일반인들의 손실이 그들의 수익을 충당한다. 금융 부문에서 현재 활동하고 있는 거의 모든 투자은행이 여기에 해당하며 그들이 출시하는 주력 상품은 물론이고 대부분의 파생 상품 역시 마찬가지다. 기업 인수합병 회사들, 경쟁사 사냥 회사들, 그리고 전 지구적 세금 절약 모델들 또한 이에 못지않은데 이 모델들을 활용해 아마존Amazon, 이케아Ikea 등은 중간 규모 기업과 달리 공공의 의무에서 벗어난다. 상위 1만 개의 기업들이 조세 회피를 위해 성공적으로 사용하는 모든 세련된 속임수와 묘수들은 앞서 이루어진 자본유통 통제의 해체에 해당하는 탈규제 조치가 없었다면 아마도 작동하지 않았을 것이다.

 탈규제의 파도가 밀려드는 과정에 제거된 규제법들 중에 카르텔 법이 있는데, 그것은 경제 권력을 통제하기 위해 마지막 남긴 한 조각이었다. 그것마저 제거한 결과 은행계에서 디지털 경제에 이르기까지 거대 기업들이 전 세계에 등장해 시장과 사회를 지배하게 됐고 그들의 결정이 오늘날 세계경제의 발전을 규정한다. 이 기업들은 더 이상 어떤 규제도 없다고 보고 집중화한 경제적 권력을 이용해 거의 모든 분야에서 다른 시장 참여자들에게 부담을 떠넘김으로써 자신의 이익을 실현할 수 있다. 커다란 경쟁 압박 대신 탈규제와 시장 만능주의가 위세를 떨친지 수십년이 지나자 경제 자원은 훨씬 더 소수의 손으로 집중됐다.

법의 보호를 "경직성"으로 왜곡하다.
한 줌에 지나지 않는 전 세계적 콘체른의 권력이 시장이란 명분 아래 해당 부문의 상품 공급자와 자기 고객들에 비해 막강해졌을 뿐만 아니라, 그 콘체른과 주주들의 부를 자신들의 노동 성과로 만들어 준 바로 그 사람들, 즉 시민들에 대립해 더욱 강력해졌다. 이것이 변화의 두 번째 차원이다. 가차 없는 이윤 사냥꾼들이 생산직 노동자들과 서비스 부문 노동자들을 이유 없이 해고하지 못하도록 보호해 주던 관련 법규들을 갑자기 "노동시장의 경직성"으로 매도하더니 폐기하고 말았다. 유럽에서 "구조개혁"이란 말은 실질적으로는 이를 의미한다. 많은 나라에서 그 동안 임금의 일부로서 법적으로 보장해 왔고 질병, 노후 혹은 실업에 직면했을 때 보호받아야 할 인간의 존엄성을 지켜 줄 장치로 이해해 온 사회급여 역시 오늘날에는 기업이 과도하게 지급하는 비용에 지나지 않는다는 주장을 내세워 최소한으로 축소해 버리고 말았다.

이런 의미에서 게르하르트 슈뢰더*는 요제프 피셔* 뿐 아니라 앙겔라 메르켈Angela Merkel의 지원까지 받아 독일에서 실제로 이른바 '새로운 중도'를 만들어 냈다. '어젠다 2010'에 의해 전에는 정규직으로 안정적인 임금을 받으면서 일함으로써 중간층에 속하던 노동자들이 오늘날에는 하청노동자, 공장 계약직, 이름뿐인 자영업자, 임시직 노동자 혹은 파트타임 근무자 등으로 대부분 절반의 임금을 받고 대개 확실한 전망도 없이 창고에서, BMW의 컨베이어 벨트에서, 또는 약국 체인 계산대에서

• Gerhard Schröder, 1998년에서 2005년까지 독일 연방 수상을 지냈고 1999년에서 2004년까지 독일 사회민주당 SPD의 대표였다. 그의 사회보장제도와 노동시장 개혁은 전통적인 사회민주당의 정책에서 크게 벗어난 것으로 노동 시장의 자유화를 추진했고 연금 삭감, 실업수당의 축소 등으로 나타났다. '어젠다 2010'은 그의 주도 아래 사회민주당과 동맹 90Bündnis 90/녹색당Die Grünen의 연정이 추구한 사회·경제 정책의 요강이었다.

• Joseph Fischer(1948~), 헤센 주의 환경부 장관을 거쳐 독일의 외무부 장관을 지낸 정치가. 독일 녹색당을 시장 경제로 기울어지게 했고 지나치게 현실 정책 정당으로 탈바꿈시켰다는 비판을 받는다.

혹은 집에서 컴퓨터를 마주하고 있다. 말할 것도 없이, 병에 걸리기라도 하면 아예 직장을 잃거나 높은 비용을 감당해야 하리라는 새로운 불안, 그리고 오랜 직장 생활 후에도 자신이 충분한 연금을 받을 수 없으리라는 새로운 불안이 이 '새로운 중도'의 실체 중 하나다. 이렇게 해서 강화된 것은 자기 주도성과 자유가 아니라 의존성과 좌절일 따름이다.

이익 사냥꾼을 위한 새로운 놀이터

이른바 시장 지향의 세 번째 차원은 이전의 공익 기관들과 공적 통제를 받던 부문과 관련이 있는데, 이 부문들이 개인 이익 사냥꾼들의 수익의 토대, 그리고 새로운 놀이터로 바뀌었다. 이 과정은 주택 시장, 우편, 전화, 에너지 공급, 철도에서 시작돼 전에는 기초 지역단체의 시설이었던 수도, 근거리 교통, 쓰레기 처리로 나아갔고 마침내 학교, 대학, 노약자 보호 시설 및 병원을 포함하게 됐다. 이 부문 대부분에서 진정한 경쟁이란 없으며 있을 수도 없다. 새로운 시장이 만들어진 것이 아니라, 오히려 공공재의 공급자가 그들의 독점을 이윤 극대화를 위해 이용하게 됐고 그래서 바로 현재 그들이 하고 있는 바와 같은 일이 벌어졌다.

해당 사업 부문의 수익은 대체로 두 가지 방향으로 발전했는데, 임원들의 소득은 빠르게 상승한 반면 노동자들의 임금은 하락했다. 최대 비용을 내는 사람이 최고의 상품을 얻는다는 상업 원리가 보건, 간호, 교육과 같은 생존과 관련한 사회급여에서도 기본 전제로서 수용될 수 있는 것인지, 주택과 같은 기본재화를 투기 대상이 되도록 내버려 두는 것을 지지할 수 있는지, 사회적 양심이라는 점에서 최소한의 기준이라도 가진 사람이라면 이에 동의하기 어려울 것이다. 여러 방식의 사유화는 증대하는 불평등과 사회적 양극화만을 낳았을 뿐이고, 더 많은 경쟁력과 더 넓은 시장을 창출해 내지는 못했다.

21세기의 경제 봉건주의

비교할 수 없을 만큼 높은 수준의 생산성과 풍요에 도달했음에도 불구하고 오늘날 자본주의의 부와 권력의 분배는 루이 15세가 마담 퐁파두르와 함께 떠들썩하게 연회를 즐기던 시대와 닮아 가고 있다. 이미 중세에 그랬듯이 18세기에도 상류층에 속한 1퍼센트의 주민이 결정적으로 중요한 경제적 자원, 즉 당시 다른 무엇보다 기름진 땅, 목초지, 숲을 소유했다. 그들은 공적인 삶, 법의 집행, 법의 해석을 장악했다. 말할 것도 없이 세금을 내지도 않았다. 주민의 99퍼센트는 직접 혹은 간접적으로, 이들 최상위 부자 1퍼센트를 위해서 일했다. 재산과 그 재산과 함께 주어진 사회적 지위가 세습 및 혈연의 원칙에 따라 한 세대에서 다음 세대로 이양됐다. 농부의 아들은 다시 농부가 됐고 귀족의 아들은 다시 귀족이 됐다. 귀족 자제들은 때로 품위 있는 성직자나 고위 기사로서의 인생을 선택할 수 있었기 때문에 어쨌든 상류층의 지위를 유지할 수 있었다.

21세기가 시작된 지금도 최고 부자 1퍼센트가 중요한 경제적 자원을 그들의 손아귀에 장악하고 마음대로 사용한다. 다른 점이 있다면 그들은 토지와 부동산 외에 산업시설, 기술 노하우, 디지털 혹은 다른 연결망, 서버, 소프트웨어, 특허 그리고 여타 다른 많은 것들 또한 장악하고 있다는 사실이다. 이런 자원들에 대한 소유권은 변함없이 세습 및 혈연 원칙에 따라서 한 세대에서 다음 세대로 넘어가고 있으며 그 수익은 오늘날에도 많은 경우 거의 세금도 물지 않은 채 소유자의 주머니로 들어간다. 그것이 노동소득으로는 결코 누릴 수 없는 생활양식을 가능하게 해 준다. 인구의 99퍼센트 중 압도적 다수는 이들 새로운 금융 귀족들을 위해 직접 혹은 간접적으로 끊임없이 일을 하고 있다.

봉건 시대는 물론이고 절대주의 시대에는 생산성을 높이고 생산 방법을 개선해야 할 동기가 거의 없었기 때문에 경제가 진보를 이루지 못했다는 점이 오늘의 상황과 결정적인 차이를 보인다고 할 수 있을 것이다. 자본주의는 그 시대에 비해 엄청난 부를 생산해 냈고 그 부는 오늘날 산업국가에 사는 최빈곤층의 삶조차 이전 세기의 예상을 훨씬 뛰어넘는 수준으로 높아졌다. 맞다. 과거에는 맞는 말이다. 그러나 현재, 그리고 미래에도 그럴까? 실제로 생산성은 지속적으로 높아지고 있고, 디지털화는 거대한 생산 이익을 약속하고 있으며, 새로운 생산 방법이 채택되어 새로운 상품을 시장에 내놓고 있다. 그러나 만약 다수를 위한 복지 동력이 축소된다면 역동적인 경제는 누구에게 유용한 것인가? 우리 경제는 실제로 혁신적이라고 할 수 있는가?

"이 경제는 지금 죽어 가고 있다"

풍요를 누리는 몇 나라를 제외하면 저편에는 거의 희망이 없는 상태이다. 현재의 기술적인 가능성을 동원하면 120억의 세계인들에게 필요한 식량을 공급할 수 있을 정도로 부유한 우리 지구에서 20억 명의 인류가 영양 부족으로 고통을 받고 있고 그들 중 절반은 굶주리고 있다. 유엔의 경고에 따르면, 대처를 잘하기만 하면 피할 수도 있고 고칠 수도 있는 빈곤이 유발한 질병으로 다시 7,000만 명의 어린이들이 다가오는 15년 안에 다섯 번째 생일을 맞이하기 전에 사망할 것이라고 한다. 서유럽 지역공동체의 정치적 결정권자와 경제 부문에서 활동하는 그 하수인들이 단지 그들의 운명에 관심을 갖지 않기 때문에 제대로 시작해 보기도 전에 7,000만 명의 인간이, 그들의 생명이 사라지게 될 것이다. 한마디 더 보태자면, 바로 그 결정권자들과 하수인들은 인간의 생명과 인권을 위해서라는 위선적인 명분을 동원해서, 그리고 사람이 살해당하고 죽어 가는 것을 그냥 두고 볼 수만은 없다면서 전쟁을 벌이고 그 전쟁을 정당화한다. 유엔 식량농업 기구의 사무국장 자크 디우프Jacques Diouf의 말에 따르면, 세계의 굶주림과 영양실조를 극복하는 데 한 해에 필요한 돈은 겨우 200억 유로[약 25조 원]로, 군비와 전쟁에 소비하는 돈의 극히 일부에 지나지 않는다.

유엔이 이미 여러 차례 경고했지만 변화된 것은 거의 없고 오히려 악화되기까지 했다. 가난한 나라들이 차례로 이른바 '자유무역협정'에 서명해 그 나라의 생산물을 파괴했으며 그들의 시장을 서방의 농산복합체와 산업 콘체른의 전리품으로 내주고 말았다. 수백만의 소농과 사업자들이 이렇게 해서 존속 위기에 이미 내몰렸거나 내몰리고 있다. 그들이 좌절한 나머지 잘사는 나라들로 가는 피난길에 오르면, 우리는 그 경제적 난민들을 비난하곤 한다. 그러나 그들의 생활 기반을 파괴하고 그들을 이주로 내몬 것은 바로 우리의 경제이고 우리의 콘체른들이다.

"이 경제는 지금 죽어 가고 있다." 프란치스코^{Francisco} 교황은 교회와 세계 여론에 보내는 교서에서 이렇게 썼다. 이 말의 증거를 원하는 사람은 이른바 제3세계에 속한 종속국가들에서 언제든지 사례들을 찾을 수 있다. 그렇다. 이전 세기들에도 극심한 가뭄이나 다른 자연재해로 흉작이 들면 아사자가 있었다. 그러나 식량의 상당 부분이 식용으로 쓰이지 않고 버려지는 풍요로운 세계에서 매년 수백만 명의 인간이 영양실조로 고통스럽게 죽어가는 일, 이런 타락은 자본주의 세계 질서가 처음으로 만들어 냈다.

조직화한 돈이 지배하다

점차 긴급해지고 있는 질문을 제기할 수밖에 없다. 즉, 우리는 미래에 더 잘 살기 위해서 자본주의를 계속 필요로 하는가? 혹은 더 잘 사는 것을 방해하는 것이 바로 이런 형태의 경제가 아닌가? 우리의 생산이 더 이상 우리 지구를 파괴하지 않고 그래서 우리의 삶의 토대를 파괴하지 않도록 우리의 기술을 개선하기 위해서 우리는 반드시 이익 동기라는 자극을 필요로 하는가? 혹은 우리 손을 묶고 있는 것이 바로 이윤을 목표로 하는 성장 논리가 아닌가? 어떻게 하면 더 나은 대안을 찾을 수 있을까? 좋은 아이디어가 있다면 가능한 신속하게 그것을 좋은 생산물로 만드는 데 어떤 경제구조가 필요한가? 새로운 생산과정을 위한 자극, 그러니까 자연환경을 지속적으로 파괴하지 않고도 경제생활을 가능케 하므로 실질적으로 우리를 그 방향으로 밀어붙이게 될 생산과정을 추구할 자극은 어디에서 오는가? 디지털화와 산업4.0°의 생산성 향상 효과를 추가 실업을 발생시키지 않으면서 우리가 유용하게 사용하려면 어떻게 해야 하는가? 해당 기업과 그 소유자뿐 아니라 모든 사람을 더 풍요롭게 만드는 새로운 혁신 동력은 어떻게 얻을 수 있는가?

그것은 원래 전혀 어려운 일이 아니다. 우리가 21세기의 경제 봉건주의를 극복하기만 하면 이룰 수 있는 일이다. 시장들을 없앨 수는 없다. 반대로 자본주의로부터 시장을 구해야 한다. 우리에게 필요한 것은 실은 신자유주의자들이 깃발에 쓴 그것들이다. 즉, 자유, 책임, 경쟁, 성과에 따른 정당한 급료, 자기 노력으로 일군 재산의 보호 등. 이것들을 얻고자 하는 사람이나 진지하게 고려하는 사람이라면 누구나, 결정적인 경제 자원과 재화가 자동으로 이루어지는 부의 증대를 통해 이익을 얻는 극소수 상류층에게 돌아가는 상태를 끝내야 하며 그런 상태를 더 이상 조장하지 말아야 한다. 이 상류층은 투자와 일자리를 결정할 권력을 갖고 있고, 미디어 영향력, 싱크탱크와 로비스트들을 동원할 수 있고 캠페인 역량을 보유하고 있으며 셀 수 없이 많은 자금으로 세계 도처에서 정부들을 쓰러뜨리거나 심지어 구매할 수도 있다. 미국 대통령 프랭클린 루스벨트Franklin D. Roosevelt는 이미 1936년에 "조직화한 돈의 지배는 조직범죄에 의한 지배만큼이나 위험하다"는 사실을 적절하게 지적했다.[2]

지금 해마다 주식 배당금과 여타 분배금의 형태로 수조 원의 돈이 상위 1퍼센트의 주머니로 들어가고 있는데, 어떻게 하면 그것을 사회적으로 유용한 급여의 형태로 사람들에게 나눌 수 있을까? 그리고 더욱 중

• 2011년 전자제품 박람회인 하노버-메세Honnovermesse에서 처음으로 개념이 공개된 독일 연방 정부가 주도하는 하이테크 전략 프로젝트이다. 빅데이터를 활용한 서비스 산업에 초점을 맞춘 미국의 4차 산업혁명 전략과 달리, 전통적으로 강세인 제조업과 정보·커뮤니케이션을 결합한다.

요한 것은, 소유권 보호라는 명분으로 법률이 그들의 재산 증대 및 전 사회의 발전에 관한 그들의 결정권을 정당화하고 있다는 사실이다. 이런 시장경제적 자본 소득의 관습적인 정당화야말로 위험의 원천이다.

제한 책임과 무제한의 수익

이 위험은 실제로 얼마나 큰 것인가? 소유권과 관련해 자본주의 사회에서 만든 창의적 발상은 경제적으로 투자한 자본에 대해서 제한적인 책임만을 묻는다는 것이다. 사업에서 얻는 이익은 무제한으로 취하는 반면, 오늘날 거의 모든 대기업이 감내해야 할 위험은 제한적일 뿐인데, 기업 파산의 경우에도 투자자의 부담은 기껏해야 원래 투자한 자본을 잃어버리는 것에 지나지 않는다.

그리고 소수 대기업이 지배하는 안정된 시장에서 파산의 위험은 실제로는 도대체 얼마나 높을까? 위험이 있다는 것은 논쟁의 여지가 없다. 독일에서 몇 년 전 칼슈타트˚와 슐레커˚가 그랬다. 그러나 이 두 사건은 이전 소유자들이 아니라 일자리를 잃어버린 두 회사의 노동자들에게 오히려 더 파괴적인 결과를 가져왔다. 소유자들은 누구인지 알려지지 않았고 그들 중 한 사람만이 취업 센터를 찾았다. 그들이 재산을 잃어버린 것은 사실이다. 그러나 억만 장자에서 수십억의 소득을 얻는 백만장자로 다시 내려앉은 것을 위험이라고 할 수 있을까? 수만 명

- Karstadt, 1881년에 설립된 독일의 대표적인 대형 소매점의 하나로 79개의 지점, 28개의 스포츠센터, 온라인 쇼핑몰을 운영했다. 1만 6,545명의 직원을 고용하고 있었으나 2009년에 파산 절차를 시작해 2014년 8월 오스트리아의 투자가 르네 방코René Benko의 시그나 홀딩Signa Holding에 소유권을 넘겼다.
- Schlecker, 안톤 슐레커Anton Schlecker가 1975년에 설립해 온라인 및 카탈로그를 통한 건축 자재 및 가구 통신 판매, 약국 체인, 주유소 등을 운영했다. 고용 인원이 3만 6,000명에 이르렀으나 2012년 청산 절차가 마무리되었다.

의 노동자들이 형성한 기업의 재산을 자본 투자자들의 수입 계좌로 당연하다는 듯이 양도하는 것은 경제적으로는 과두지배로, 사회적으로는 민주주의의 파괴로 이어지는 마법의 공식 아닌가?

게다가 대기업은 그 위험들을 다른 기업으로 떠넘기는 데 아주 능숙하다. 금융 부문에서는 지난 대위기 이래 개인은 수익을 얻고 국가가 손실을 떠안는 황당한 일이 공공연히 나타났다. 은행을 통제하는 형식적인 규제가 있었지만 그렇다고 여기에서 달라진 것은 아무것도 없다. 실물경제에서도 위험이 닥치면 공적인 수단이 언제나 개입했다. 지원금, 교부금, 연구 발전 보조금, 그리고 위기가 닥치기만 하면 단기 금융 및 여타 다른 여러 가지 규제 완화 조치가 취해졌다. 결국 납세자들이 개인 기업의 혁신에 따른 막대한 재정 부담을 떠안는다. 구글Google, 애플Apple, 그리고 전 제약 분야 등이 그 사례들이다.

실제로 제한적 책임, 새로 형성한 기업 재산의 자본 소유주로의 자동적 이전, 국가의 손실 및 위험 떠안기 등은 재산 분배에서 점점 더 증가하는 불평등의 배후에 버티고 있는 가장 중요한 지렛대이다.

국가 재정이 개인 재산의 자원

국가가 경제생활에서 완전히 손을 떼면, 우리의 삶은 나아지기는커녕 상당히 더 곤궁해질 수 있다. 2008년에 과오를 저지른 모든 은행들이 더 통제 불가능한 파산에 이르도록 그냥 내버려 두었더라면, 경제의 신용 공급에 실제보다 더 극적인 영향을 미쳤을 것이고 추가 투입 자금을 통한 소액 저축자들의 손실 보호 역시 실제로 이루어진 수준에 훨씬 못

미쳤을 것이다. 국가가 모든 지원금과 연구 보조금을 없애 버린다면 혁신 과정은 오늘날 많은 분야에서 이룩한 것보다 더 불구 상태가 될 수 있을 것이다. 국가의 위기 관리 자금을 통한 사업 지원이 없다면 편리하고 유용한 생산품을 만들어 우리 삶을 풍요롭게 하는 많은 사업이 유지될 수 없을지 모른다.

중요한 것은 국가의 경제 개입 자체가 아니다. 공적 자금으로 개인의 재산을 확립해 주는 불합리를 극복하는 것이 문제다. 일단 얻기만 하면 그 재산 소유권이 일반인들의 이익에 반하더라도 법은 그것을 보호해 준다. 중요한 것은 새로운 경제로 더 가까이 다가가는 것이다. 비록 출신이라는 우연으로 요람에 부유한 유산을 안고 태어나지 않았더라도 실제로 개인의 능력과 노동 성과가 보상을 받고 아이디어, 추진력, 사업 감각을 갖춘 사람이기만 하면 기업을 설립할 상황에 설 수 있는 그런 경제 말이다. 잠재력을 가진 창조적 아이디어와 새로운 기술은 초기 위험을 부담하면서 신용을 제공하는 신뢰할 만한 금융 지원을 받을 수 있어야 한다.

상위 수만 명이 누리는 권력의 핵심과 성과도 내지 않으면서 얻는 그들의 수익의 원천은 오늘의 경제 소유권 관련 법체계이다. 그러므로 경제 소유권의 새로운 구성이 새로운 전망을 열어줄 열쇠다. 이 차원을 제외해 버린 개혁안들이 실제로 특정 분야에서 개선을 이룰 수는 있다. 그러나 대부분의 경우 그것들은 은행 규제에 대한 다양한 접근들이 그랬던 것처럼 유연해지거나 순화되거나 혹은 교묘하게 변형되는 것 등으로 끝날 수 있다.

관료주의의 진흙탕

그렇게 된 것은 고유의 국경 안에 제한된 국가의 통제권과 오래전에 전全
세계화한 거대 경제활동 세력 사이의 세력 불균형의 결과 중 하나다.
정치적 결정의 차원이 경제를 따름으로써, 그리고 경제가 전 지구화하
거나 최소한 유럽화하면 이를 통해 민주주의를 되찾을 수 있다고 많은
이들이 믿고 있다. 그러나 그것은 순진한 생각이다. 민주주의는 인간을
위한 전망이 가능한 공간 안에서만 존속할 뿐이다. 오직 그런 곳에서만
데모스•가 정치적 결정권자들과 접촉할 수 있고 그래서 그들을 감독하
고 통제할 기회를 갖는다. 정치적 단위가 클수록, 비동질적일수록, 개관
이 불가능할수록 정치 공동체는 그만큼 잘 작동하지 않는다. 그렇게 되
면 곧 언어와 문화의 차이가 나타나고 예상 불가능한 모험으로 바뀐다.

개별 국민국가의 틀 안에서 민주주의와 사회적 국가가 쟁취된 것은
충분한 근거가 있는 것으로, 의회와 정부가 권력을 상실하면 그것들 역
시 함께 사라진다. 브뤼셀의 유럽연합 집행 기구들이 불명예스럽고 통
제 불가능한 기구가 된 것, 각국 정부보다 훨씬 더 콘체른 로비스트들
에 의해 움직이는 기술 관료 집단이 되고 그래서 유럽인 대다수가 신뢰
하지 않는 기구로 전락한 것은 우연이 아니다. 이 기구들 대부분의 경
우에 처음부터 민주적 정당화가 결여되어 있었다. 5년마다 선거로 뽑게
되어 있는 유럽의회 선거에 투표하는 유럽 시민이 전체의 3분의 1에도
미치지 못해 각국 의회 선거에 비해 훨씬 낮은 참여율을 보인다.

• demos, 그리스어 δῆμος dēmos는 고대 그리스 도시국가(폴리스) 안에 있는 마을 공동체, 즉 소규모 지역 단위에
속한 사람들이었다. 어원은 혈족의 공동 주거지에서 왔지만 일반적으로 폴리스에서 온전한 권리를 행사하는 모든
시민을 가리키는 말이 되었다.

유럽의회의 결정권이 대단히 제한적이라는 것이 문제의 핵심은 아니다. 그 반대로 유럽의회의 공동 결정 권한은 지난 몇 년 동안 분명히 확대됐지만 민주적 정당성은 선거 참여도가 낮아지면서 지속적으로 후퇴하고 있다. 이런 무관심의 주요 원인은 사람들이 보기에 이질적인 정당들이 연합해 구성한 유럽의회의 정파들 중 어떤 정파도 자신들의 목소리와 개인적인 이해를 잘 대변하지 못하고 있으며, 간단히 말해 유럽의회가 너무 멀리 떨어져 있을 뿐 아니라 체감하기 어렵고 각 국민의 삶의 현실로부터 동떨어져 있기 때문이다. 독일 연방의회 의원들은 적어도 선거구민의 요청에 대답해야 할 선거구를 갖고 있다. 그러나 유럽의회에는 선거구가 없기 때문에 누구도 '자기' 의원들을 알 수 없다. 그래서 독일 연방의회가 있는 베를린에서는 한 사람의 의원에게 여덟 명의 로비스트들이 접근하는 반면 브뤼셀에서는 20명이 따라붙는다. 민주적 통제가 이루어지지 않는 곳은 부패의 진흙탕이 되고, 돈으로 구매하는 정치가 더욱 무성하게 자란다. 그래서 정치적 의제 역시 같은 모습을 띠게 된다.

국가의 재再민주화

그래서 머지않은 시대에 진정한 민주주의가 힘차게 작동할 수 있고, 그것의 재-민주화를 위해 우리가 개입해야만 하는 공공기관이 존재해야 하는데, 그것이 바로 국가다. 작은 소읍들과 지역 기초공동체들에서 시작해 각 지방과 주州들을 거쳐 국회와 정부에 이르는 다양한 논의 차원을 가지고 있고 역사를 거쳐 등장한 국가 말이다.

유럽 여러 나라가 환경 및 소비자 보호에서부터 기업의 과세에 이르기까지 특정 문제에 공통의 규정을 만들어 지키는 것은 물론 의미 있고 좋은 일이다. 그러나 그런 문제들에서 일치를 이룰 목적으로 국가의 주권을 방해하는 오만한 유럽연합집행위원회가 필요한 것은 아니며 개별 국가에 개입해 지배하려 드는 고압적인 유럽중앙은행EZB 은행장은 더구나 불필요하다. 유럽 전역에서 선출된 정부들이 투표로 그런 일을 결정하는 것이 반드시 필요할 뿐 아니라 충분할 것이다. 유럽연합이 지금까지 각국의 주권을 무력화하면서 실질적인 유럽의 중대사를 위해 만들어 낸 그 규칙들이 실은 얼마나 부적절한 것이었는지를 간과해서는 안 된다. 각국이 끊임없이 법인세 및 재산세 부과에서 덤핑-경쟁을 보여 주고 있는데도 브뤼셀의 유럽연합집행위원회는 각국이 그들의 예산 정책을 어떻게 세워야 할지를 정했고 공공 서비스를 국제 콘체른에 개방할 수밖에 없도록 강제하는 규정을 만들었다.

하이에크의 유럽-프로젝트

유럽의 여러 조약들과 관련 기구들은 각국에서 치르는 선거 결과와 무관하게 개별 국가가 정책을 통해 초국적 콘체른에 친화적인 의제를 의무적으로 수행하게 만드는 실질적인 지렛대가 될 수 있다는 것, 이것이 강고한 신자유주의자 프리드리히 아우구스트 폰 하이에크Friedrich August von Hayek의 확신이었다. 이런 확신을 근거로 하이에크는 개별 유럽 국가들 상위에 존재하는 하나의 유럽 연방국가라는 생각을 정당화했고 정치적 변화 역량을 획득하기 위해서가 아니라 정치적 변화와 민주주의를 '방해하기' 위해서 열정적으로 그것을 대변했다.

그가 이렇게 쓴 것은 옳았다. "주권을 가진 국민국가의 해체와 실질적인 국제적 법질서의 형성은 자유주의 프로그램의 필수적인 보완이자 논리적인 완성이다. ……[왜냐하면] 대체로 예상컨대, 하나의 [유럽] 연방국가에서는 경제에 미치는 개별 국가의 권력이 곧 분명해지게 될 정도 이상으로 점차 훨씬 더 많이 약화되거나 그렇게 되어야만(!) 하기 때문이다."³ 그래야 눈에 띄지 않으면서 하나의 체제를 만들 수 있게 될 것이고, 그 체제 안에서 정치는 기업과 자본의 세금을 낮추어 주고 노동자들의 권리를 제거해 버리고 공적 지출을 줄이는 것 이외의 다른 의제를 전혀 추구할 수 없게 된다. 바로 그렇게 하는 것이 하이에크가 '자유주의 프로그램'에서 내세운 것이다. 그런 족쇄를 차게 되면 결국 각 정부가 "어린이 노동이나 노동시간의 제한법 같은 법규들조차 제정하는 것"이 더 이상 가능하지 않은데, 하이에크는 이에 동의하면서 그렇게 되기를 희망한다고 밝혔다.⁴

하이에크가 그랬듯이 국가 주권의 해체를 언급하는 우리 시대 가짜 유럽주의자들 역시 유럽의 이상이나 유럽적 가치는 안중에도 없다. 중요한 유럽적 가치는 그들이 유럽의 조약들과 기구들을 동원해 분쇄해 버린 바로 그 민주주의이다. 이런 의미에서 우리는 유럽연합을 아예 '반유럽적' 프로젝트로 볼 수도 있다. 늦추어 잡더라도 마스트리히트 조약 이래 개별 국가의 정치가 민주적 선거 결과와 그 예측 불가능성으로부터 영향을 받지 않도록 하려는 목표가 유럽연합을 지배했기 때문이다. '시장 조응 민주주의'에서는 콘체른이 모든 것을 결정하고 지역공동체들^{demos}은 더 이상 아무것도 할 수 없다.

주권 상실을 통한 탈^{脫}민주화

하이에크가 이미 알고 있었던 바대로, 개별 국가의 틀 안에서 유럽은 좀 전까지 그런대로 잘 대처해 왔다. 온갖 부패와 금융 권력에도 불구하고 유럽 국가들은 여전히 민주적으로 대응했다. 국회의원들은 물론이고 몇 나라에서는 국가 지도자를 일정한 시간을 두고 직접 선거로 뽑았다. 주민들은 자유로웠고 부패한 정치가와 인정받지 못한 정당들은 사막으로 쫓겨났다. 그렇지만 주민들이 다른 정부 프로그램을 선택할 기회를 더 이상 갖지 못한다면, 그리고 어떤 정당들이 정부를 구성하든 그 정부가 앞으로는 주체적으로 정책을 결정하지 못한다면, 이와 같은 민주적 권리는 아무런 역할을 하지 못하게 된다.

 이 국가 주권을 제거할 가장 안전한 방법은 민주적으로 구성된 국가들 위에 존재하고 그 국가들이 존중해야만 하는 초국적 조약과 기구들의 확립이다. 하이에크가 우리 시대의 유럽연합을 경험했다면 아마도 대단히 만족했을 것이다. 유럽의 '탈^{脫}민주화'라는 그의 프로그램은 상당한 진전을 이루었다. 정치적 행동의 여지를 마침내 거의 제거해 버린 캐나다 – 유럽 자유무역협정^{CETA}과 범^{汎}대서양 자유무역협정^{TTIP} 같은 조약들이 수용되고 승인된다면 그것은 마침내 완성될 것이다.

 우리가 다시 실질적인 민주적 공동체에서 살고 싶다면, 그 반대의 길

• Maastricht-Vertrag, 1992년 네덜란드의 마스트리히트에서 맺어진 이 조약으로 EU는 공동의 외교 및 안보 정책을 수립하는 것은 물론이고 사법 및 내무 부문에서도 상호 협력하도록 규정하는 등 유럽의 최고위 연맹으로서의 법적 지위를 갖게 되었다.

이 있을 뿐이다. 정치는 국제화되지 않아야 하고, 경제구조는 탈(脫)중심화하고 소규모로 나뉘어야 한다. 우리에게 지구적 교환과 무역은 필요하지만, 세 개 혹은 네 개 대륙에 걸쳐 생산 활동을 하며 각 지역에서 가장 값싼 임금을 지불하고 가장 낮은 세금을 내는 현대의 도둑들은 필요하지 않다. 하이에크의 오랜 반대자인 존 메이너드 케인스John Maynard Keynes는 확신했다. "사상, 예술, 학문, 원조, 그리고 여행은 국제적이어야 한다. 이에 반해 상품은 생산이 가장 합리적으로 이루어질 수 있는 각 지역에서 생산되어야 한다. 다른 무엇보다 금융은 앞으로도 국내 상황에 맞추어 운용되어야 한다."[5]

지구적 자본주의는 규제를 넘어 해체해야

우리 경제의 효용성과 혁신력을 유지하기 위해서 규모를 작게 나눌 것을 제안한다. 시장 권력을 장악한 거대 기업들은 민주적 조직 권리뿐만 아니라 진정한 경쟁조차 파괴해 버린다. 특정 발전 프로젝트를 위한 기업들 사이의 협력에 반대하는 것이 아니다. 오늘날에도 한 기업의 경계를 훨씬 넘어서는 발전 프로젝트들이 많다. 그러나 유럽 자동차 생산이나 제약업 관련 부문의 소유권이 상호 중복되어 있거나 혹은 영국 공급자들이 전 유럽 커뮤니케이션 서비스의 대부분을 그들의 날개 아래 둔다면, 그것은 법질서의 타락에 지나지 않는다. 마찬가지로 독일의 기업이 그리스의 공항을 경영한다거나 스웨덴의 에너지 공급 콘체른이 독일 도시들과 지역들의 에너지 공급을 맡고 있다면 그 역시 터무니없는 일이다.

우리 시대 지구적 자본주의는 개별 국가라는 틀 안에 묶이려 하지 않는다. 민주적 정당성을 갖추고 성공적으로 작동하는 유럽적 혹은 국제적 기구는 현재 없고 아마 있을 수도 없을 것이다. 만약 우리가 좀 더 잘 살고자 한다면 그래서 소박하고 규모가 작은 방향으로 가야한다. 그럴 때 우리는 우리 민주주의와 시장경제를 자본주의로부터 구할 수 있고 새로운 경제 질서의 형성을 향해 전진할 수 있다.

1부

성과, 책임, 경쟁

: 자본주의의 치명적인 거짓말

"오늘날 우리가 어디에서나 보는 국가들을 자세히 살펴보면, 신이 아시는 바와 같이, 다른 어떤 것에도 관심이 없고 오직 그들 자신의 이익만을 위해서 일하는 부자들의 음모에 지나지 않는다는 것을 알 수 있다. ……중요한 일들이 사악한 악한들의 손에 의해 결정되는 곳에서 정의가 지배할 것이라고 믿어서는 안 되며, 또한 소수 시민이 모든 재산을 갖고 있는 국가가 번영할 것이라고 믿어서도 안 된다."

―토머스 모어Thomas More, 『유토피아Utopia』, 1516

1부 | 성과, 책임, 경쟁
: 자본주의의 치명적인 거짓말

1

불량배 경제

: 탐욕이 미덕?

무엇이 자본주의에서 우리를 구할까? 제발, 이 백일몽으로부터, 평등의 차단벽으로부터, 그리고 인간적인 품성과 그 실질적 동기와 행동의 근거를 이해하지 못할 뿐 아니라 진지하게 고려하려 들지도 않는, 전혀 낯선 '선한 사람들'로부터 우리를 구하라. 그들은 자신의 구상을 실천에 옮길 권력을 갖게 되면, 강력한 대담성과 견고한 목표를 가지고 마침내 엄청난 재난을 향해 나아갈 것이다! ―이 주장은 우리 모두 살아오면서 이미 자주 그리고 여러 판본으로 들어 와서 이제는 여러 사람으로부터 성찰이 나타나고 있을 정도다. 자본주의는 현혹되기 쉬운 표어로 요약하면, 경제적 동력, 성장, 번영을 의미한다. 자본주의가 성과와 노력에 보상을 주기 때문이고, 과감하게 밀고 들어가 상처를 입기도 하면서 열심히 일하고 목표를 이루기 위해 자기 길을 가는 사람에게는 승진과 성공을 약속하기 때문이다.

진취성과 자기 책임감을 지지하면서 동시에 인간이 가진 창의성의 마르지 않는 원천을 끌어내기 위해 야망, 욕심, 이기주의를 부추기는 경제체제가 무엇이 나쁘단 말인가? 우선 자본주의가 불평등을 가져왔다는 사실을 인정하자. 그러나 사람들이 최상의 성과를 내도록 자극하는 비밀 처방은, 지속적이고 위협적인 사회적 몰락이라는 압박을 동시에 가하면서도 상상할 수 없는 부를 가질 기회를 제공하겠다는 데 있지 않을까?

인간은 이제 더 이상 고상하거나 기꺼이 도움을 베풀거나 선량하지 않다. 그러니까, 성공적인 경제체제는 인간이 실제로 소유한 이러한 품성들에 토대를 두어야 하며, 이제는 사라진, 적어도 다수에게서 사라져 버린 품성들을 신뢰해서는 안 된다. 이 말은 그럴듯하게 들린다. 그러나 인간의 본성은 이 주장이 전제하고 있는 그대로인가? 인간은 그렇게 욕심꾸러기이고 계산적이고 자신의 에고^{Ego}에 고착된, 우주가 배타적으로 오직 자신을 중심으로 돌아간다고 믿는 그런 경제적 인간$^{homo\ oeconomicus}$인가? 얼핏 살펴보더라도 이런 견해와 달리 실제로는 고독과 사회적 격리 같은 것 이상으로 우리 인간에게 어려움을 주는 것은 거의 아무것도 없다. 물질적 부를 소유한 거대 부자들만이 일반적으로 그것을 가늠할 수 없을 뿐이다. 부와 행복 사이의 관계를 보면, 부자는 가난한 사람보다 훨씬 더 드물게 사회적 소외를 경험하며 부자는 그 부의 원천이 무엇이든 사회적으로 인정을 받기 때문이다.

친구도 없이 자유?

인도게르만어에서 '자유^{Freiheit}'라는 말이 '친구^{Freund}'와 '평화^{Frieden}'라는 말과 마찬가지 어원인 '프리^{fri}'에서 유래했다는 것은 재미있는 일이다. 프리는 '사랑하다'라는 의미이고 자유롭다는 것은 원래 '친구들에게 속하다' 혹은 '다른 사람들과 평화롭게 지내는 것'을 뜻한다.[6] 연결되어 있지 않음이 아니라 연결됨이 오히려 인간을 자유롭게 하는데, 오직 그것만이 도움을 확보해 주기 때문이다. 인간은 자기 혼자 버려져 있다고 느낄 때보다 다른 사람과 연결되어 있다고 느낄 때 더 기쁘게 살아가는 사회적 존재이다. 자본주의는 어떤 상태에서 자신의 개인적 유익이 최대화되는지를 항상 계산하는 그런 자기중심적인 경제적 인간들$^{homines\ oeconomici}$이 주민의 다수가 된다면 아마도 더 이상 작동하지 않을 수도 있다. 그런 인간상이 현실에 그대로 나타난다면, 예컨대 명예로운 참여, 시민의 창의성, 의용 소방대, 그리고 회원들에게 물질적 유익을 주지 않는 협의회 등은 존재하지 않을 것이다. 만약 모든 사람이 자신의 노동 계약서에 기록된 의무만을 충족시키기 위해 스스로 생산 능력을 조절해 정확하게 최소의 성과만을 낸다면 마침내 학교도, 병원도, 그리고 아마 상업적 기업도 사라지고 말 것이다. '규정에 따른 서비스'만을 제공하는 것은 정상 상태가 아니라 모든 공공기관과 모든 다른 기구들이 곧바로 작동을 멈추게 될 은폐된 반역이다.

 인간은 때로 이기적으로 행동하며, 그들에게는 자기 가족의 이익이 먼저이고 가족이 낯선 사람들보다 더 중요하다는 사실은 이것과 모순되지 않는다. 생물학적이든 문화적이든 마찬가지로 진화는 두 가지를 모두 주었다. 즉, 우선 자신의 안전과 자기 것을 돌보는 자기 유지 노력과 다른 사람의 운명에 대한 공감을 말이다. 배려 없음과 이웃 사랑, 질투와 기꺼이 도우려는 자세, 시기심을 갖고 있을 뿐만 아니라 자신은 물론이고 다른 사람을 해칠 경우에도 그런 불의에 의분을 일으키는 능력을 모두 갖고 있다. 개인적으로 각 사람은 성격 구성에서 나름대로 다른 합성을 이룰 수 있다. 그러나 어떤 품성이 사회적으로 우위를 차지하는지, 어떤 행동 양식이 한 사회에 큰 흔적을 남기는지는 그 사회가 어떤 행동을 지원하고 칭찬하는지, 인정하지 않는지, 그리고 성과를 이루지 못한 것으로 보고 처벌하는지에 따라서 달라진다.

불평등은 신뢰를 파괴한다

경제학의 경험적 연구 결과는, 인간이 우선 협력적인 행동 경향을 보이지만 만약 그들이 여러 번 협력적으로 행동함으로써 다른 사람에게 책임을 져야 하고 그래서 자신이 불이익을 당한다면 협력적 행동을 상실하게 된다는 사실을 증명해 주고 있다. 친절과 개방성을 보였다가 다른 사람에 의해 이용당하거나 학대당한 경험을 일찍이 한 어린이는 타인에 대한 신뢰를 상실하고 폐쇄적이게 된다. 영국의 사회과학자 리처드 윌킨슨Richard Wilkinson과 케이트 피케트Kate Pickett는 인간의 서로에 대한 신뢰도가 나라와 시대가 다른 각 사회에 따라 어느 정도인지를 연구했다. 그 결과는, 분명했다. 사회적 불평등이 크면 클수록 사람들 사이의 신뢰도가 낮았다. 1960년대까지만 해도 미국 시민의 60퍼센트는 동료 시민들을 믿었으나 현재 그 수치는 40퍼센트 이하이다.[7]

사회적 통합이 무너진다면 더 이상 서로 신뢰하지 않게 되고 서로 이용할 위험만이 높아진다. 윌킨슨과 피케트의 연구는 소득 격차가 크게 벌어지면 다른 사람에 대한 사람들의 관심은 크게 줄어들고 서로 돌보지 않는다는 사실을 증명하고 있다.[8] 공감과 연대 역시 사회적 경험을 통해 강화되거나 줄어들게 된다.

소유가 아니라, 지위

쉽게 이해할 수 있듯이, 정직한 사람이 멍청한 사람으로 취급받는 곳에서는 거짓말이 성과를 내는 비법이다. 그렇다고 여기에서 인간은 타고난 거짓말쟁이라는 결론이 도출되는가? 비이기적인 사람이 이용당하는 곳에서는 이기주의와 사회적 냉대가 증가한다. 그러나 우리는 이와 다른 사회적 환경에서 더 편안하다고 느끼지 않겠는가?

위대한 경제사가 카를 폴라니Karl Polanyi는 한 인간의 목표는 언제나 그의 사회적 관계 안에서 설정된다는 것을 익히 알고 있었다. 폴라니는 이렇게 썼다. "인간의 행동은 물질적 소유에 관한 개인적 관심의 보장이 아니라 그의 사회적 위치, 그의 사회적 발언권, 그리고 그의 사회적 가치관의 보장에 따라 이루어진다."[9] 사람들은 일반적으로 자신의 물질적 상황을 다른 사람과 비교해서 판단한다는 사실도 이를 뒷받침한다. 행동 실험의 설문에서 월 평균 소득이 250만 원인 사회에서 매달 500만 원의 급료를 받는 것과 평균 소득자가 매달 1,250만 원을 집으로 가져가는 부유한 사회에서 월수입 625만 원을 받는 것 중 어떤 경우를 선택할지를 물었더니, 응답자의 다수가 어김없이 더 적지만 500만 원을 받는 쪽을 선호했다. 그러면서 다른 사람들에게도 마찬가지로 500만 원씩 주기를 바랐다.

신이 준 탐욕

인간은 사회적 존재이기 때문에 다른 사람이 자신을 어떻게 생각하느냐에 전혀 무관심하지 않다. 사회적으로 배척당하는 행동을 피할 수만 있다면 피하게 된다. 물론 거지와 강도에 대한 사회적 폄하는 노동 기회를 잃거나 생계를 꾸릴 다른 수단을 전혀 갖지 못해 구걸이나 절도를 할 수밖에 없는 가난한 사람만이 거지 노릇이나 절도를 하게 만든다. 상업 활동에 대한 종교적 폄하는 프랑스나 스페인의 가톨릭 귀족들이 네덜란드나 잉글랜드의 칼뱅주의자와 청교도 귀족들이 그랬던 것과 비슷하게 무제한으로 초기 자본주의적 방법을 이용해 자신의 부를 증대하는 것을 방해했다.

이전에는 죄로 여기던 재물에 대한 욕심, 이기주의, 사회적 무관심 같은 것에 대한 종교적 정당화와 사회적 정당화는 자본주의의 사회적 실현에 적어도 증기기관의 발명과 마찬가지로 중요했다. 칼뱅주의는 부자가 되는 것을 바로 신이 바라는 미덕으로 바꾸어 놓았다고 할 수 있다. 칼뱅주의 가치 교리에 따르면, 다른 사람들에 대한 배려를 결여한 사람이 아니라 이익을 얻을 가능성을 이용하지 않고 버리는 사람이 자신의 종교적 의무를 부정하는 사람이다. 다수가 그런 윤리를 따르는 공동체는 어쩔 수 없이 더 냉담하고, 더 냉혈적이고, 덜 인간적인 곳이다.

맨더빌의 일벌 설화

세계적인 차원에서 냉혹함과 약탈의 정당화를 위해 끈질기게 노력해온 것도 사실이다. 애덤 스미스$^{Adam\ Smith}$가 나타나기 이전에 그보다 훨씬 더 과격하고 냉소적으로 소유욕과 이기주의의 사회적 유용성을 찬양하는 노래를 부른 사람이 있었다. 그는 일찍이 네덜란드와 잉글랜드에서 의사이자 저술가로 일한 버나드 맨더빌$^{Bernard\ Mandeville}$이다. 1714년에 출판한 『꿀벌의 우화』라는 그의 베스트셀러는 "개인의 부담 – 공공의 유익"이란 부제를 달았다. 이 이야기는 일벌 부족을 다루고 있는데, 그 부족은 부유하며 강력했고 존중을 받았고 성공했다. 하지만 거기에는 속임수, 거짓말 그리고 범죄가 만연했다(어쩌면 이것이 요점일 수도 있다). 모든 것이 최상이었고 부유한 벌들은 사치스럽게 살았으며 점차 증대되는 재산을 향한 그들의 욕망은 무제한으로 채워지고 있었다. 가난한 일벌들은 부자 벌들의 사치품을 생산하기 위해 노예처럼 일했는데, 적어도 그들은 일을 가졌고 최소한 생계를 꾸릴 수 있었다. 윤리적이거나 공정함은 물론 거기에 그다지 어울리지 않았다. "그다지 노력하지 않는 많은 부자들이 자기 사업에서 한껏 번영을 누렸고 그 대신 뛰어난 감각과 촉수를 가진 아주 부지런한 가난한 머저리들은 땀을 흘려 일했지만 그렇게 해서 겨우 입에 풀칠을 하며 살았다."

하지만 번영하던 공동체는 주피터 신에 의해 파괴되어 버렸다. 강림해 주십사 요청하지도 않았는데 신이 나타나 사악한 일벌 부족이 폭력적인 행동을 일삼는다는 것과 그 행동을 마치 미덕이라도 되는 것처럼 위장하고 있다는 사실을 알아챘다. 그때부터 부를 갈취하는 것이 금지되고 부자 벌들이 검소하게 살아야 했고 생활에 필요한 것만으로 만족해야 했다. 그 결과 수공업과 상업이 몰락하고 일벌 부족 전체가 가난해졌고 가난한 일벌들은 더 이상 일거리를 구하지 못해 전보다 더 살기가 어려워졌다. 결론은 우리에게 너무나 잘 알려진 바로 그 윤리이다. "그러니 아예 불평하지 말라. 큰 나라에도 자리가 많지는 않다. 최대한 편안하게 살되, 전쟁에서 빛을 발하고 그리고 노력하라. 사악함에서 자유로울 수는 결단코 없다. 세상은 유토피아와 다른 것이니, 교만, 사치 그리고 속임수는 반드시 있어야만 하고 그것들로 부족이 번영하리라." 냉소적인 맨더빌의 입장에서 보면, 부자들은 자신들의 삶이 방탕하게 변화한 것에 긍지를 가져야 하며, 그들이 해야 할 것이라곤 가난한 자들에게 빵을 주는 것일 따름이다. 오늘날에는 극히 소수만이 이런 식으로 거칠게 표현하겠지만, 미세한 차이가 있는 판본으로 된 이 주장을 우리는 오늘날에도 만나고 있다.

사이비 자선가와 존중받는 사기꾼

아직 덧붙여야 할 것이 있다. 초특급 부자들은 엄청난 압박을 가해 그들의 투자에서 최대의 이익을 끌어내고 자신들의 납세를 일반적인 수준으로 최소화할 목적으로 상상할 수 있는 모든 틈바구니를 이용하면서, 절약한 세금의 겨우 일부에 지나지 않는 비용을 들여 자선 프로젝트를 진행하는데, 이는 자신들의 이미지를 실질적으로 빛나게 해 사회적 위신을 높이기 위해서이다. 캐나다 저술가 크리스티아 프리랜드 Chrystia Freeland는 '슈퍼 부자들'을 다룬 그녀의 책에서 슈퍼 부자의 시각을 자신의 입장으로 투사해 다음과 같은 말로 한 억만장자에 대해 서술하고 있다. "아마도 나머지 99퍼센트보다 세계의 개선에 더 많이 이바지한 것은 이 상위 1퍼센트이다. 나는 빌 게이츠$^{Bill\ Gates}$가 한 것과 같은 일을 한 어떤 가난한 사람도 본 적이 없다. 나는 가난한 사람이 다수의 다른 사람을 고용하는 것을 보지 못했다. 그래서 나는 가치를 창조하는 그 1퍼센트의 사람들을 우리가 명예롭게 높여 주고 존중해야 한다고 생각한다."[10] 빌 게이츠가 도대체 무엇을 수단으로, 그리고 누구를 희생해서 초기에 수조 원을 벌었는가 하는 질문은 대단히 명석하게도 이 관찰에서 제외되어 있다.

상위 1퍼센트가 스스로를 어떻게 생각하는지는 그들 나름의 생각일 뿐이다. 그럼에도 우리가 다른 사람의 탐욕과 이기주의를 사회적 번영의 토대로 설명하는 한, 이미 부자가 된 사람들이 앞으로도 무제한 부유해지는 것을 경멸의 대상으로 여기는 대신 오히려 멋진 일로 경탄해 마지않는다면 우리는 모든 탐욕의 추종자들과 모든 이기주의자들을 그저 사회적으로 수용할 만하다는 안이한 감정에 빠져 그들 편을 드는 셈이다. 그러면 우리는, 높은 수익을 내는 콘체른에 대한 최소한의 규제 장치조차 더 이상 있을 수 없다는 사실에 놀라워해야 한다. 그들이 0.5퍼센트 포인트라도 더 추가 수익을 올리기 위해 임금을 어떻게 교묘하게 깎을지, 환경보호 법규를 어떻게 피해 갈지 혹은 사회가 일반 납세자들의 마지막 푼돈까지 어떻게 쥐어짜게 할지 끊임없이 간악한 모델을 발전시키는데도 말이다. 또 투자은행이 그들의 파생적 투기로 옥수수 가격을 두 배까지 뛰게 만들어 전 국가를 혼란에 빠뜨리면서도 최소한의 양심의 가책도 없이 스스로 크게 흡족해 하는데도 말이다.

"비열한 동기를 가진 비열한 사람들"

인간의 타고난 성품은 배려 없고 욕심 사납고 이기적이지 않다. 이기주의자, 욕심쟁이, 인색한 사람들에게 성공할 수 있는 커다란 기회를 허락해 주고 이기심, 소유욕, 인색함을 명석한 것으로, 그에 반해 '선량한 사람들을 우둔하고 순진한 것으로 여기는 사회에서는 그 구성원들이 공정하고 서로 연대해서 행동하는 것을 기대할 수 없다. 그럼에도 많은 사람이 언제나 그렇게 연대해 행동하고 있다는 사실이 오히려 놀라울 따름이다.

일찍이 케인스는 자본주의란 "비열한 사람들이 비록 비열한 동기에서 그럴지라도 어쨌든 보편적 복지를 고려하게 될 것이라는 놀라운 확신 위에" 토대를 두고 있다고 생각했다. 특정 시기 동안에는 어느 정도 그렇게 작동했다고 말할 수도 있을 것이다. 그러나 시간이 지나면서 "비열한 사람들"의 조치들과 그들의 "비열한 동기들"이 우리의 복지에 여전히 긍정적인 효과를 미친다는 것을 인정하기가 어렵게 됐다. 그렇다면 미래에 품위 있는 사람들이 존중할 만한 동기에서 보편복지를 이끌어 가게 될 그런 경제 질서를 시도해 보아야 하지 않겠는가?

2

영광과 쇠퇴
: 우리 경제는 얼마나 혁신적인가?

아, 그대 자본주의 비판자들이여, 지난 2세기 동안 일어난 유례없는 경제적 동력을 보라! 애덤 스미스의 '보이지 않는 손'(보호받은 소유권, 경쟁, 자유로운 기업 활동을 통해 사람들의 이기심을 전체 사회에 유익한 방향으로 바꾸어 왔다)이 많은 어두운 측면에도 불구하고 적어도 장기적인 관점에서 보면 의심할 여지없이 제대로 작동하고 있다는 것을 증명하지 않았는가? 시장에서 분배된 부를 국가가 나서서 교정했고 빈곤이 완화됐으며, 부에 대해 세금이 부과된 것 등은 그 근거가 될 수 있다. 그렇다고 자본주의가 극복되었는가? 훌륭한 재능을 타고난 아이까지 목욕물과 함께 버리려고 하는 것은 아닌가?

1,001일 밤의 이야기

간단히 살펴보기만 해도 대차대조표는 실제로 분명한 사실을 보여 준다. 오랜 경제적 정체에 익숙했고 새로운 것이라고는 기껏해야 아주 사소한 것만을 경험한 우리 할아버지들에게 자본주의의 성취는 마치 1,001 밤의 이야기와 같을 것이다. 수세기 동안 10억 명에 머물러 있던 세계 인구 자체가 1700년과 2012년 사이 기간에 6배 이상 증가했음에도 불구하고 전 세계 1인당 소득은 같은 기간에 10배로 올랐다. 산업국가들에서 1인당 실질임금은 18세기 초의 20배 이상에 달했다. 이 숫자 뒤에는 삶의 질에서 명백한 향상이 있었다는 사실, 그것도 가난한 사람들에게도 향상이 있었다는 사실에 누구도 의문을 제기하지 않을 것이다. 우리는 더 오래 살고 있고 이전 세기들의 우리 조상들보다 죽은 아이를 보아야만 하는 일을 아주 드물게 겪고 있다. 우리는 평균적으로 적게 일하고, 다채롭게 영양분을 섭취하고, 더 빨리 이동하고, 멀리 떨어진 사람과 문제없이 서로 더 잘 소통할 수 있고, 지난 몇 천 년 동안 사망 진단을 받을 수밖에 없었던 질병을 치료할 수도 있다.

인류 역사에 물질적 번영을 창조하는 우리의 역량이 이토록 신속하게 성장한 시기는 없었다. 우리가 그것을 수단으로 물질을 생산하는 기술들이 이토록 신속하게, 본질적·지속적으로 혁신된 일이 없었고, 인류의 노동생산성이 비교컨대 이토록 높았던 일도 없었다. 질서자유주의적* 프라이부르크 학파의 아버지 발터 오이켄Walter Eucken은 「경제 정책의 기초」라는 자신의 논문 서문에서 "괴테와 플라톤을 둘러싼 환경은 괴테와 현대인의 환경 사이의 커다란 차이에 비해 훨씬 더 비슷했다"

---

* 질서자유주의Ordoliberalismus는 나치의 국가사회주의에는 반대하지만 정부가 시장에 개입해 경쟁의 '질서'를 확립해야 한다고 주장한다. 이 이론에 토대를 둔 독일의 '사회적 시장경제Soziale Marktwirtschaft'는 경제적 자기결정과 자유, 공정 경쟁과 시장가격을 통한 성과주의 원칙을 중시하면서 정부는 이 원칙의 작동을 돕는 수준에서만 시장에 개입한다. 따라서 국가의 재분배 기능은 강력하게 작동하지 않는다.

라고 썼다. 이러한 우리 시대의 변혁이 산업혁명과 함께 실현된 경제적 질서(혹은 그 덕분에 산업혁명이 일어날 수 있었다고 말할 수도 있을 것이다)의 결과라는 것은 손에 잡힐 듯이 명확한 사실이다.

냄새나는 하수구

그러나 자세히 살펴보면 그 그림은 다양한 풍경을 보여 준다. 자본주의 시대는 결코 지속적으로 성장한 대중 번영의 시대가 아니었다. 세계적으로는 더욱 아니었지만 부유한 나라에서도 그렇지 않았다. 언제나 경제적 활황기는 이전에 이룬 생활수준을 잃어버리는 그 반대의 시기로 이어지곤 했다. 경제가 꽃을 피우더라도 그럼에도 빈곤이 증대한다는 사실은 새로운 경험이 아니다. 자본주의가 승리의 가도에 등장한 첫 세기에 이 칵테일은 거의 전체 모습을 보여주었다. 영국 맨체스터와 리버풀의 지옥 같은 공장들은 엉망진창인 노동자 부대를 거느리고 있었는데, 공장의 악취를 풍기는 분뇨, 독극물과 같은 폐수, 기본적인 위생시설의 결여 등으로 당시 노동자들은 고통스러운 삶을 살았고 농부였던 그들의 조상들이 살 수 있었던 것보다 분명히 더 짧은 수명만을 누릴 수 있었다. 마르크스$^{Karl\ Marx}$와 엥겔스$^{Friedrich\ Engels}$만이 이 비참함을 실감나게 그린 것이 아니다. 자유주의자 알렉시스 드 토크빌$^{Alexis\ de\ Tocqueville}$은 1835년 맨체스터를 방문한 후 "냄새나는 하수구", "더러운 진흙탕"이라고 표현했으며 그곳에서 "문명화된 인간은 다시 야만인"이 됐다고 썼다.[11]

자본주의 산업화가 19세기에 유례없는 생산성과 부의 증가를 이끌어 냈지만, 1880년대까지 임금은 신체의 왜소화를 부를 정도로 비참한 수준에 정체되어 있었다. 그것이 군대에도 거의 그대로 나타났다. 그래서 1830년대와 1860년대 잉글랜드 병사들의 평균 신장은 약 2센티미터 가량 줄어들었고 그들의 건강 상태 역시 크게 나빠져 영국 병무청이 그것을 걱정했다고 기록했다. 어린이 사망이 유럽 모든 대도시들에서 점점 더 높아지고 있었다. 1880년에야 처음으로 잉글랜드와 유럽 대륙에서도 임금 수준이 눈에 띄게 높아지기 시작했다. 노동자들의 생활수준이 점차 개선된 이 시기는 그러나 제1차 세계대전이 터지면서 끝났다.

기독교민주연합조차 공동체 경제 지지

이어지는 30년 동안 두 번의 세계대전과 세계 경제위기를 통해 경제적 동력이 얼마나 철저하게 파괴됐던지, 좌파 사상에 공감했다고 말하기에는 다소 어려움이 따르는 집단에서조차 20세기 중엽에 자본주의가 그 수명을 다했다는 확신이 널리 퍼졌다. 독일 기독교민주연합(기민당 CDU)조차 1947년 '알렌 프로그램'*에서 자본주의적 경제 대신 공동체적 경제 질서를 선전할 정도였다. "자본주의적 경제제도가 독일 국민의 국가 또는 사회 차원의 결정적 관심사에서 벗어났기" 때문이었다.

- Ahlener Programm, '알렌 프로그램'을 주도한 사람은 후에 독일 연방공화국의 수상이 된 콘라트 아데나우어 Konrad Adenauer였다. 당시 기독교민주연합은 독일 사회민주당을 지지하는 노동자들의 표를 얻기 위해 자본주의를 강력하게 비판했다. 그러나 그 후 보수주의자들이 기독교 사회주의자들을 누르고 기독교민주연합을 장악하면서 당은 점차 중도 우파로 기울어졌다.
- New Deal, 1929년 세계 대공황을 맞아 프랭클린 루스벨트가 추진한 경제 · 사회 정책. 실업자와 빈민의 구제, 국가재정을 투입해 유효수요를 창출하는 재정 정책의 변화, 금융시장의 규제와 사회보험 도입 등을 포함한다.
- Sozialstaat, 제2차 세계대전 후 서유럽 여러 나라에서 모든 시민이 사회적 · 정치적 발전에 참여하는 것을 보장하기 위해 사회적 안전망을 구축하고 사회정의를 추구하는 것을 국가의 의무로 규정했으며 사회적 약자를 보호하는 사회 정책에서 성과를 거두었다. 그러나 시민의 사회적 · 물질적 · 문화적 복지의 향상에 필요한 풍부한 조치들을 포괄하는 복지국가Wohlfahrtsstaat보다 낮은 단계의 복지 정책을 실천했다.

미국의 뉴딜* 그리고 전후 유럽의 사회적 국가*가 등장하면서 처음으로, 우리가 기꺼이 자본주의적 정상 상태로 받아들이는 빠른 경제 상승과 증대하는 대중 소비의 시대가 시작됐다. 처음으로 산업국가들에서 모든 사회계층의 개인적 복지곡선이 상승을 보여주었다. 불평등이 줄어들었고 빈곤 역시 마찬가지였으며, 광범위한 중간층이 등장해 수십 년 동안 생산 및 소비의 증가는 그 한계를 알 수 없을 것처럼 보였다. 그러나 이 시기 또한 이제 지나간 역사일 따름이다.

"나는 미래를 잃어버렸다."

오늘 우리는 어디에 있는가? 자본주의는 그 옹호자들이 우리를 믿게 하고 싶은 만큼 여전히 그토록 역동적이고 혁신적인가?

어떤 문제들이 긴급하게 해결되어야 할 것인가에 대한 논쟁은 거의 불필요하다. 최소 목표는 세계적 차원에서 굶주림을 극복하는 것이다. 이산화탄소 배출의 최소화와 특별히 위험한 부산물과 환경 파괴를 피하는 등 에너지 문제의 해결이 긴급하다. 미세먼지 및 소음 공해 없는 이동, 폐기물 경제 대신 순환생산, 암과 다른 나쁜 질병들의 조기 진단과 치료 혹은 사전 예방 등이 중요 현안이다. 더욱 중요한 일은 번영을 파괴할 뿐만 아니라 아예 수백만 명의 생명을 앗아가는 전쟁 및 내전을 부추기는 경제적 추동력을 극복하는 일일 것이다. 실질적으로 치명적인 긴급한 문제들에서 오늘날 우리는 30년 전보다 더 앞으로 나아가지 못하고 있으며 몇 가지 점에서 이미 성취해 낸 것들로부터 오히려 후퇴하고 있다.

"나는 미래를 잃어버렸다. 오늘날 우리는 미래에 대해 더 낮은 기대를 가지고 있다"라고 인터넷의 선구자이자 컴퓨터 과학자 재론 래니어 Jaron Lanier는 말했다.[12] 디지털 금융 서비스업체 페이팔 PayPal의 창업자이자 인터넷 억만장자 피터 틸 Peter Thiel 역시 비슷하게 보았다. "스마트폰은 우리 주변 환경을 실제대로 인식하는 것을 방해하며, 이 환경이 대단히 낡았다는 사실을 인지하지 못하게 만든다. 20세기 중엽 이래 컴퓨터와 커뮤니케이션만이 진보를 이루었다."[13]

혁신 대신 막다른 골목

여러 분야에서 우리는 막다른 골목길에 막혀 있다. 우리의 이동수단은 건강, 기후, 환경에 해로운 영향을 미친다는 것이 잘 알려져 있음에도 여전히 대부분 19세기에 발명한 연소 엔진에 의존하고 있다. 독성가스의 배출을 최소화하는 방법을 연구하는 대신 폭스바겐 Volkswagen은 감시자들을 오판에 빠뜨릴 소프트웨어 개발에 매달리고 있다. 전기자동차들이 생산됐지만 적절한 수요를 창출하는 데 실패했는데, 높은 가격과 기초시설의 부족을 고려하면 놀라운 일이 아니다. 우리가 에너지를 얻기 위해 무엇보다 화석연료를 사용하는 한, 전기자동차가 커다란 진보를 이루기는 어려울 것 같다.

무엇 때문에 대안이 만들어지지 못하는가? 태양은 겨우 88분 만에 470엑사줄*을 지구로 비추는데, 전체 인류가 1년간 사용할 수 있는 에너지에 맞먹는 양이다. 우리가 지금 지구에 도달하는 태양 에너지의 0.1

• Exajoule, 에너지의 단위. 1 exajoule은 10^{18} joule.

퍼센트만 확보할 수 있다면 오늘의 세계 경제가 필요로 하는 에너지의 6배에 달하는 많은 에너지를 얻을 수 있다. 그러나 우리는 겨우 출발선에 서 있다. 태양광 셀은 현재 20년 전보다 개선됐다고는 하나 우리 모두의 에너지 문제를 해결하기에는 아직 턱없이 부족하다. 태양에너지 생산자들은 압박을 받고 있고 많은 회사들이 파산했는데, 막대한 예산을 투입할 여력이 없기 때문이다.

환경투기꾼이 부를 얻다

풍력 역시 실제로 충분하다. 스탠퍼드 대학의 한 연구에 따르면, 이용 가능한 바람의 20퍼센트만 사용하더라도 세계 경제가 실제로 소비하는 전력의 6배에 달하는 많은 전기를 얻을 수 있다. 그런데도 우리는 여전히 다른 무엇보다 석탄과 석유를 소비하고 있다. 실제로 그 사이에 독일에 있는 거대한 철제 풍차들은 풍경을 바꿔 놓고 있다. 그러나 상호작용이 이루어지지 않고 있다. 바람이 불면 우리는 남는 전기를 유럽 이웃들에게 보낼 수 있지만, 바람이 잠잠하면 비용을 이유로 옛 방식 그대로 석탄 발전소를 가동해야 한다. 현대의 가스 발전이 이 결합에 더 이상 경제적이지 않기 때문이다.

우리는 풍력 발전의 설치 공간을 바다로 이동했으나 녹색 전기에 필요한 축전기가 없거나 너무나 비싸다. 불충분한 연구를 지속시킬 징후가 없고 혁신의 압력이 없다면 어떻게 될까? 그 결과 오늘날 독일 에너지 합성은 탄소이산화물을 '녹색' 에너지 전환 이전보다 더 많이 대기 속으로 쏟아내는 일을 가속화하고 있다. 이런 엉터리를 위해 우리는

2000년 이래 점차 높아진 전기료를 부담해 1,000억 유로 이상을 지원했다. 녹색 기술의 발전을 추진하려고 시도하는 대신, 우리는 환경산업에 대한 국가 지원금으로 돈을 벌어들인 환경투기꾼들과 자기 땅을 풍력 사업에 임대해 준 토지 소유자들을 부자로 만들었다.

케인스의 2028년 예상

우리는 19세기에 증기기관이 얼마나 빨리 전기로 대체됐는지, 20세기에는 처음에 컨베이어벨트와 자동화가 얼마나 신속하게 실현됐고, 디지털화가 그 전진을 시작했는지를 알고 있다. 존 메이너드 케인스가 1928년에 쓴 「우리 손자들을 위한 경제적 가능성들」이란 짧은 논문을 읽은 사람이라면, 당시의 기술적 동력에 어찌나 강한 인상을 받았던지 케인스 같은 합리적 분석가가 미래에 어떤 희망을 품게 됐는지 분명해진다.

케인스는 100년 안에 인류가 당면한 경제적 문제들을 해결할 것이라는 전망을 갖고 출발하고 있다. 그가 기대하기로는, 2028년까지 모든 기본적인 수요가 충족될 것이고 그것을 위해 모든 사람이 하루 세 시간만 일하면 된다. 그는 확신을 가지고 이렇게 썼다. "처음으로, 인간은 이로써 압박하는 경제적 걱정으로부터 벗어나 자유를 어떻게 사용할지, 자신의 자유 시간을 어떻게 채울까라는 실질적이고 지속적인 과제 앞에 서게 될 것이다." 그리고 "돈을 향한 사랑 그 자체가 상당히 불합리하고 병적인 고통으로, 몸서리를 치면서 정신병 전문가에게 달려가야 할 반+범죄적인, 반+병리적 성향으로 인식될 것이다."

우리는 그런 상태로부터 얼마나 많이 떨어져 있는가! 실리콘밸리는 세계에서 가장 혁신적인 아이디어의 용광로로 알려져 있다. 그러나 그곳이 실질적으로 중요한 문제들을 해결하는 데 진보를 이루도록 돕는 곳인가? 혹은 유럽 어딘가에서 그것이 발전한다면 더 좋을까? 컴퓨터와 인터넷이 생활세계를 혁명적으로 바꾼 것은 사실이다. 그러나 이 두 가지 발명은 지난 세기 중엽에 나타났고 1990년대에 이미 실현됐다.

우버와 라이언에어

21세기가 시작된 지금 혁신적 발명과 개혁은 어디에서 일어나고 있는가? 마케팅에 기초해 매년 새로운 버전이 출시되는 스마트폰이 본질적인 혁신을 제공하는가? 그 사이에 채울 수 없는 데이터 창고가 됐고 우리에 관한 데이터까지 축적하고 있는 검색창 구글에서 혁신을 얻을 수 있을까? 우리의 개인적 생활 표현까지 흡입하는 각종 소셜 네트워크 서비스가 그것을 분석하고 사업을 한다면? 세계가 기다렸던 것이 그것이었는가? 아니면 우버 앱을 기다린 것인가? 그것이 기존의 택시 사업을 파괴하는 대신 비용을 적게 들이면서 우리를 목적지로 데려다 줄 잠재력을 갖고 있지만, 그렇게 되면 택시 기사들은 연금 보장이나 제대로 된 의료보험을 가질 수 없을 것이고 지금 기사들보다 더 낮은 수입을 가져야 하지 않겠는가?

비행기는 20년 전보다 더 빨리 날지 않고 있고, 그 배출 가스 역시 환경에 덜 해롭지 않다. 이 분야의 유일한 대'발명'은 저가 항공기 라이언에어*의 도입인데, 더 낮은 승무원 임금, 형편없는 서비스, 그리고 좁은

좌석으로 얻어진 것일 뿐이다. 소득이 적은 여행객이 그때 이후 많은 비행에서 더 경제적으로 여행할 수 있게 됐지만, 오래전에 예약해야 하고 일정에 융통성이 없어지고 가능한 한 손가방만을 들고 가야한다. 그 대가로 그 사이에 많은 항공사에서 스튜어디스만이 아니라 조종사까지 다가오는 주택 임대료 상승을 걱정하게 됐다. 이것이 우리가 진보라는 말에서 이해하는 정말 그것인가?

기름기가 너무 많고 짠 음식들

산업적으로 생산한 식품은 대부분 건강에 좋지 않은데, 지방이 많고 짜며 너무 많은 설탕이 들어 있다. 지금 우리는 2세기 혹은 3세기 전과 비교해 적당한 영양에 관해 훨씬 더 많이 알고 있는 것은 사실이다. 지난 수년간 많은 식품이 합리적인 가격이 됐지만 많은 것이 나빠졌는데, 다른 무엇보다 품질이 나빠졌다. 식료품 재료에 들어 있어서는 안 될 질병을 유발하는 물질이 들어 있다는 추문이 계속해서 이어지고 있다. 언제나 비용 절감과 덤핑 경쟁이 그 원인이다. 그런데도 범대서양 자유무역협정과 캐나다-유럽 자유무역협정과 같은 국제적 조약들은 많은 노력과 투쟁으로 얻은 환경과 소비자 보호 기준을 낮추고 있다.

많은 연구 실험실에서 혁신적인 아이디어가 잠자고 있을지도 모른다. 그런데도 시장에는 발굴 시 땅을 오염시키는 프래킹 가스, 환경과 건강에 미치는 장기적인 결과를 누구도 모르는 유전자 조작 식품, 굶주림과 의존성을 세계적으로 확대하는 유전자 조작 씨앗, 질병을 고치는 것이

• 라이언에어Ryanair, 아일랜드의 더블린에서 시작해 31개국에 1,600개 노선을 확보한 유럽 최대의 저가 항공사.

아니라 오히려 유발하는 다이어트 약품, 엄청난 수의 접속자들을 모으는 인터넷 게임 등이 등장한다. 하루도 거르지 않고 오늘도 유럽 어딘가에서 원자력 발전소가 건설되고 있을 정도이다. 엄청나게 증가하는 디지털 저장 능력의 주요 사용 분야는 우리 사생활을 찾아내고 기록하는 것인데, 그것으로 만든 프로필로 사업을 할 수 있으며 (광고 홍보 회사뿐 아니라 보험사, 대출 은행, 혹은 고용주 등이 특별히 관심을 갖는다) 아마도 비밀서비스 목적이나 국가의 권력 정치를 위한 분석 자료로 활용할 수도 있다.

사서 쓰면 고장 나고

우리 모두 알고 있듯이, 핸드폰, 전기 포터, 냉장고, 혹은 세탁기 등이 법적 보장 기간이 다하자마자 곧바로 작동을 멈춘다. 아무래도 부정할 수 없는 경향은, 현재 구입하는 기구들이 20년이나 30년 전의 구식 모델에 비해 기술적으로 세련되기는 했지만 동시에 더 일찍 고장이 나거나 아예 사용할 수 없게 된다.

순환생산이나 장기적인 지속 가능성에 대한 요망에 완전히 반대로, 많은 상품들이 생산자들에 의해 빨리 닳아 없어지거나 성능이 나빠지거나 혹은 전혀 수리할 수 없도록 의도적으로 구성되어 있다. 대체 부품은 비싸거나 더 이상 생산되지 않는다. 이런 관행이 전혀 새로운 것은 아니다. 생산자가 의도적으로 조악한 품질을 생산한 아주 오래된 대표적 사례는 1924년에 결성한 페뷔스PHOEBUS 전구 카르텔*이다. 당시 국제적인 대규모 전구 생산자들은 판매숫자를 늘리기 위해 2,500시간 사용할 수 있는 전구의 수명을 1,000시간으로 줄이기로 합의했다. 좋지 않고 고장이 잦은 부품들의 구성 혹은 사용 기간이 짧은 저렴한 재료들의 사용 등과 같은 속임수는 지난 세기보다 더 많아졌고 다른 무엇보다 소수 공급자가 시장을 장악하고 있는 부문에서 이런 현상이 두드러지게 나타난다. 2014년에 나온 "진부한 기획 풍경"에 관한 가치 있는 연구에는 셀 수 없이 많은 그러한 관행의 구체적 사례들이 등재되어 있다.[14]

때로 책략을 일삼는 사람들이 한발 앞서서 더 높이 난다. 2000년대 초 애플은 아이팟을 생산했는데, 미리 수명을 18개월로 확실히 제한한 교체 불가능한 축전지를 장착한 제품이었다. 당시 이 제품은 불만 수집 대상 제품이 됐고 콘체른은 기계의 무료 반환을 받아들이기로 양보했다. 하지만 대부분의 경우 증명이 어려워 법정 다툼이 진행되는 일은 없다.

신속하게, 그리고 비열하게

베를린 기술 대학 전임 부총장이자 하인리히 뵈클러 재단Heinrich-Böckler-Stiftung의 대표 연구원 볼프강 네프Wolfgang Neef는 양질 생산에서 덤핑 자본주의로의 전환을 입체적으로 요약했다. 그는 자본주의 안에 처음부터 서로 대립한 두 가지 사고방식과 방법론이 존재했다는 것을 밝혔다. "화학과 물리학의 자연법칙을 다루는 엔지니어들의 방법"이 그중 하나였고 "경쟁과 이익을 기업의 유일한 성과 준거로 보는 사람이 만든 시장법칙을 다루는 경제학자들의 방법"이 다른 한 방법이었다. 두 사고방식이 기

• 1924년 스위스 제네바에서 세계 유력 전구 생산업자들이 고객의 교환 및 정보 제공 요구를 거부하고 세계 전구 시장을 참여 업체끼리 분할할 목적으로 결성한 카르텔로서, 이름은 여기에 참여한 프랑스의 페뷔스Phoebus사에서 따왔다.

업에 자리를 잡게 되면, 우선 먼저 기술적인 불가피성에 따른 발전이 이루어지고 그다음 가능한 비용절감에 관해 토론이 이루어진다. 그렇게 해서 상품이 생산되는데, 상품은 전문가적 기본 원칙에 따라서 구성되고 동시에 다소 적당한 가격이 책정된다.

이어 네프는 강조한다. "자본주의의 신자유주의적 극단화의 시작과 함께", 그러니까 1985년경 이래 이 균형이 "기업 경제에 점점 더 유리한 방향으로 옮겨 갔다. 내 학생들이 나에게 알려 준 바에 따르면, 지멘스Siemens사에서 시간이 많이 소요되고 저렴한 수단으로는 할 수 없는 전문 엔지니어 노동이 '과도-엔지니어링'으로 매도됐다고 한다. 그 대신 가치-엔지니어링이 중요해졌는데, 이는 증권시장에서 무엇보다 기업 가치(이른바 주주 가치)를 한눈에 보여 주듯이, 가능한 한 적은 비용이 든다는 것을 증명해야 하고 그래서 '신속하게, 그리고 비열하게'라는 원칙에 따르는 엔지니어링 노동이 되어야 한다는 주장이다." 그리고 이어서 그는 지멘스 회장의 말을 인용하고 있다. "여러분은 기술 문제로 나를 찾지는 마십시오. 나는 다른 할 일이 많으니까요."[15]

이런 기업에서는 극단적으로 높은 기대 이익이 충족되어야만 혁신적 기술 발전이 지속적으로 이루어질 것이다. "지멘스의 한 서비스직 노동자는, 그 콘체른에서 새로운 상품 생산을 위한 최소 금융 이익이 16퍼센트 수준이라고 말했다. 자신이 에너지 분야에서 15퍼센트의 이익을 내 줄 것으로 기대되는 혁신을 이루어 냈지만, 금융 이익이 적다는 이유로 그 기술은 개발이 허락되지 않았다고 말했다."[16]

영국의 본보기들

기업 경영의 이런 종류의 본보기들은 앵글로색슨 지역에서 유래했다. IBM에서는 수년 전부터 경영진에게 직원들이, 구입과 판매를 통해 그리고 교묘한 금융 조작을 통해 이익을 더욱 향상시키겠다는 계획을 내놓았다. 투자를 줄이고 혁신을 거의 이루지 않겠다는 계획이었다. 『한델스블라트Handelsblatt』*는 이 안*에서 일반적인 모델을 보았다. "상품을 발명하는 대신, 미국 회사들이 술수를 부리고 …… 학자들을 고용하거나 연구실을 열거나 혹은 새로운 사업 분야를 개척하는 대신, 미국 콘체른들은 금융 부문을 확장하고 있다." 다른 무엇보다 바로 이 금융 부문에서 순이익을 증대시키기 위한 국제적 탈세의 새로운 계략들이 태동한다.[17]

이런 경향은 아메리카 혁신 제도의 강점과 약점, 그리고 산업 생산의 하락에 관한 MIT의 학제적 연구에서 얼마 전 증명됐다. 여기에서 중요한 것은, 왜 많은 이익을 약속해 줄 혁신들이 시장에서 능력을 발휘해 보지도 못하고 깡통 속에 박제되고 외국으로 떠돌아야 하는가라는 의문이다. 이 연구에 따르면, 그 원인의 하나는 대기업 내 연구와 발전을 위한 핵심부서가 과거의 유물이 됐다는 데 있다. 대부분의 콘체른에서 오늘날 장기적인 기초 및 응용 연구가 추진되지 않고 있으며 대신 발전을 위한 지출이 단기적인 목적에 집중해서 이루어지고 있다. 이에 따라서 "산업 생태계에 …… 커다란 구멍이 뚫렸다."[18] 이것은 물론 오래전부터 미국 콘체른만의 문제는 아니다. 유럽과 독일 대기업들도 지난 수

* 1946년에 창간한 독일의 대표적인 경제 및 금융 전문지.

십 년 동안 이 모델을 그대로 넘겨받았다.

발명 대 특허

현대 특허법 또한 그 국제적 관철이 거대 콘체른의 로비 목표 최상위 리스트에 올라 있는 것으로, 혁신을 방해하고 있다. 2003년 저자들이 "발명 대 특허"[19]라는 제목으로 그 특징을 표현한 프라운호퍼연구소 Fraunhofer Institut의 한 연구는, 1990년대 초부터 기업들의 소폭 증가한 연구 및 개발 지출과 1990년과 2000년 사이 2배로 뛰어 가파른 증가를 보인 특허 등록 사이의 눈에 띄는 차이를 찾아내 밝혔다. 이 간격은 해가 거듭할수록 커졌다.

  이 연구는 특허 등록의 대부분은 자기 혁신을 모방으로부터 보호하려는 의도에서 낸 것이 아니라는 결론을 내렸다. 특정 기술을 경쟁자들이 사용하지 못하도록 막는 것이 그 주요 목적이었다. 이 목적을 위해 예컨대 기술적 새로움을 보호할 필요가 있는 것 이상으로 많은 특허를 냈고 심지어 전혀 혁신적이지 않은 공정조차 특허로 제출했다. 많은 경우 그것을 사용할 목적으로 특허 등록을 한 게 아니라 자사 상품의 소비가 낳을 이익 창출에 해로운 영향을 미치는 혁신을 '방해하기' 위한 것이었다.

보호 대신 차단

프라운호퍼 연구소의 연구에 따르면, 대기업 특허 등록의 대부분이 봉쇄 목적에 이바지했다. 여기에 신속하게 증가한 특허 등록 수의 결정적인 원인이 있다. 이에 반해 중소기업에서는 연구와 특허 등록이 오히려 반대 방향으로 가고 있어 서로 큰 차이를 보였다. 즉, 유럽특허청의 연구에 따르면, 적극적인 연구 활동을 독려하는 중소기업의 3분의 2가 그들의 혁신을 특허를 통해 보호하는 대신 관료주의, 비용, 그리고 시간 낭비 등을 이유로 오히려 축소시켰다.[20]

게다가 특허는 그것에 결합되어 있는 권리를 국제적으로 관철시킬 수 없다면 전혀 쓸모가 없다. 특허를 두고 다투는 재판의 비용은 소규모 회사를 빠르게 파탄에 빠뜨리게 될 정도의 규모이다. 따라서 작은 회사들의 특허 등록 비중은 줄어들고 있으며 수많은 특허 요원을 보유한 대기업의 소송이 특별히 많다. 지금까지 얼마나 많은 혁신적인 중소기업들이 특허 분쟁으로 인해 경제의 혁신력에 온갖 부정적인 결과를 안으면서 파산했는지를 알려주는 통계는 유감스럽게도 아직까지 존재하지 않는다.

프라운호퍼 연구소의 연구 결과에 따르면, 경쟁업체의 수가 적은 특정 시장에서 특허는 오늘날 신규 참여자에게 시장으로의 접근을 차단하기 위해서 사용하는 막강한 영향력을 가진 봉쇄 도구로 사용되고 있다. 신설 회사는 특허 밀집 시장에서 일반적으로 기회를 갖지 못한다. 볼프강 네프 역시 현실적인 특허 관행의 혁신 저해와 품질 악화 영향에 대해 이렇게 증언했다. "자동화 기술 부문 엔지니어 한 사람이, '우리는 경쟁사의 특허를 피해 가면서 개발한다. 그래서 대체로 차선에 머문다. 우리는 좋은 기술을 발전시키는 대신 언제나 서로 법적 분쟁을 일삼기에 바쁘다'라고 내게 말했다."[21]

지난 수십 년 동안 이룩한 경제적 발전 과정을 눈가리개를 벗고 똑바로 보는 사람이라면, 부유한 나라들에서 자본주의는 이미 오래 전부터 그다지 혁신적이지 않았고 그리고 혁신이 있었더라도 그 혁신이 그 나라의 일반적 복지에 이바지한 일은 드물었다는 사실을 확인할 수 있다.

역동적이라기보다 지지부진

번영 중심지 이외의 세계 여러 지역에서 부진이 눈에 뚜렷이 나타난다. 세계은행의 계산에 따르면, 아프리카 주민 1인당 평균 소득은 식민지체제의 해체 당시에 견주어 오히려 줄어들었다. 종래 계획경제를 실시하던 많은 나라들에서 자본주의의 도입은 예외 없이 경제적 성과의 추락으로 이어졌는데, 오히려 이전의 추락이 그다지 인상적이지 않을 정도였다. 몽골은 이 과정에 거의 전 산업을 잃어버렸다. 서부 발칸 국가들에서 산업 생산은 현재 1989년 수준에 비해 10퍼센트 아래로 내려갔다. 지난 25년간 자본주의는 성장을 이루지 못했을 뿐 아니라 생활수준의 하락을 가져왔다. 오늘날 러시아의 여러 지역 역시 비슷하다.

물론 반대 사례로서 엄청난 성장을 이룩한 경제 세력들도 있다. 예컨대, 중국과 한국은 지난 수십 년 동안 분명히 번영을 이룩했다. 그러나 이들 나라를 부자로 만든 것이 자본주의인가? 무엇이 실패한 나라들과 달랐고 또 더 나았을까? 산업국가들에서 일어난 장기에 걸친 경제적 동력은 어디에 기초하고 있는가? 그 나라들을 후퇴로 몰고 갈 위기는 없는가? '보이지 않는 손'이 오늘날 많은 나라들에서 작동하고 있다면 그 이유는 무엇인가? 우리가 '자본주의적'이라고 부르는 그 원리에 고유한 창의성은 도대체 무엇인가? 다음 장에서 이런 질문들을 다루어 보기로 하자.

1부 | 성과, 책임, 경쟁
: 자본주의의 치명적인 거짓말

접시닦이 신화, 봉건왕조, 그리고 사라진 중간층

노동성과 없는 최상위 소득

인간의 인식은 그 안에 외부 세계가 있는 그대로 투영되는 텅 빈 평면이 아니다. 우리는 우리가 본 것으로 상을 형성하는 데 우리는 이미 머릿속에 존재하는 유형에 맞는 것만을 본다. 하나의 경제 질서로서 자본주의를 바라보는 것도 바로 이런 유형들에 속한다. 이 경제 질서 안에서 시장의 규칙과 성과 경쟁의 규칙이 효력을 발휘한다고 보면서 모든 사람이 거기에 무엇인가 이바지하기 위해 노력한다. 비판자들조차 이 논리를 아주 잘 내면화하고 있어서 엄청난 불평등을 거부할 경우에도 그것의 완화를 요청하는 정도의 의사 표시에 그칠 뿐이다. 이를테면 강한 어깨를 가진 사람이 약한 사람보다 더 많은 짐을 질 수 있지 않겠는가 하는 순진한 생각에서 부자들에 대한 증세를 요청하는데, 도대체

'더 강한' 어깨란 무슨 의미인가? 그것이 소득 피라미드의 상위 계층을 의미한다면, 다른 무엇보다 그들이 더 많은 노동성과를 내는 사람들이어야 하지 않을까? 어떤 사람은 강자와 약자의 연대를 요청해야 한다고 말한다. 그렇다면 부유한 것과 강한 것은 같은 것이란 말인가? 약자와 가난한 사람들은 타고난 능력이 더 적은 사람들이거나 혹은 스스로 노력하려는 의욕이 아예 없는 사람들이란 말인가?

게으른 곰 혹은 유능한 사람

재산은 노동을 통해 형성된다는 사실은 자본주의 시대의 여명기에 이미 자유주의 철학자 존 로크John Locke가 우리에게 가르쳐 주었다. 그 이야기에 따르면 큰 재산은 특별히 부지런하고 특별히 창의적인 노동에 의해 형성된다. 그런 노동을 수행하고 그래서 경제를 발전시킨 유능한 사람들에게 엄청난 부를 보상으로 줌으로써 자본주의가 마침내 우리 모두의 삶을 더 풍요롭게 해 주지 않았는가?

세상을 그렇게 보는 사람은 실질소득 및 재산의 분배가 불공정하다고 여길 이유가 거의 없는 사람이다. 느긋하게 햇볕을 즐기는 게으른 곰보다 더 많은 노동 성과를 내는 사람이 더 잘산다고 해서 어떻게 거기에 반대할 수 있겠는가? 이런 이해 방식에 따르면, 사회 정책은 기껏해야 불평등이 지나치게 커져서 사회 통합이 위험에 빠지는 것을 막는 데 관심을 두어야 할 따름이다. 아무튼 휴머니즘의 명령에 따르면 그 사람의 기여 정도가 적든 혹은 아예 아무런 기여도 하지 못하든 모든 사람은 기본적인 보호를 받을 권리를 갖는다. 그럼에도 불구하고 국가의 재분배 기능의 한계는 너무나 뚜렷해 시장에서의 분배를 크게 교정하지 못하고 있으며 자발성과 성과 의지를 꺾어 버리고 그래서 경제 발전에 결정적인 역할을 하는 엔진을 꺼뜨리고 만다.

비밀스러운 성과 도핑

우리 모두 이런 사회상들을 알고 있지만 우리 가운데 다수는 그런 틀 안에서 생각할 뿐이고 때로는 전혀 의식조차 하지 못한다. 그것들은 받아들일 만하기도 한데, 우리 주변에 널려 있는 일상생활 세계에, 대부분의 사람들이 그 속에서 살아가는 사회적 중간층의 세계에 완전히 그럴듯하게 나타나기 때문이다. 우리는 지적인 성향을 가진 사람이나 충동적인 성향의 사람, 대단히 유능한 인물이나 교육을 덜 받은 사람, 일벌레 혹은 파티 광狂, 그리고 기를 쓰고 노력하는 사람이나 놀기를 좋아하는 사람 등 다양한 사람을 만나기 때문에 인간의 이런 다양성이 노동, 소득, 그리고 번영을 쟁취할 서로 다른 기회를 제공한다는 사실을 부정하기 어렵다. 그러나 그것은 이 사회의 상류층과 나머지 대부분 사람들 사이에 존재하는 거대한 격차에 대한 초보적인 수준의 설명에 지나지 않는다.

재산 분배, 이것은 과연 자유시장에서의 성과 경쟁의 결과일까? 세계 상위 수만 명이 지난 수년 동안 어떤 비밀스러운 도핑 수단을 이용해 그들의 개인적 성과 역량을 증폭시켰는지, 그래서 그 사이에 그들의 개인 재산이 인류 99퍼센트의 전체 재산을 완전히 무색하게 만들었는지를 알아보는 것은 흥미로운 일이다. 구체적인 사실을 살펴보기만 하면, 최근 들어 소수는 점점 더 성과 역량을 높인 반면 많은 사람들은 점점 더 무능력해졌다는 사실 때문에 소득과 재산의 불평등이 증가했다는 주장을 누구도 지지하기 어려울 것이다. 그렇다면 그 격차는 어디에 토대를 두고 있는 것인가?

세차장 노동자에서 억만장자로?

우선 사회의 '최정상'과 나머지 사람들 사이의 격차를 자세히 살펴보기로 하자. 능력이 있고 노력하는 모든 사람은 접시닦이에서 억만장자로, 세차장 노동자에서 세계적 IT 콘체른의 대표가 되는 등 최정상에 오를 수 있다는 원칙은 유효한가? 여기에 "그렇다"라고 답한다면, 왜 그런 상승 경력을 가진 사람들의 사례가 놀랍도록 적은가? 자세히 살펴보면 왜 그들 중 많은 사람이 빛을 잃고 마는가? 나중에 억만장자가 된 극소수 사람들은 실제로 이른바 무일푼에서 출발했다고 말하는데, 그들 중 대부분은 실은 개인이든 혹은 국가든 후원자와 지원자의 등에 업혀서 출발했다.

19세기에 조차 사회적 성공은 공부, 능력 그리고 노력으로는 달성할 수 없다는 것이 명백했다. 시민으로서 중간층에 속한 사람들 자신이 부자 가문의 삶을 누리는 수준에 결코 도달하지 못할 것이라는 사실을 알고 있었다. 더구나 노동자들에게는 시민적 생활수준 자체가 일반적으로 이루어질 수 없는 꿈이었고 부자들의 사치스러운 생활은 아예 입에 올리지도 못할 정도로 관심 밖이었다. 프랑스의 경제학자 토마 피케티 Thomas Piketty는 자신의 세계적 베스트셀러 『21세기 자본』에서 이에 관해 증명했는데, 19세기 말 '벨 에포크'• 동안 파리 시민 계층 1퍼센트 상위 부자가 자본 소득분에서 당시 평균 임금의 80배 내지 100배를 벌었다. 상위 부자가 한 해 동안 아무 일도 하지 않고 번 것이 노동자가 100년을 일해야 얻을 수 있는 소득이었다.

게으른 곰이 최정상에 있다

20세기와 21세기에도 기본적으로 이런 사실로부터 변화한 것이 아무것도 없다. 피케티는 최정상 소득의 구조를 세금 상승과 다른 여러 통계 자료에서 얻은 데이터들을 활용해 증명했고 다음과 같은 결론에 이르렀다. "모든 나라에서 그리고 어느 시대에나 최상류 계층으로 올라갈수록 노동소득의 비중은 명백히 하락하는 대신 자본 소득의 비중은 체계적으로 크게 증가했다."²²

19세기와 오늘날의 차이라면, 19세기에는 최고의 번영을 누린 1퍼센트가 아무런 성과를 내지 않은 자본 소득으로 살았던 반면 오늘날에는 그 1퍼센트 중에서도 최정상에 속한 부자들만이 여전히 완전히 게으름을 즐길 권리를 누리고 있다는 사실이다. 어쨌든 일반적인 규칙이 있는데, 최정상의 소득은 경제 질서에서 부지런한 사람이 차지하는 것이 아니라 자산가가 차지한다는 사실이다. 크반트^{Quandt}가의 상속녀 수잔네 클라텐• 이 매년 가져가는 수억 유로의 배당금에 비교하면 모든 BMW 노

• Belle Époque, 19세기 말경부터 20세기에 걸친 30년의 기간. 대체로 1884년부터 제1차 세계대전이 일어난 1914년까지로 잡는다. 이 시기에 유럽에서 전례 없는 평화가 지속되었고 산업혁명 이후 경제가 발전해 생활수준이 크게 향상되었을 뿐 아니라 문화적 융성을 이루었기 때문에 '좋은 시절'이라고 부르게 되었다.

• Susanne Klatten, 독일의 유명 기업 가계인 크반트 집안의 일원으로 BMW의 상속녀이자 제약 기업 알타나^{Altana} 등에 지분을 갖고 있는 독일 최고의 여성 부자이다.

동자뿐만 아니라 닥스 콘체른*의 이사회 임원들까지도 배고픈 강아지에 지나지 않는다. 정말 게으른 곰은 자본주의에서 언제나 최정상에만 있다.

　슈퍼 부자들이 풀장 옆에 앉아 햇살을 받으면서 인생을 보내고 온종일 시종들이 갖다 주는 칵테일을 홀짝거리면서 즐긴다고 할 수만은 없다. 물론 그럴 의사만 있으면 가능하겠지만 말이다. 현실에서는 슈퍼 부자들 역시 말할 것도 없이 부지런하거나 기업 활동을 비롯한 다른 일에 참여하거나 몇몇 경우에는 개인적으로 검소한 사람들이다. 부자로 살게 됐다고 해서 진부한 표현처럼 가짜 모피나 걸쳐 입고 비행기로 세계 유람이나 하는 제트족*들만 있는 것은 아니다. 여기에서 중요한 것은 (퇴폐적인 사람이든 부지런한 사람이든 마찬가지로) 사회적 부의 피라미드 최정상에서 엄청난 소득이 노동이나 노력과 전혀 무관하게 유동하고 있다는 점이다.

막스 베버의 오류

그래서 지금도 영향을 미치고 있는 막스 베버Max Weber가 프로테스탄트 노동 윤리를 자본주의 '정신'으로 본 것은 커다란 오류이다. 자본주의가 소박한 부지런함을 필요로 하는 것은 사실이다. 안락한 삶을 요구하는 대신 적은 임금을 받고도 검소하게 살면서 지치지 않고 일과를 수행하는 사람이 최고로 좋을지 모른다. 그런 사람들이 없었다면 자본주의가 이룩한 거대한 성장이라는 성공은 결코 이루어지지 못했을

- Dax-Konzern, 독일 주식 시장 닥스DAX에 상장된 매출 규모 30위 안에 드는 콘체른들.
- Jetset, 제트 비행기를 타고 날아가 세계적인 명소나 관광지에서 파티를 즐기는 최상류층.

것이다. 그렇지만 자본주의는 그런 사람들을 맨 밑바닥에 두거나 사회적 중간층으로 필요로 할 뿐이며 상층부에서 필요로 하지는 않는다. 중하층에서 자본주의는 노동, 부지런함, 노력 같은 에토스와 함께 작동하고 있는데, 이에 반해 프랑스의 후기 절대주의는 루이 15세와 16세의 궁정에서 연회를 즐기던 귀족들의 흥청망청한 연회와 관계를 맺고 있었다.

그런 까닭에 지난 3세기 동안 고삐 풀린 자본주의가 자기 성과도 없이 국민소득 중 재산소득 형태로 탈취한 소득의 비중을 엄청나게 증대시킨 반면 독립적이거나 비독립적인 노동에서 나오는 소득의 비중을 상대적으로 최소화했다는 사실은 놀라운 일이 아니라 그저 전형적인 일일 뿐이다. 1950년에는 분배 가능한 파이의 약 83퍼센트가 노동성과에 대한 대가로 노동자들과 자영업자에게로 돌아갔고 겨우 17퍼센트만이 재산소득으로 자산가들에게 주어졌다. 이러한 분배는 1980년대 초까지 분명히 흔들리기는 했지만 유지됐다. 그러나 그 후부터 노동성과를 내지 않는 재산소득이 줄기차게 성장을 시작했고 오늘날 그것은 사회적 총소득의 3분의 1에 이르러, 1980년 이전에 비해 약 2배 정도로 증가했다.

시설물로서의 기업

자본가capitaliste라는 개념은 1753년 프랑스에서 우연히 처음으로 나타났고 단순히 재화를 갖고 있고 이 재화에서 나오는 수확물로 살아가는 사람을 의미했다. 오스트리아의 훌륭한 경제학자 요제프 슘페터Joseph Schumpeter는 바로 이런 의미에서 기업가와 자본가를 구별하는 것에 커다란 의미를 두었다. 슘페터에 따르면 기업가는 자기 기업에서 일하고 이 기업을 자신이 세운 사람이다. 그는 자기 아이디어, 자기 영감, 자기 능력을 가진 기업의 중심이고 그 성공과 실패에 스스로 책임을 지며 이런 기업적 노동으로 얻은 소득으로 생활한다. 이와 완전히 달리 자본가에게 기업은 그저 시설물로서 관심을 두는 대상일 따름이다.

기업가가 회사와 생산에 직접 관여하고 있는 한 그는 아직 자본가가 아니다. 자본가는 질을 바꾸고자 하는 것이 아니라 양을 늘리려고 하며 그는 최선을 다해 자기 돈을 불리려고 한다. 자본가는 이로써 단지 재산을 가진 사람이 아니라 자기 생활의 적어도 상당 부분을 자신의 투자 수익으로 꾸려가고자 하는 그런 사람이다. 옛 귀족이 소작농의 임대료나 서비스에 기대어 살아가는 것과 마찬가지로 자본가는 자기자본에서 얻는 수입으로 살아간다.

소小자본가?

그러나 우리들 중에 비록 생활비 계좌만을 갖고 있거나 (금융콘체른만을 부자로 만들기 때문에) 의미 없는 헝겊 조각 같은 보험 계약들에 저축을 하더라도 그런 사람이면 누구나 노동성과를 내지 않고 재산소득을 얻고 있다고 할 수 있지 않은가? 아주 가난한 사람을 제외하면 우리 모두 약간의 자본을 갖고 있고 그 자본에서 아주 조금이더라도 이자를 받고 싶지 않은가? 모든 저축자가 긍지를 갖게 하기 위해서는, 소액 저축자 역시 수십억 유로의 재산을 가진 하니엘* 이나 외트커* 왕조의 구

• Haniel, 1771년에 두이스부르크에서 창업한 독일 기업.
• Oetker, 1891년에 독일 빌레펠트에서 시작해 현재 은행, 화학, 해운, 식품 등 다양한 분야에 약 400개 회사를 거느린 기업이다.

성원과 한 배를 타고 있다고 주장할 수도 있을 것이다.

현실은 그렇지 않다. 일반인들이 저축 통장에서 받는 이자라고 해야 그들의 전체 재산소득에서 고작 최소한의 비중만을 차지하고 있다는 사실, 실질적인 저금리 단계가 이런 종류의 소득마저 성장을 약화시키고 있다는 것을 보여줄 따름이다. 일반 시민들은 사실상 자기 돈에서 더 이상 이자를 받지 못하고 있지만 국민경제에서 재산소득이 차지하는 비중은 지속적으로 높아지고 있다.

피케티의 핵심 주장 중 하나는, 재산에서 얻는 소득이 재산의 크기에 직접적으로 관련되어 있다는 것이다. 그래서 간단히 말해, 더 많이 가질수록 그가 얻는 수익이 더 많아진다. 재산이 많으면 많을수록 투자의 종류 역시 다양하다는 것은 비밀이 아니다. 예컨대, 배당증권, 헤지펀드, 비상장 주식, 파생 상품, 부동산 펀드, 그리고 소액 저축자들은 전혀 접근하기 어려운 원자재 등이다. 그래서 대규모 재산은 위험이 높은 투자를 하기 때문에 그 이윤 역시 단기간에 오를 것이라고 생각할 수 있다. 그러나 그렇지 않다. 수익의 차이는 오히려 훨씬 더 장기적으로 그리고 지속적으로 투자했을 때 나타난다. 일반적인 이론에 따르면 위험이 높은 투자가 내는 많은 손실이 반드시 상쇄되어야만 수익이 창출되기 때문이다. 이 사실은 우리의 일상생활의 경험과 그대로 맞아 떨어진다. 모든 부동산 상담자는 여러분에게 이렇게 설명할 것이다. 즉, 당신이 작은 아파트 한 채에서 얻을 수 있는 소득은 여러 가구에 임차할 다가구주택을 구입해 임대료로 얻을 수 있는 소득보다 투자액 대비 상대적으로 분명히 더 낮을 것이라고 말이다.

현대의 마테우스^{Matthäus} •

그 사실을 일반적인 법칙으로 증명하는 것은 쉽지 않은데, 개인 재산의 수익에 관한 통계가 거의 없기 때문이다. 피케티는 미국 대학들이 자본 투자를 통해 장기적으로 얻은 평균 수익과 관련해 공개적으로 이용 가능한 통계들을 활용해서 이 문제를 풀었다. 그는 그 평균 수익이 정확하게 투자 재산의 크기에 따라서 커진다는 것을 보여주었다. 각각 수십억 달러를 자본시장에 투입한 하버드 대학, 예일 대학, 그리고 프린스턴 대학은 1980년에서 2010년까지 인플레이션과 수수료를 제외하고 10.2퍼센트의 가장 높은 수익을 달성했다. 10억여 달러의 자산을 투자한 대학들은 8.8퍼센트의 수익을 달성한 반면 1,000만 달러 이하의 자산을 가진 대학들은 6.2퍼센트의 수익에 '만족해야' 했다. 이 금액도 물론 일반 저축자들은 꿈에서나 기대해 볼 수 있을 뿐, 그들의 저축금에 대한 실질 '이윤', 즉 인플레이션과 수수료를 제한 이자가 마이너스로 떨어지지만 않으면 그것으로 만족하고 있다.

    피케티는 자신의 연구 결과를 다음과 같이 요약했다. "거대 재단의 재산이 달성한 수익은 원칙적으로 높은 위험 감수에서가 아니라 오히려 구조적이고 장기적으로 더 나은 결과를 목표로 한 차별화한 투자 전략에서 나온 것이다."[23] 그 연구 결과에 따르면, 장기적으로 높은 수익을 낸 것은 수십억의 자산을 6년 내지 7년 단위로 수년에 걸쳐 장기 투자한 덕분에 얻은 것이었고 그것이 최근에는 매년 8퍼센트 내지 10퍼센트로 증가했다. 이는 중간층의 재산과 완전히 반대였다. 중간층은 부

• Matthäus, 독일에서 흔히 쓰이는 남자 이름으로 히브리어에서 왔으며 '야훼가 준 선물'이라는 의미가 있다. 여기에서는 신이 부자로 점지한 사람이라는 뜻으로 쓰였다.

채 위기를 완화하기 위해 재산을 줄였기 때문에 수익이 실제로 마이너스 이자로 폭락했다. 말할 것도 없이 부채를 줄여야 했기 때문에 재산을 줄일 수밖에 없었는데, 오늘날 우리가 알고 있는 부도덕한 재산 역시 마땅히 그래야 한다.

서로 다른 세계들

보통의 저축 투자에 0에 가까운 이자가 붙을 뿐이라는 사실은, 마치 봉건제 시대 토지귀족들과 제후들이 하는 일 없이 봉건소득을 취하듯이 자본주의 사회에서 자본은 노동성과도 내지 않으면서 자본소득을 얻는다는 논제와 결코 모순을 일으키지 않는 셈이다.

주민의 상위 10분의 1이 자본에서 소득을 얻는 사람들인데, 그들에게 재산소득은 개인적인 번영에 크게 이바지한다. 소득 위계에서 밑에서 위로 올라갈수록 그 중요성은 그만큼 더 커진다. 그럼에도 우리는 유복한 10퍼센트 내에도 두 개의 서로 다른 세계가 있다는 사실을 이해해야 한다. 상위 소득 영역 가운데 소득이 많은 의사들, 기업컨설턴트와 변호사 등 자영업자들과, 중소기업을 경영하는 소유자, 경영인, 콘체른과 은행의 전문직 임원 등이 그중 한 세계에 속한다. 이 계층은 잘살기는 하지만 자신의 번영을 위해 스스로 일해야 하며 그들은 아마도 자기 재산을 자녀에게 넘겨줄 수는 있지만 그들의 사회적 지위와 소득을 넘겨줄 수는 없다.

그들은 원래 상류층인 또 하나의 세계와 전혀 다른 세계에 산다. 장시간 불을 밝히고 높은 스트레스를 받으면서 하루 열여섯 시간을 일하더라도 피케티가 "1퍼센트의 성층권"²⁴이라고 부른 극상류층으로 올라가는 것은 그들에게 거의 불가능하다. 크리스티아 프릴랜드는 극소수 부자들과 만난 개인적인 경험을 한 후 "상위 분위 내에서 부의 주변부로 떨어져 버렸다는 자의식은 마치 인도의 결혼 중매인이 카스트가 다른 신분을 대할 때 느끼는 감정처럼 날카로운 흔적을 남겼다"고 썼다.²⁵ 이런 주변부로의 하락은 개인적인 인생 성과와 전혀 무관했다. 노동이 아니라 재산에 기초하여 실질적인 큰 소득을 얻는 곳에서 최상류층으로 들어가는 길은 성실함, 지성, 노력이 아니라 다른 무엇보다 유산과 결혼을 통해서만 열린다.

게이츠와 베탕쿠르

물론 처음에는 자신이 일을 했고 기업을 설립한 이전의 기업인들 중에서 언제부터인가 다른 사람의 노동만으로 살아가는, 자본주의의 연금생활자가 된 사람들이 있다. 아주 흔하지는 않으나, 유산이나 결혼이 아니라 스스로 기업을 창업해 상류층으로 편입한 경우다. 그러나 이런 경우조차 기업의 성장과 함께 소득이 점차 노동 성과에 의존하지 않게 되고 언제부터인가 노동 성과 자체가 더 이상 필요하지 않게 된다.

피케티는 빌 게이츠의 예를 인용하는데, 그의 재산은 1990년 40억 달러이던 것이 2010에는 500억 달러로 증가했다. 이 성장이 더 이상 그의 개인적 노동 성과와 관련이 없다는 사실은 게이츠의 수백억 재산이 프랑스 화장품 기업 로레알 L'Oreal의 상속녀 릴리안 베탕쿠르 Liliane Bettencourt의 재산과 마찬가지 속도로 증가했다는 것에서 알 수 있다. 그녀의 재산은 같은 기간에 20억 달러에서 250억 달러로 증가했다. 베탕쿠르는 하루도 생계를 위해 일하지 않았지만 매년 13퍼센트 이상 재산이 증가하는 기쁨을 누렸다. 게이츠의 재산 역시 그가 2008년 기업을 떠났고 돈벌이를 위한 일에 더 이상 노력을 쏟지 않았지만 같은 속도로 계속 증가했다. 피케티는 그래서 다음과 같은 결론을 끌어냈다. "재산이 한 번 모아지기만 하면, 고유의 논리를 가진 재산의 동력이 따르고 자본은 순전히 그 크기에 근거해 수십 년 동안 꾸준히 증가할 수 있다."[26]

저축은 자본을 마련하는 방법이 될 수 없다

기본적으로 자본주의 사회에서는 그 이름에서 이미 드러나듯, 위로 올라가고자 할 때 노동이 아니라 자본이 그 토대가 된다. 그럼 어떻게 해야 자본을 획득할 수 있을까? 이제, 부지런함과 노력은 보상을 받는다는 경제 질서의 신화를 여전히 변호하고 싶은 사람은 자본이란 부지런한 노동과 검소한 생활이 낳은 결과 이외의 아무것도 아니라는 이론을 대변해야만 한다. 그 이야기는 열심히 일하고 저축한 사람이면 누구나 최근에 죽은 알디^{Aldi} 형제*나 빌 게이츠처럼 언젠가 많은 재산을 갖게 된다고 말한다. 물론 이야기의 전체 서사는 너무나 현실감 있게 그려져, 마치 그림^{Grimm} 형제의 동화책에 나오는 부엌데기 아가씨의 바로 옆자리에 명예로운 자리를 하나 얻기라도 할 것 같다.

* 1만 개 이상의 체인 점포를 두고 있는 독일의 대표적인 생필품 할인 매장 알디^{Aldi}를 창업한 알브레히트^{Albrecht} 형제.

중간층의 재산

열심히 일하고 돈을 벌어 그중 정기적으로 일부를 저축하는 사람은 확실히 오늘날에도 꽤 많은 재산을 모을 수 있다. 그런 사람이 자기 집이나 저택을 사면 그는 자신의 노동을 토대로 재산을 이룬 것이다. 마찬가지로 중간, 혹은 그 이상 버는 사람이 자기 생애 동안 끊임없이 노동 소득의 일부를 떼어서 드는 생명보험, 저축 통장 그리고 금융 상품 역시 그렇다.

20세기 후반기에 광범위한 중간층이 등장하면서 처음으로 그런 재산이 일정 규모로 형성됐다. 하지만 19세기와 20세기 초에는 자본이 부지런함과 검소함의 결과라는 생각이 모든 사람에게 터무니없는 것으로 보였다. 당시 이전 세기들에서 그랬듯이 개인 재산의 존재는 주민 가운데 번영하는 10퍼센트의 특권이었고 모든 재산의 거의 90퍼센트는 원래의 상류층, 특히 최상위 부자 1퍼센트에 집중되어 있었다. 나머지 모든 사람들은 소득이 낮아 입에 풀칠하는 것 외에 전혀 아무것도 할 수 없었다.

산업국가의 주민 중 가난한 절반의 상황은 변함이 없다. 처음으로 저축할 여유를 가진 사람이 생기기는 했지만 기초생활에 필수적인 돈보다 더 많이 버는 사람에게만 가능한 일이다. 개인 연금보험의 모든 개념들은 이 단순한 사실을 무시하고 출발하는데, 바로 그 때문에 소액 소득자를 위한 보험으로서의 역할에 어김없이 실패하고 만다.

돈과 자본

그러나 결정적으로, 사회적 중간층이 돈(저축 통장, 용돈, 보험 등)과 주택은 갖고 있지만 적어도 상대적으로 덜 갖거나 아예 갖지 못한 것이 있다. 그것이 자본이다. 돈과 자본을 혼동하는 것은 오늘날의 경제 질서를 이해하는 것을 어렵게 만드는 커다란 오류의 하나다.

무엇이 자본인가? 가장 단순한 설명에 따르면, '자본'이라는 개념은 흔히 기계설비, 노하우, 회사의 건물 등과 같은 것이다. 그러니까 이 설명은 한 회사를 그 회사의 물적 자본으로 서술한다. 이런 접근 방식에 따르면, 기계적 생산설비에 쓰이는 모든 물건의 생산은 '자본주의적' 생산이 된다. 우리가 나무도끼나 쟁기로 돌아가고 싶지 않다면, 자본주의는 극복 불가능한 것이 된다. 이런 정의는 그래서 엉터리이다.

게다가 개별 회사 내부에서조차 물질적 자본재들 자체를 사물자본으로 보는 것이 아니라 오히려 그것의 화폐가치를 중요하게 평가한다. 이로써 우리는 이미 사실에 좀 더 가까워졌다. 독일어에서 '자본'이라는 개념은 상인들의 말에서 유래했다. 1776년에 이미 상인들은 이렇게 생각하고 있었다. 즉, 자본이란 (소비하거나 그냥 축적해 둔 것이 아니라) 투자한 돈 혹은 빌려준 돈을 뜻하는 것이고, 그 후에는 화폐가치·종이·물건·생산설비 등으로 구성되는 재산으로서 "그것이 가져다줄 수익과 관련이 있는" 재산을 의미한다고 말이다.[27] 자본이라는 말이 표현하는 것은, 그것이 현재 갖고 있는 가치가 아니라 그 자체를 가치로 전환할 수 있고 수익을 끌어내게 될 가능성이다.

19세기에 그랬던 것과 비슷한 기업재산

현실에서 큰 재산은 작은 재산과 전혀 다른 방식으로 투입된다. 우리가 앞 장에서 이미 살펴본 대로 큰 재산은 장기적으로 아주 높은 이익을 낳는다. 작은 재산은 한 은행의 저축 통장 혹은 일반 및 정기 예금계좌에 들어 있는 돈이 압도적으로 많은 부분을 차지한다. 중간 규모의 재산에서는 자기가 사는 집이 일반적으로 전체 가치의 절반 이상을 차지한다. 500만 유로[약 65억 원]에 달하는 재산에서 차지하는 부동산의 비중은 임대를 포함해 약 20퍼센트에 이른다. 그러나 1,000억 유로 이상 재산에서는 주택 부동산이 10퍼센트에 미치지 못했다. 정말 부자인 사람은 다른 무엇보다 기업에 증권과 주식을 갖고 있고 앵글로색슨 지역에서는 금융 상품 및 여타 파생 상품을 보유하고 있다.

기업의 재산을 획득하는 방법은 재미있게도 오늘날에도 19세기에 그랬던 것과 완전히 비슷한 것으로 나타났다. 예컨대, 독일에서 기업 재산의 90퍼센트 이상이 모든 가계 중 10퍼센트에 드는 자산가 집안 소유이고, 그 중요 부분은 최고 부자 1퍼센트에 해당하는 최상류층이 갖고 있다. 이들은 개인이 보유한 모든 주식의 거의 80퍼센트 이상을 수중에 넣고 있으며 주민의 90퍼센트는 주식으로 된 재산을 전혀 갖고 있지 않다. 앵글로색슨 국가들에서는 개인화한 노후보험이라는 이유로 주식 소유가 더욱 널리 퍼져 있지만 여기에서도 실질적으로 커다란 주식 저장고는 슈퍼 부자들에게 집중되어 있다.

소비 혹은 수익

어떤 사람이 가진 생명보험 하나와 주택 한 채 역시 1만 명의 직원을 고용한 회사와 마찬가지로 '재산'이라는 동일한 상위 개념에 포함시키는 것이 지금 보편화되어 있다. 그러나 둘 사이에는 분명한 차이가 있다. 가장 중요한 차이는, 생명보험은 언젠가, 아무리 늦어도 노후에 사용하기 위해서 체결한다. 자기 집은 살기 위해서 짓는다. 사용을 목적으로 한 재산 혹은 미래에 소비하게 되어 있는 재산은 자본이 아니다. 자본은 수익을 얻기 위해 투자한 것이다. 그래서 자본은 확정된 최소 크기라는 게 없고 보통은 수백만 유로 단위를 넘어선다. 이미 살펴본 대로 그래야만 비로소 어느 정도 안정적으로 수익을 낼 수 있기 때문이다.

임대할 주택을 소유했거나 주식을 다소 갖고 있지만 법적인 노후 보장을 받을 수 없는 상위 중간층에 속한 많은 가계들은 일반적으로 수익을 얻기 위해서 저축하는 것(확실히 그것으로 살아가기에 충분할 만큼 많지도 않다)이 아니라, 가능하면 인플레이션에 대비도 하고 어려운 일을 당하는 시기에 다시 해약할 수 있는 완충장치를 마련하기 위해서 저축한다. 그래서 독일인의 약 90퍼센트는 당연히 주식에 손을 대지 않는다. 주식 매입은 투자 수익을 얻어 낼 때까지 기다려 수익을 얻을 수 있는 사람에게는 매력적이지만 언제든 주식을 '되팔아야만' 하는 사람에게는 그동안 쌓은 저축이 단기간에 반토막이 나거나 그보다 더 적게 남을 수도 있어 위험이 매우 높기 때문이다.

수익 창출을 위한 시설이 아니라 일터

중소 규모 기업의 소유주나 경영자의 경우에도 상황은 거의 비슷하다. 그들의 사업체를 잘 경영해 거대기업 규모의 재산을 얻을 수도 물론 있지만 말이다. 그들의 재산은 마치 자기 집이 주거환경인 것과 마찬가지로 자신이 일할 일터이지 수익을 내기 위해 투자한 시설들이 아니다. 아주 드문 경우에만 중간 규모 사업체에서 상당히 많은 양의 자본 투입이 일어난다.

재산과 자본 사이에는 또 다른 차이가 있다. 1,000명을 고용한 어떤 기업에 자기 돈을 투자한 사람은 고용자들과 그 가족들의 운명, 때로는 더 나아가 어떤 특정 지역의 전망을 좌우할 권력을 갖는다. 기업이 잘못된 결정으로 경제적 손실을 내면 그 결과가 광범위하게 영향을 미친다. 그 대신 어떤 사람이 같은 가격의 낡은 성을 구입해, 무능하거나 무관심해서 그 성을 붕괴에 이르게 했다면 기껏해야 기념비를 세워 보호하면 그만이다. 자본은 권력을 보장하지만 단순한 재산은 그렇지 않다.

저축은 자본을 창조하지 않는다

세 번째로 중요한 차이가 있다. 재산은 우리의 노동소득을 저축해서 형성할 수 있다. 이런 방법으로 '자본'을 형성하려고 시도하는 것은 전망이 없는 모험이다. 독일의 보통 가계는 매년 정확하게 1,300유로[약 169만 원]를 저축한다. 그것이 100만 유로가 되려면 실질금리가 0인 상황에서 거의 1,000년이 걸린다. 좀 더 소득이 많은 사람도 상당 규모의 자본을 형성할 만큼 충분하게 벌지 못한다. 자본은 노동소득의 저축에서

1부 | 성과, 책임, 경쟁
: 자본주의의 치명적인 거짓말

형성되는 것이 아니라 이미 소유한 자본에서 얻은 수익을 재투자함으로써 획득된다. 자본은 자기 노동을 통해서가 아니라 다른 사람의 노동을 통해서 형성된다. "대규모 축적Akkumulation은 자본 수익에서 나오며 그래서 자본 수익을 전제로 한다. 이것이 실질적으로 저축과 축적을 구분하는 '합리적인' 근거이다."[28]

거대 자본재산은 저축한 노동소득에서 나오지 않는다는 사실은 이 밖에도 자본재산이 세계 어디에서나 노동소득보다 훨씬 더 불평등하게 분배된다는 것에서도 드러난다. 세계 사람들 중 노동소득을 가장 많이 올리는 상위 10퍼센트에 드는 사람들의 소득 총액은 세계 전체 소득의 25퍼센트 내지 30퍼센트 이상이 되는 일이 거의 없는 반면, 최상위 부자 10퍼센트에 해당하는 사람들의 수익이 세계 전체 재산에서 차지하는 비중은 그것의 2배 이상이 될 정도로 높다.

2만 년의 고된 노동

극상위층에 있는 사람들을 살펴보면 그 관계가 유리처럼 투명하게 드러난다. 극상위층 500명의 독일 부자들은 모두 합해 6,250억 유로의 자본재산을 소유하고 있다. 이 재산 규모는 2,000만 유로(약 260억 원)에 달하는 연봉을 받던 폭스바겐의 전임 회장 마르틴 빈터코른Martin Winterkorn 같은 고소득자 500명이 완전히 늙어 버릴 때까지 일생 동안 정직하게 열심히 일해서 벌어들인 돈 전부를 저축해야만 형성할 수 있는 금액이다. 이 액수는 500명의 평범한 소득자들이 중부 유럽에 아직 사람들이 살지 않았던 석기시대 초기 2만년 이상 전에 고된 노동을 시작해 현재까지 공기와 숲 속의 딸기 같은 것 외에는 아무것도 먹거나 소비하지 않고 저축을 해야만 얻을 수 있는 재산이라는 사실에 관해서는 아예 입을 다물기로 하자.

독일 최대 부자 10대 가계가 2013년 한 해에 배당금으로 받아 챙긴 돈은 24억 유로였다. 이 축적금을 완전히 소비해 버리지 않기 위해서뿐만 아니라 새로운 이익을 얻을 투자를 위해서도 그들은 특별히 검소한 생활을 할 필요가 없었다. 그들의 수익은 대부분 왕조라고 할 한 가계가 소유하고 있는 거대 회사로부터 직접 얻어진 것일 뿐 개인적인 소비를 하지 않아서 쌓인 것은 아니었다.

자본 형성이 저축에 의존하지 않는다는 독립성의 한 증거는, 산업 국가들의 주식시장이 약 1980년대 이래 부정적 재정 균형을 보여 준다는 사실이다. 이는 투자자들이 새로운 주식을 구입하거나 자본 증식을 통해서 벌어들이는 것보다 더 많은 돈을 기업이 배당금과 주식 분배를 통해 그 투자자들에게 축적해 준다는 것을 의미한다. 주식회사에서 자기자본 형성은 이미 오래전부터 외부 재정의 투입으로부터 완전히 독립적으로 이루어지고 있다. 그 대신 수익의 일부를 재투자하는 것에 의존하고 있다. 이것이 슘페터가 서술한 바로 그 과정이다.

저축한 돈들은 그래서 자본과 관련이 없으며 자본 수익에서 얻는 축적 이자와 전혀 관련이 없다. 특권, 다른 사람이 자신을 위해 일하도록 부리고 그것으로 편하게 살 특권을 저축에 힘쓰는 보통 사람은 갖고 있지 않다.

상속받은 특권: 자본—봉건주의

20세기 후반의 자본주의는 그 이전 모델들과 (그리고 오늘날 우리가 갖고 있는 모델로부터도) 차이를 보였는데, 다른 무엇보다 가난한 부모를 둔 아이들이 중간층으로 혹은 상위 중간층으로까지 상승하는 것이 가능했다는 사실이 그랬다. 교육의 민주화, 무상 대학교육, 노동조합이 쟁취한 노동자 권리, 산업 노동자 집단의 재정적 가치 상승, 공공 서비스의 확립 등 이 모든 것이 사회적 중간층의 분명한 확대로 이어졌고 개인적 상승 경험을 일상생활에서 더 많이 체험할 수 있게 해 주었다.

당시 사회의 중간층은, 능력을 갖추고 스스로 노력하는 사람이면 누구나 특별한 운명의 장난으로 뒤로 밀려나지 않으며 더 많이 일할 수 있고, 그래서 자기 부모나 조부모보다 더 잘살 수 있게 된다는 것을 사실로 받아들였다. 재산과 유산은 더 이상 번영으로 가는 유일한 길이 아니었다. 훌륭한 교육, 능력, 부지런함 등이 전혀 재산을 물려받지 못한 가정의 후손들에게도 번영과 상승의 진정한 기회를 열었다.

두꺼워진 유리 천장

그러나 이른바 '라인 강 자본주의'*의 우호적인 시절에도 소득 수준이 높을수록 유리 천장이 더 두꺼워졌고 그다지 '좋은 집안' 출신이 아니면서 계층 상승을 이룬 사람을 만나기가 그만큼 드물었다. 엘리트 집단 연구자인 미하엘 하르트만Michael Hartmann은 이렇게 확인했다. "교육의 확

---

* 프랑스의 경제학자 미셸 알베르Michel Albert가 미국와 영국의 자본주의 시장경제 모델과 독일의 사회적 시장경제 및 사회적 국가 모델을 대비시킨 데서 유래한 개념.

대로 여러 계층 사람들이 박사 학위를 받는 일이 쉬워졌으나, 그들이 독일 경제의 대표자가 되는 일은 쉽지 않았다."[29]

지금도 그 상태 그대로여서, 출신이 능력보다 우대되고 부지런함이 아니라 좋은 집안 출신이 보상을 받는다. 그 수가 수 세기 동안 놀라울 정도로 변함없이 그대로여서, 100대 독일 기업의 대표 회장 중 약 절반이 대부르주아 계층 출신이다. 그다음 3분의 1이 부르주아적 인척 관계 속에서 자랐고, 겨우 약 15퍼센트만이 중간층 혹은 노동자 계층에서 나왔다. 이사회의 회장은 하르트만이 주민의 3.5퍼센트로 한정한 부르주아 내지 대부르주아 출신의 후손들이 92퍼센트를 차지해 거의 전적으로 그들의 자리였다.[30]

혈연으로 맺어진 가계

다른 유럽 국가들에서도 이런 사정은 비슷하다. 하르트만은 이에 대해 "경제에서 혈연 가계의 간과할 수 없는 중요성"에 그 원인이 있다고 보았다.[31] 이 지적은 가계 왕조들이 소유권을 갖고 있는 대기업들에 우선 그대로 적용되는데, 이들 기업들은 독일·이탈리아·네덜란드에서 경제계에 커다란 족적을 남겼다. 그런 기업들에서 최고위 지위는 직접 후손에게 상속됐다. 한편 몇몇 소수 가계들이 소유하고 있는 콘체른의 충원 메커니즘들 역시 낡은 봉건적 유형을 어디에서나 보여 주고 있다.

그것이 어떻게 작동하는지, 지난해 폭스바겐 사태에서 잘 볼 수 있었다. 페르디난트 피에히Ferdinand Piëch와 그의 아내가 당시 최고 경영자 마르틴 빈터코른과 합의에 이르지 못해 이사회 임원직을 사임했을 때, 폭스바겐은 노동자 대표가 강력한 공동결정권*을 행사하고 니더작센 주(州)가 거부권을 가진 주식을 소유하고 있는 기업임에도 불구하고, 그 임원진은 폭스바겐 가문의 두 명의 조카딸들을 감독이사회의 새 이사로 선임했다. 혈연이라는 점을 제외하면 그 두 자매가 약 60만 명의 노동자와 연 2,000억 유로의 매출을 내는 세계 최대 자동차 콘체른 중 하나인 이 회사의 기업 전략을 함께 논의할 만큼 능력을 갖추었는지는 아주 잘 숨겨진 기업 비밀이다. 두 자매의 삼촌인 페르디난트 피에히 자신이 여기에 의구심을 드러냈다.

하지만 하르트만에 따르면, 공공기관이 법적인 권리를 가진 기업이나, 개인 및 지역공동체의 공동기업, 혹은 국가가 다수의 주식을 소유한 기업들은 최고위 임원직을 선임할 때 다른 선택을 보여 준다. 그런 기업들에서는 폭넓은 사회계층 출신의 젊은이들이 임원직에 오를 가능성이 2배 정도 더 높다. 따라서 스칸디나비아처럼 국가의 영향력이 큰 나라들에서는 독일에서보다 경제의 출신 의존성이 다소 낮다. 최근 몇 년 동안의 변화를 관찰해 보면, 유럽 전역에 걸쳐 지위 상승의 배타성이 더욱 강해지고 있으며 하위 지위로까지 확대되는 추세를 보이고 있다.

성과 원칙의 단기적 전진

피케티의 연구에 따르면, 19세기와 20세기 초 모든 사유재산의 80퍼센트에서 90퍼센트는 세습으로 얻은 것이었다. 제2차 세계대전 후 수십 년 동안 일하는 중간층이 처음으로 개인 재산을 형성할 수 있었다. 그

• Mitbestimmung. 기업의 감독이사회에 노동자 대표와 자본가 대표가 동수로 참여해 주요 경영 사안을 공동으로 결정하는 제도.

것이 얼마나 많았던지, 전체 재산에서 상류 계층의 재산 비중이 1970년대에 30퍼센트로 내려갔다. 처음으로 사회의 전체 재산의 절반 이상이 조상의 유산이 아니었던 시기였다.

그러나 재산 형성에 나타난 성과 원칙의 이 특이한 전진은 그 후 10년도 지속하지 못했다. 이미 1980년대 초에 세습이 그 오랜 지배력을 되찾았고, 이어진 수십 년 동안 그 비중이 계속 높아졌다. 2010년에 이르면 이미 모든 재산의 3분의 2 이상이 이전 세대의 유산이었다. 재산 분배 또한 그때부터 다시 부자들에게 유리하게 바뀌었다. 현재 산업국가 전체 재산의 40퍼센트만이 중간층 가구에 속하는 것으로 나타났다.

피케티는 그의 연구 결과를 이렇게 종합했다. "이 매우 강력한 자본 집중은 세습과 그 누적 영향의 의미를 특히 잘 설명한다."[32] 이와 관련하여 그는 재미있는 수치를 보여 준다. 각 세대에서 유산을 많이 받은 세대의 소유 비중이 인구의 절반이 전 생애 동안 벌 수 있는 것의 비중에 비해 어느 정도 많다고 생각하는가? 1870년에는 10퍼센트였으나 오늘날은 15퍼센트이다. 이 수치는 상위 중간층 사이에서도 유산이 중요한 역할을 했다는 것을 가리킨다. 게다가 상위 노동 소득자의 부를 완전히 압도하는 수억 유로 내지 수십억 유로의 자본재산이 있는데, 이 재산은 상위 계층 안에서 한 세대에서 다음 세대로 이어지면서 계속 증가했고, 세금을 냈다고 해서 한 번도 줄어든 적이 없었다.

유산 혹은 결혼

재산뿐만 아니라 자본 역시 중요한 재산 피라미드의 최정상에서는 세

1부 | 성과, 책임, 경쟁
: 자본주의의 치명적인 거짓말

습한 재산과 관련해 눈에 띄는 변화가 전혀 없었고 자본을 세습한 사람이 자본을 소유했다. 이것은 19세기 이래 하나의 법칙이었고 나머지는 예외였다. 물론 최초의 록펠러John Davison Rockefeller, 포드Henry Ford, 빌 게이츠, 아마존의 베조스Jeffery Bezos, 페이스북Facebook의 저커버그Mark Zuckerberg, 독일 알디의 알브레히트 형제 같은 사람들이 있었고 현재도 있다. 이들은 적은 재산을 가졌지만 자기 후손들에게 수십억 유로의 제국을 남겼다. 그렇지만 이런 경력의 사례들은 언제나 거의 기존의 시장이 아니라 적은 자본으로 실제로 기업을 시작할 수 있고 번개처럼 성장할 수 있는 새롭게 등장하는 시장에서나 있었을 뿐이며, '자수성가한 억만장자'에 관한 멋진 이야기는 아주 희귀하다.

얼마 전 『한델스블라트』는 독일에서 최고 부자 기업 가계 중에서 첫 세대 기업가에 속하는 사람은 겨우 10퍼센트였다고 밝혔다. 그러니까 90퍼센트는 자신의 기업을 창립한 것이 아니라 그 부모가 그의 요람에 놓아 준 것이었다.[33] 자본의 소유자가 되는 가장 확실한 최선의 길은 변함 없이 제대로 된 부모를 갖는 것이다.

결혼 또한 자본 소유자로서의 이력을 갖추는 길을 열어준다. 소시민 집안 출신으로서 오늘날 독일에서 '대기업 인사'로 존중받는 여성이 된 사람이 여럿 있다. 베르텔스만Bertelsmann의 지배인 리즈 몬Liz Mohn은 치과의사 보조원이었고, 프리데 수프링거Friede Springer는 유치원 보모였다. BMW의 대주주 요한나 크반트Johanna Quandt는 원래 비서였다. 셰플러 콘체른의 소유주 마리 엘리자베스 셰플러Marie-Elisabeth Schaeffler는 두 번이나 시작한 공부를 마치지 못한 중퇴자였다. 이 모든 여성들은 억만장자 대열에 끼어

활동하고 있다. 물론 남성들 중에도 이런 방법으로 자본 소유자들로 구성된 특별 클럽에 들어간 사람들이 있다.

제한된 재화 자본

자본주의에서 자본이 '제한된' 재화, 즉, 대부분의 사람에게는 차단된 재화라는 사실을 누구나 곧바로 알아챌 것이다. 결혼을 잘하지도, 유산을 받지도 못한 채, 기업 창업이라는 모험에 뛰어들고 싶고 훌륭한 혁신적 아이디어만으로 충분한 자기자본이 없어서 은행에 지원을 요청하는 사람이라면 누구나 그렇게 될 것이다.

실제로 대부분의 대기업 역시 가족 주변에 재정을 지원하는 사람이 있었을 때에만 창업이 가능했다. 스위스의 작가 알렉스 카푸스^{Alex Capus}는『가장들^{Patriarchen}』이라는 그의 책에서 오늘날 세계적인 콘체른이 된 기업들의 초석을 놓은 열 명의 스위스 기업가들의 생애를 들려준다. 초콜릿 공장주 루돌프 린트^{Rudolf Lindt}, 구두 제조업자 칼 프랑크 발리^{Carl Frank Bally}, 수프 양념의 왕 율리우스 마기^{Julius Maggi}, 정밀 시계의 제작자 앙투안 르 쿨트르^{Antoine Le Coultre}, 식품 거인 네슬레^{Nestlé}의 창업자 앙리 네슬레^{Henri Nestlé}, 은행가 조안 자크 뢰^{Johann Jacob Leu}, 부작용이 없는 기침약 시럽에서 시작해 향수 콘체른을 설립한 프리츠 호프만 라 로슈^{Fritz Hoffmann-La-Rouche}, BBC의 창업자 찰스 브라운^{Charles Brown}과 발터 보베리^{Walter Boveri}, 녹는 치즈의 발명자 발터 게르버^{Walter Gerber}, 끝으로 독일 방위청의 무기 생산 및 공급자 에밀 뷔르레^{Emil Bührle} 등이 바로 그런 사람들이다.

접시닦이 신화는 없다

사업 분야는 이토록 다양하지만 열 명의 공통된 사실은 하나같이 부자 집안 출신이거나 부자와 결혼했다는 점이다. 서술한 창업 이야기의 결과를 저자는 이렇게 요약했다. "실제로 여기에 거론한 기업의 다수는 장인의 자금이 없이는 창업 단계로 진입하지 못했을 것이고 나머지 네 개 가계는 아내의 자본을 끌어들이지 않았는데, 자신이 그 돈을 갖고 있었기 때문이다. 알려진 바대로, 접시닦이 경력을 가진 사람이 경제적 먹이사슬의 최정상에 오르는 일은 아주 드물었다."[34]

그런 일은 스위스에도 없었고 지난 시대의 기업 설립에도 없었다. 2006년에 출판된 『꿈을 실현한 사람들 Visionäre, die sich durchsetzen』[35]이라는 책은 독일 출신의 혁신적인 젊은 기업가들의 생애를 기록했다. 이 책에 언급된 프로그래머, 엔지니어, 제약 연구자 등 역시 스위스에서와 같은 그림을 보여 주는데, 언급한 인물 중 두 사람은 기업을 물려받았고 한 사람은 양아버지의 은행 보증으로 사업을 시작했으며, 한 창업 팀은 공립 대학병원과 연계하여 국가로부터 창업 지원금을 받는 혜택을 누렸다. 사설 은행들은 곧 성과를 낼 것으로 증명된 좋은 아이디어와 사업 모델을 제시한 젊은 기업가들에게 조차 기꺼이 지원할 의사가 없었다.

부자 아버지와 장인이 없이도 기업을 창업할 유일한 기회는 개인 벤처자본 혹은 국가 모험자본이다. 이 둘 모두 얻어 내기가 무척 어렵다. 개인의 재정 지원은 대부분 곧 주식시장 상장이 예고되어 있거나 판매될 기업 혹은 특별 우선권을 가진 기업이거나 수익 목표가 반드시 이루어질 것으로 확인된 경우에만 이루어진다. 국가의 재정 지원 혹은 신용보증을 받을 기회 역시 소수에게만 주어지는 것으로, 독일과 유럽에서는 턱없이 모자란다. 물론 갖고 있는 저축을 모두 긁어모으거나 자기 집을 담보로 제공할 수도 있다. 작은 기업은 때로 그렇게 출발하는데, 그 때문에 창업 분야의 선택이나 가능한 기업 성장의 폭이 대체로 아주 좁아진다. 상류층으로 오르기란 이토록 대단히 어렵다.

안정된 왕조

결국 자본주의 상류 계층에게 수 세대에 걸쳐 옛 세습 귀족이 누리던 것과 엄청날 정도로 닮은 왕조적 안정성을 제공하는 것은 다름 아닌 상속이다. 베른트 엥겔만^{Bernt Engelmann}은 고전적인 저서 『부는 망해도 부자는 남는다^{Das Reich zerfiel, die Reichen blieben}』에서 독일 연방의 여러 주들을 대상으로, 20세기 독일사를 대충 훑어보기만 해도 놀라게 되는 상속의 연속성을 증명했다. 그는 조상으로부터 물려받은 이름을 동원해 그것을 뒷받침했는데, "1913년 제국회의 의원에 이름을 올린 바이에른 왕국의 금융 및 권력 엘리트들은 현재 살아 있는 후손들에게 모든 재산과 대부분의 사회적 지위를 고스란히 물려줄 수 있었다. 패배한 제2차 세계대전, 화폐 가치의 폭락, 귀족 특권의 철폐, 토지 개혁 및 특별히 추진된 여타 개혁들 등에도 불구하고 그렇게 했다".[36]

봉건적 특권의 거부는 계몽주의의 중심 테마였다. 모든 인간은 평등하고 그래서 같은 기회를 가지고 출발해야 하며 그가 태어날 때 타고난 가문의 신분이 아니라 개인의 능력, 그가 생애에 이룩한 성과가 개인의 사회적 지위를 결정해야 한다고 주장했다. 오늘날 자유주의자라고 부르는 사람들과는 반대로 19세기 자유주의의 선구자 존 스튜어트 밀^{John Stuart Mill} 역시 진정한 자유주의 전통을 주장했다. 그는 세습적 특권에 대한 맹렬한 반대자로서 그것을 바로잡을 국가의 조치를 이렇게 요청했다. "나는 모든 유산에 보통 수준을 훨씬 넘어서는 대단히 부담스러운 세금을 부과해야 한다고 주장하는데, 그래야 개인의 노력을 북돋아 주고 그것을 헛되지 않게 만들 수 있다."

"봉건적—금권 정치적" 상속권

20세기 중엽 이른바 질서자유주의적 경제학자 알렉산더 뤼스토브^{Alexander Rüstow}마저 자본주의가 등장의 토대가 된 '봉건적-금권 정치적' 상속을 이렇게 공격했다. "상속에 의한 불평등한 출발은 자본주의에 고유한 제도적 구성 요소들인데, 이를 통해 시장경제 사회에서도 봉건주의가 계속해 살아남았고 시장경제를 금권 정치와 부의 지배로 만들고 있다."[37] 이 말을 좀 더 인상적으로 표현하면, 시장경제에서 봉건주의를 계속해서 살아남게 하는 것은 바로 자본주의 그 자체라는 말이다. 만약 현재와 같은 상속권이 없다면 자본 소유가 소수의 손에 집중되거나 세대를 거쳐 계승되지는 않을 것이고 그렇게 되면 사적 경제 소유에 토대를 둔 자본주의 자체도 존재하지 않을 것이기 때문이다.

뿌리째 악을 뽑아 버리기 위해서 뤼스토브는 존 스튜어트 밀의 자유주의 전통을 채택해, 개인이 상속 가능한 금액을 평범한 직장인이 그의 생애 동안 실제로 벌어들이고 저축할 수 있는 금액 수준으로 낮추어야 한다고 주장했다. 이 주장에 따르면, 상대적으로 소득이 높은 사람의 자식이 오늘날의 구매력으로 환산해서 받을 수 있는 금액은 약 100만 유로(약 13억 원)가 될 것이다. 이렇게 하면 중간층의 재산은 상속이 가능하지만 대자본은 불가능하다. 이런 상속권의 개혁은 자본주의의 임시방편적 개혁이 아니라 그 토대를 없애고 경제 소유권의 형성에서 제도적인 변화를 가져올 수밖에 없는 개혁이 될 것이다.

적어도 그 최정상에서는 자본주의란 피케티가 "세습 사회"라고 부른 것으로, 다른 무엇보다 '아버지의 유산'의 크기가 누가 부자가 되고 누가 가난한 사람이 되는가를 결정하는 그런 사회이다.

계층 상승은 과거의 일: '신新중간층'의 몰락

게르하르트 슈뢰더가 집권 후기에 실현한 것은 실은 처음부터 예고된 것이라 할 수 있다. 시가를 즐기는 이 사민당 출신 독일 수상은 1998년에 이미 선거 슬로건으로 "신중간층"을 들고 나왔다. 당시 의도된 바는 아니었더라도 실제로 "신중간층"은 그가 수상직을 맡은 7년 동안의 결과물이었다. 게르하르트 슈뢰더는 노동시장의 자유화, 사회급여 및 연금의 축소를 통해 사회의 중간층을 아래로 밀어냈고, 풍요가 줄어들고 삶이 더 불안정해졌다는 의미에서 '신'중간층이 만들어졌다.

"구舊중간층"이라고 할 수 있는 사람들은 보통의 노동관계를 맺고 있던 수백만 명의 사람들로 이루어져 있었다. 즉, 페인트공, 스튜어디스, 철도원, 실험실 책임자, 버스기사, 여교사, 대학 조교 및 병원 의사의 조무원, 프로그래머와 엔지니어 등. 그들 모두 생활 조건이 허락한다면 전일제로 근무했고 정규직 노동계약을 맺었으며 안정된 급료와 다소 차이는 있었지만 휴직할 수 있다는 전망도 갖고 있었다. 그들은 때로 노동조합에 가입해 있었고 단체협약을 통해 비록 엄청나지는 않더라도 그들의 임금은 조금씩 올랐으며 그들의 삶 역시 비록 산책하는 것처럼 한가롭지는 않았지만 어느 정도 예상이 가능하고 계획할 수 있는 것이었다.

낮은 임금, 임시 계약직, 파견 노동

"구중간층"의 시대는, 이른바 좁은 상층과 넓은 하층으로 구성된 "옛 보수주의적 사회구조를 폭넓은 계층의 대중 구매력을 통해서 최종적으로 극복하려는" 전 경제부 장관 및 수상 루트비히 에르하르트$^{Ludwig\ Erhard}$의 요구가 지속적으로 지켜진 시대였다. 다만 '최종적으로' 그것이 이루어지지는 않았다. 나라에 따라서 다르지만 1980년대 혹은 1990년대에 접어들어 유럽 모든 나라에서 '모두를 위한 복지'라는 아름다운 목표가 사라졌다. 레이건$^{Ronald\ Wilson\ Reagan}$과 대처$^{Margaret\ Thatcher}$, 그리고 그들의 추종자들이 자본주의를 정확하게 '자본주의적'으로 만들기에 나선 그 순간에 말이다.

독일에서도 "구중간층"은 여러 분야에서 옛 이야기가 됐다. 노동시장의 개혁, 공기업의 민영화, 공공 서비스에서 급여의 축소와 해체 등의 결과로 "신중간층"으로 대체되고 말았다. 저임금 노동자, 파견 노동자, 임시 계약직, 독신 자영업자, 파트타임 노동자 등등의 형편없는 임금은 임금협약을 아예 무색하게 만들었다. 그들 중 많은 사람이 거듭해서 비정규직으로 일하며, 그들의 삶은 불안정과 미래에 대한 걱정으로 얼룩져 있다.

대충 계산하더라도 이 "신중간층"의 현재 소득은 2000년에 비슷한 활동으로 벌어들인 것과 비교해 약 20퍼센트 정도 낮아졌다. 몇몇 분야에서는 그 침식이 더 극적이다. 그 변화는 물론 게르하르트 슈뢰더가 수상이 되기 전에 이미 시작됐고 그 후에 더욱 확대됐으나 자본 수익 관련자들의 이익단체인 독일 산업연맹*과 독일 사용자단체연합*이 부추긴 '의제 2010'이 이런 와해의 기폭제였다.

임금 하락을 견인하는 도이체포스트와 루프트한자

아무리 늦추어 잡더라도 이런 변화들이 일어난 이후부터 사회 중간층에서조차 성과 원칙이 더 이상 소득의 차이를 설명해 주는 근거가 되지 못했다. 전에는 문 앞에서 초인종이 울리면 언제나 우편배달부가 친절한 미소를 띠면서 작은 소포를 전해주었고, 우리는 그 공무원을 상대했다. 그는 전 생애에 걸쳐 한 가지 직업에 종사하면서 충분한 소득과 확실한 노후연금을 기대할 수 있었다. 그러나 1990년대 중반 우체국이 주식회사로 바뀌었고 2000년에는 마침내 증권시장에 상장됐다. 이제 공무원이 아닌 우편배달부는 노동의 대가로 확연히 줄어든 임금을 받고 때로는 비정규직 계약에 만족해야만 한다.

- Bundesverband der Deutschen Industrie(BDI), 약 800만 명의 노동자를 고용하고 있는 36개 부문 10만 개 이상의 기업 이익을 대변하는 이권단체이다.
- Bundesvereinigung der Deutschen Arbeitgeberverbände(BDA), 독일의 모든 경제 분야 이익단체들의 최상위 연합체로서 독일 기업의 노동 정책과 사회 정책 등을 대변한다.

언제부터인가 주식회사가 된 우체국 도이체포스트$^{Deutsche\ Post}$는 이런 임금 덤핑에도 만족하지 못했다. 2015년 자회사로 DHL을 설립했다. 이곳에서 일하는 노동자들은 우체국의 임금협약을 적용해서 급료를 받는 것이 아니라 그보다 20퍼센트 낮은 화물운송 임금을 적용받는다. 또한 기업 연금도 사라져 버렸다. 정규직 계약을 맺고 있던 많은 일자리들이 새로운 우체국 자회사에 의해 비정규직 계약으로 바뀌었다. 앞으로 20퍼센트 낮은 임금을 받아서 그들이 어떻게 주택 임대료를 지불하고 가족들을 돌볼 수 있을지 물론 경영진은 콧방귀도 뀌지 않고 있으며, 연방 정부 역시 여전히 도이체포스트에 상당한 지분을 보유하고 있기 때문에 감독이사회에서 노조 대표들과 공동으로 임금 압박을 중지시킬 수도 있지만 기업과 마찬가지 입장을 취하고 있다.

도이체포스트가 유일한 사례는 아니다. 위에서 언급한 모델을 많은 분야에서 배우고 있다. 전에는 국립 항공사였다가 1997년 이래 완전히 사기업이 된 루프트한자^{Lufthansa}도 그런 예에 속한다. 이런 사례들을 이른바 전문 현학자들 사이에서는 '시장과 생산의 분리'라고 부른다. 브랜드는 고객에게 높은 질을 암시함으로써 홍보 효과를 낸다. 루프트한자를 예약하는 사람은 저가 항공사 라이언에어와 다르다는 느낌을 받는다. 그래서 브랜드 우산 아래 노동조건과 임금협약이 분명히 서로 다른 여러 개별 기업(이른바 플랫폼)들을 설립한다. 루프트한자는 그렇게 모기업인 콘체른의 우산 아래 자신의 작은 라이언에어를 설립했다. 비행기에 표시하는 의장^{艤裝}은 어쨌든 루프트한자에 속한다는 것이 고객에게 안정감을 주겠지만, 많은 주식 배당금을 나눠 주기 위해서 형편없는 임금과 나쁜 노동조건이 뒤따르게 마련이다.

성과 원칙으로부터의 결별

이 덤핑 모델은 기업 경영진이 서로 다른 임금협약을 수단으로 다양한 자회사들을 콘체른 내부의 경쟁에 몰아넣고, 그래서 일자리를 두고 투쟁을 벌여 서로 임금을 삭감하는 데 성공할 경우 완벽에 이른다. 거대 기술 콘체른들에서는 각 부문들이 가장 저렴한 방안을 찾기 위해 국가를 뛰어넘어 서로 경쟁하는 현상마저 나타난다. 그래서 같은 콘체른에 속하지만 독일의 엔지니어들이 백러시아 출신 엔지니어들에 반하는 영업 활동을 펴고 독일 소프트웨어 개발 회사들이 인도의 개발업체들과 경쟁한다. 국제적 경쟁이 활발할수록 경영진과 주식소유주들은 더 많은 이익을 얻는다.

많은 기업들이 채택하는 임시 계약이나 파견 노동의 도입을 통한 특정한 업무 혹은 전 부문의 아웃소싱 또한 비슷한 역할을 한다. 그런 구조 때문에 오늘날 노동 성과와 소득, 노력과 성공은 더 이상 서로 인과관계를 맺고 있지 않다. 독일 자동차 조립 컨베이어벨트에서, 독일 우체국 지사의 창구에서, 혹은 독일 열차 기관실에서 일하는 모든 사람들은 서로 모두 비슷한 수준의 교육을 받았고 동일한 노동을 수행하면서 마찬가지로 노력하고 있지만 그럼에도 완전히 다른 급료를 집으로 가져간다. 그리고 오늘날 우체국 직원들이 이 거대 질서에서 급료를 더 적게 받는다고 해서 전직 공무원이던 그의 동료들에 비해 20퍼센트나 30퍼센트 정도 더 적은 성과를 내는 것은 아니다.

적은 성과 능력에 부조금?

그런 사례들은 하르츠위원회*의 제4분과 Hartz-IV, 즉 성과향상분과의 "성과 능력이 더 적은 노동자에게 긴급 부조"라는 원칙이, 얼마나 우스꽝스럽고 위선적인지를 보여 주기도 한다. 일자리를 잃어버린 전직 금속 노동자가 자신이 받던 급료의 절반만을 받고 동일 노동을 제공하기로 임시직 계약을 체결했을 때, 그가 갑자기 자신의 '성과 능력'을 잃어버린 것은 확실히 아니다. 그럼에도 그는 성과 향상 부조금을 신청해야 할 만큼 생계가 어려울 정도의 급료를 받을 소지가 대단히 크다. 주식회사 도이체포스트가 낮은 임금을 주는 DHL에 떠넘긴 노동자들도 그렇고 전반적으로 저임금에 기초한 영업 모델을 채택한 새로운 우체국 경쟁사들에서 일하게 된 사람들 역시 마찬가지이다.

훌륭한 교육 역시 견실하게 생계를 꾸릴 수 있으리라고 더 이상 보장하지 못한다. 흥미롭게도, 그리고 놀랍게도 독일 저임금 분야에서 무학자에 이어 두 번째로 많은 비중을 차지하는 사람들이 대학 졸업자들이다. 그 이유의 하나는, 공공 부문의 긴축 프로그램 자체가 독일 대학들을 광범위한 저임금 지대로 만들었기 때문이다. 누구나 잡으려고 하는 교수 자리를 확보하지 못한 사람은 연구와 가르침을 위해 수고를 다하지만 평생토록 빠듯한 생계비와 비정규직 계약이라는 희생을 감내해야 한다.

---

* 폭스바겐의 임원이었던 하르츠Peter Hartz를 기용해 2000년대 초 노동시장 서비스 현대화를 목표로 세운 위원회. 보편적으로 제공하던 실업 수당이나 자녀양육 수당 등을 삭감하고, 최저임금에 시달리는 최하층 노동자에게만 사회 부조금을 지급해 실직자들이 질에 관계없이 일자리를 찾아 나서도록 강제했다. 그러나 실업자 수는 계획한 만큼 줄어들지 않았고 보편적 사회 부조금만 삭감하는 결과를 낳았다.

능력 이전에 출신

개인이 타고난 능력은 오늘날 교육을 받을 기회에서조차 잘해야 부차적인 의미를 가질 뿐이다. 많은 분야에서 '출신이 능력에 우선한다'는 원칙이 작동한다. 이 원칙은 이른바 엘리트 대학이라고 부르고 그곳을 졸업하기만 하면 그 최고 교육이 최고의 지위를 보상한다고 이해하는 국제적 명문대학들에서 확인할 수 있다. 그런데 이제는 점차 다른 교육 시설도 이 원칙이 지배하고 있다.

미국에서 오늘날 엘리트들의 소득을 살펴보기만 하면, 그들의 자녀들이 대학을 다니는지, 다닌다면 어느 대학을 다니는지 어느 정도 예상할 수 있다. 하버드 대학을 졸업하려는 사람이라면, 아버지와 어머니가 충분한 돈을 대학에 기부하고 게다가 그들이 하버드 출신이라면 가장 좋은 입학 조건을 갖춘 것이다. 하버드 학생이었던 조지 부시$^{\text{Jeorge W. Bush}}$ 수준의 지적 능력^{IQ}은 전혀 장애 요소가 아니다. 이 대학 학생의 부모들이 벌어들이는 평균 소득은 미국 부자 가계 2퍼센트의 평균 소득과 맞먹는 연봉 45만 달러(약 5억 원)이다.

배타적 교육기관

유럽의 최고 대학들 역시 겉모양만 민주적일 따름이다. 프랑스 정치계와 경제계 지도부 대부분 인사들이 다닌 프랑스 양대 엘리트 대학 중 하나인 파리 정치 대학$^{\text{Science Po}}$ 학부모의 연평균 소득은 약 9만 유로(약 1억 1,700만 원)로 본다. 하버드와 달리 여기에서는 적어도 소득 상위 10퍼센트의 자녀들도 기회를 갖는다.

독일에서는 지금까지 다수를 배제하는 그런 특수한 교육기관은 없었다. 그러나 이른바 우수-이니셔티브를 추진하면서 변화를 시도하고 있다. 지금까지 독일 사립대학의 수업료는 하버드나 스탠퍼드에 비해 턱없이 낮았으나, 그럼에도 상위 10퍼센트의 자녀들만이 계속 그곳에서 공부할 수 있을 만큼 매우 높다. 우리가 대수롭지 않게 여기는 '대중대학'마저 사회적 선택을 위해서 수업료를 요구하고 형편없이 낮은 교육보조금BAföG-Leistung을 지급하려고 한다. 이런 관행은 1970년대나 1980년대 독일 교육제도에서보다 훨씬 더 강화된 사회적 배제 관행이다.

항상 논의의 주제가 되지만 그럼에도 변하지 않는 것은 초등학교 4학년을 마친 후 자신의 선택에 따라 세 개 집단으로 나뉘는 독일의 교육제도●에서 개인의 교육 기회가 부모의 능력에 따라서 달라진다는 사실이다. 전후에도 같은 교육제도가 있었지만 그 결과는 오늘날과 거의 완전히 달랐다. 간단히 말해 사회적 불평등이 그다지 크지 않았기 때문인데, 상대적으로 가난하지만 그래도 행복한 가정들이 전에는 같은 주거지역에 함께 살았다. 그래서 초등학교에서 출발한 다양한 학교들이 시설이나 학습 수준에서 오늘날처럼 그토록 커다란 차이를 보이지는 않았다.

● 독일의 초등교육은 4년이다. 초등학교Grundschule를 마친 독일 학생들은 세 가지 종류의 상급학교 중 하나를 선택할 수 있다. 종합대학Universität과 단과대학Hochschule 진학을 목표로 하는 김나지움Gymnasium, 단순한 실습과 기술 습득을 거쳐 이른바 마이스터Meister가 되는 직업학교Hauptschule, 그리고 전기, 전자, 기계 등 수준 높은 전문교육이 필요한 실업학교Realschule 등이다. 최근에는 선택의 폭을 넓혀주기 위해서 종합학교Gesantschule를 운영한다.

개츠비 곡선 Gatsby-Kurve

확대된 사회적 불평등이 사회의 유동성, 즉 사회적 계층 상승의 기회를 명백하게 축소시켰다는 것은 이 문제를 다루는 경제학에서 널리 인정받는 사실이다. 미국의 경제학자 앨런 크루거 Alan Krueger 는 그 관련성을 국가별 연구를 통해 경험적으로 증명하고 거기에 역설적으로 "위대한 개츠비 곡선"이란 이름을 붙였다.

영화를 좋아하는 사람들은 그 이야기를 알 것이다. 제이 개츠비는 스콧 피츠제럴드 F. Scott Fitzgerald 가 1925년에 낸 소설의 주인공이다. 이 소설은 여러 차례 영화로 만들어졌는데, 2013년에는 레오나르도 디카프리오 Leonardo DiCaprio 가 주인공을 맡았다. 개츠비는 빈민굴 출신으로 수많은 사람들이 오늘날에도 여전히 꿈꾸는 억만장자가 된 미국의 교과서적인 이력을 가진 인물인데, 그를 상류층으로 만들어 준 수상한 밀거래 사업은 교과서에는 맞지 않는 일이었다. 그러나 어떤 수단을 동원하든 상관없이 앨런 크루거에게 개츠비라는 이름은 한 사회가 제공하는 계층 상승의 일반적 기회를 의미했고, 개츠비 곡선은 그런 이력이 사회적 불평등의 정도에 의존하는 개연성을 서술하는 것이었다. 이때 크루거는 완전 밑바닥에서 최정상에 오르는 고전적인 접시닦이를 염두에 둔 것이 아니라, 자녀가 자기 부모보다 더 높은 사회적 지위를 얻을 일반적인 가능성을 대상으로 삼았다.

크루거의 연구 결과는 분명하다. 빈자와 부자의 차이가 입을 벌린 가위처럼 특별히 넓게 벌어진 나라들에서는, 예컨대 칠레와 브라질, 그리고 미국에서도 그렇듯이, 밑바닥에서 상층부로 올라가는 길은 특히 어려웠다. 이에 반해 덴마크와 스웨덴 같은 더 평등한 사회는 자신을 상승시킬 더 많은 기회를 제공한다. 독일은 중간 지대에 있는데, 세기 전환기와 '의제개혁Agenda-Reformen' 이후부터 그 관계가 부정적인 방향으로 바뀌고 있다.

실제로 독일에서 하르츠 부조금으로 생계를 유지하는 가계의 어린이들이 160만 명으로 증가했다. 그들 중 최소한의 아이들만이 생애 동안 진정한 기회를 갖는다. 가난한 집에 태어난 아이들은 여전히 가난하게 사는 이 야만적인 사실은 수 세기 동안 인류 역사를 물들여 왔고 오늘날에도 대부분 아이들에게 다시 적용된다. 자본주의가 아니라 사회보험과 좋은 시설을 갖춘 공공 교육기관을 운영하는 번영한 복지국가들만이 20세기 후반에 많은 사람들에게 사회적 상승이란 꿈이 단지 꿈에 머물지 않도록 대처해 왔다. 그러나 그 시대는 이제 지나가고 있다.

1부 | 성과, 책임, 경쟁
: 자본주의의 치명적인 거짓말

4

강도 귀족과 악덕 기업가
: 경쟁 대신 권력

산업 과두지배: 신규 참여자에게 기회는 없다

괴테Johann Wolfgang von Goethe는 언젠가 "한 정당이 다른 정당을 굴종시키려 할 때보다 더 많이 자유를 옹호하는 일은 없다"고 지적했다.[38] 바로 그런 의미에서, 제구실을 하는 시장들과 진정한 경쟁이 세계적으로 후퇴하고, 그것들이 기술적 발전이나 정치적 결정을 통해 계속 억제되는 시대만큼 시장과 경쟁에 관해 자주 말하는 시대는 없을 것이다.

우리는 우리 시대의 많은 부정적인 현상들의 책임을 사회의 '시장화', 사회의 '시장으로'의 양도 혹은 '시장의 지배'에 돌리는 데 익숙하다. 우리는 국가의 규제를 철폐하고 사유화를 실현하려는 신자유주의자들을 "시장 근본주의자"라고 부름으로써, 그들의 정책이 갖는 실질적 효과를 은폐하기 위해 그들이 그려놓은 상상화 속으로 우리 스스로 빠져들고 있다는 사실을 깨닫지 못하고 있다. 그 상상화 속의 시장은 원칙적으로 평등한 익명의 경쟁자들에게 열려 있을 뿐 아니라 냉혹하며 화폐 지향적이고 상업적이기는 하나 원칙적으로 권력으로부터 자유로운 영역을 상징한다. 그러나 현실은 전혀 다르다. 자유로운 시장들은 자본주의의 만병통치약이 결코 아니며, 높은 수익이라는 관점에서 보면 되도록이면 제거해 버려야 할 방해 요소들이다.

시장의 밑바닥에 깔린 심성은 일찍이 애덤 스미스의 관심을 끌었는데, 그는 이미 1776년에 상인과 공장주들이 보여 준 "비열한 독점 정신"에 불평을 터뜨렸다. 스미스는 또한, 같은 사업에 종사하는 기업가들이 "대중에 반하는 음모를 꾸미거나 가격 인상 계획에 담합하는 것"을 제외하면 거의 함께 모이지 않는다는 것도 질타했다.

가게 주인 대신 상인

자본주의의 등장을 자세히 연구해 섬세하게 서술한 프랑스의 경제사가 페르낭 브로델^{Fernand Braudel} 역시 자본주의와 시장의 차이에 의미를 두었다. 1976년 볼티모어의 존스홉킨스 대학에서 한 "자본주의의 동력"이란 강연에서 브로델은 "교환에는 두 가지 형태가 있는데, 그 하나는 일상적인 것으로 어느 정도 투명하기 때문에 경쟁에 토대를 두고 있지만 다른 하나는 더 고도의 형태로서 복잡하며 지배를 지향한다"고 하면서 이어 "……자본주의의 영역들은 첫 번째 유형이 아니라 오히려 두 번째 유형에 기초하고 있다"고 확신했다.[39]

자본주의는 동등 교환이 아니라 '불평등 교환'으로부터 등장했다고 할 수 있다. 사람들이 자신의 생산물을 판매하기 위해 내놓고 가격과 물건을 비교할 수 있는 작은 도시의 시장은 자본주의적 경제 관계의 심장부가 아니다. 오히려 장거리 운송 때문에 거대한 규모의 자본 총액을 필요로 해서 대규모 자본을 댈 수 있거나 은행의 신용 대출과 외환 거래를 활용할 수 있는 소수에게만 열려 있는 원거리 상업이 그 핵심이다. 원거리 상업에서는 공급과 수요 양측의 거래상들만이 다른 시장 참여자들이 가질 수 없는 '배타적' 정보를 갖는다. 초기 자본가는 브로델이 보기에 인도, 중국 혹은 아랍과 상업 관계를 맺은 상인들이었으며 그들은 네덜란드의 안트베르펜이나 프랑스 리옹의 거대 시장에 모습을 드러냈으며 후에는 증권거래소와 국제 상거래 장소들에 나타났다. 그들은 마드리드 시내에 자기 가게를 갖고 있는 가게 주인이 아니었다.

사실상 당시 가게 주인이 더 큰 부자가 되기는 대단히 어려웠다. 상업도시들의 풍요와 그 시민들의 풍요는 국제적인 사업 관계에 토대를 두고 있었다. 거기에 자본이 투자됐고 때로 꿈에나 그릴 수 있는 많은 수익을 올렸다. 그러나 이미 자본을 갖고 있는 배타적 소수만이 여기에 참여했다. 그래서 상인의 수가 상당히 제한됐고 그들의 이익은 과도한 경쟁으로 압박을 받지 않도록 보호받았다. 반드시 배타적인 거대 자본을 동원할 수 있어야 했기 때문에 부유한 상인 가계는 많은 경우 옛 봉건적 토지귀족 왕조로부터 직접 탄생했다. 브로델이 확인한 바에 따르면, 14세기 말경 피렌체에서 옛 봉건귀족과 새로운 상인 – 대*부르주아지를 더 이상 구별할 수 없게 됐다. 옛 상류층이 바로 자기 내부에서 새로운 상류층을 낳았다.

닫힌 시장

산업시대에조차 전형적인 자본주의적 시장은 많은 공급자들에게 열려 있는 경쟁의 장이 아니라 오히려 과두지배 체제이다. 과두지배 체제라는 말은 소수의 거대 기업이 확고하게 자리를 잡고 있는 반면 새로 진입하는 사업자에게는 거의 기회가 없는 시장을 의미한다. 산업의 핵심 분야에서 소수지배의 확립은 다른 무엇보다 기술적인 이유가 크다. 즉, 상품의 품질 향상을 이루려면 일반적으로 생산을 수행하는 생산설비가 그만큼 충분히 개선되어야 하므로 창업에 필요한 자본과 노하우의 규모가 그만큼 커진다. 여기에 산업적 대량생산의 전형적 효과, 국민경제적 규모의 효과, 혹은 대기업의 유리함이라 부르는 것이 덧붙는다. 즉, 상품의 숫자가 많아질수록 개당 상품 가격이 낮아진다는 법칙 말이다. 작은 기업은 이런 이유로 거대 기업에 도전하기 어렵다.

자동차 분야가 한 예가 될 수 있다. 자동차가 아직 사치품이었던 제2차 세계대전 직후 확장하던 독일 자동차 산업에 80개 기업이 발을 들여놓으려고 시도했다. 세계 경제위기 직전까지 30여 개 자동차 기업이 아직 남아 있었다. 그러나 지금은 3대 독일 자동차 콘체른이 살아남았을 뿐이다. 전 세계 시장을 열두 개가 조금 넘는 생산업자들이 지배하고 있다. 오늘날 자동차 생산은 노하우와 수천억 원에 달하는 특허권, 자동화한 거대 생산라인, 막대한 연구개발 비용의 지출, 그리고 게다가 전 지구적 공급네트워크와 판매 역량 등을 갖추어야만 가능하다. 새로운 기업이 자신의 힘으로 그러한 시장에 진입하기란 어려운 정도가 아니라 아예 막혀 있다고 보아야 한다.

한 기업이 초기 자본을 조달할 수 없는 시장은 비록 법적 제한이 있는 것은 아니지만 이미 폐쇄된 시장이다. 법적 방해 역시 이전과 마찬가지로 한몫을 한다. 국가가 수여한 독점은 특허권과 저작권의 법적 보호를 통해 지속된다. 이런 법령들은 확립된 사업 영역에서 젊고 혁신적인 경쟁업체들을 차단하는 데 이바지한다.

증대하는 자본 규모

중공업이 막 건설되던 19세기 초에는 여전히 이 분야에서 쉽게 모을 수 있는 자원들을 활용해 기업을 창업할 수 있었다. 그래서 1850년대 독일 광업 철강 분야의 초기 자본은 100만 내지 200만, 많아야 300만 마르크였다. 확대되던 방직 분야로의 진입은 그보다 더 적은 자본을 갖기만 해도 가능했다. 물론 그만한 금액을 일반 시민이 갖고 있지는 않았으나 상류층에게는 그보다 많은 돈이 있었다. 그래서 수많은 기업들이 세워졌다. 그러나 그들은 오래 버티지 못했다. 산업화와 함께 자본 수요가 크게 증가해 독일 100대 기업의 평균 자본은 1887년과 1927년 사이에 940만 마르크에서 5900만 마르크로 증가했다.

분야에 따라서는 이 금액을 훨씬 능가했다. 철도 건설로 번영을 누리던 철강 산업은 베서머 전로의 도입으로 자본 규모가 폭증했다. 그 결과 점점 거대 기업만이 살아남을 수 있게 됐다. 순수하게 새로 창업한 기업들(이미 존재하던 기업과의 합병으로 선두로 나서지 못한 기업들)은 그 이후 사라졌다. 그 대신 거대 복합기업이 등장해, 같은 속도로 성장할 수 없었던 경쟁자들을 시장에서 몰아내 버렸다. 1901년 당시 세계 최대의 철강 회사였던 유에스스틸$^{US\ Steel}$은 자본금으로 14억 달러를 투입했다고 밝혔다.

서비스업의 거인들

대부분의 산업에서 나타난 바와 같이 경쟁에서 과두지배로, 열린 시장에서 폐쇄된 시장으로 넘어간 것과 비슷한 변화가 중요 서비스 분야에서도 나타났다. 메트로^{Metro}, 월마트$^{Wal-Mart}$, 카르프^{Carrefour} 같은 미국과 유럽의 서비스 체인들이 전 지구의 상업을 지배하고 있는데, 이들은 상품 생산을 여러 대륙에서 수행하게 만든다. 옛날의 상인들과 유사하게 이들 서비스 체인들은 상품 생산자들이 소비자들에게 접근할 수 있는 유일한 통로를 열어 준다는 사실을 빌미로 생산자들에 대한 자신들의 시장 지배력과 배타적 지위를 높은 이익으로 전환할 수 있다.

자세히 보면 오늘날 다수의 이른바 완성품 생산 기업들 자체가 기껏 서비스 체인일 따름이기도 하다. 미국의 스포츠용품 생산업자 나이키^{Nike}가 거둔 성공의 대부분은 자체 생산을 회피하고 그 대신 여러 나라에서 가장 저렴한 조건으로 계약 공급자들에게 의존하는 방식을 채택하기로 한 결정에 힘입은 것이었다. 자본을 기계와 노동력에 묶어 두는 대신, 이 기업은 미국 딜러들과의 전략적 제휴에 투자하는 방식을 더 선호했고, 이런 방식으로 미국의 특정 스포츠화 시장의 약 80퍼센트를 지배할 수 있었다. 이 시장 지배력에 힘입어 나이키는 현재 스포츠용품 상인들이 특정 공급업체의 신발을 진열대에 걸 수 있는지 혹은 어떤 것을 진열해서는 안 되는지를 미리 지정할 수 있는 위치에 있다.

중요한 서비스에서 짧지만 활발한 경쟁 후에 시장 지배력을 확립한 다른 한 사례는 이동전화이다. 새로운 기술이 실현된 1990년대 말 처음에는 많은 수의 회사들이 설립됐다. 경쟁이 치열했고 가격이 떨어졌다. 그러다가 이 단계가 지나갔다. 독일에서는 두 개 기업이 살아남았는데, 티-모바일T-Mobile에 속한 옛 텔레콤Telekom과 보다폰Vodafone이다. 독일 연방 제3의 회사 이-플러스E-Plus와 오투O2의 합작사는 끝없이 추락했다. 다른 나라들에서도 비슷한 상황이 전개됐다. 이 역시 필요 자본 규모가 증대한 결과이다. 스마트폰은 결국 농담거리가 되어 버린 일반 전화기보다 훨씬 더 강력한 통신망을 요구한다. 그 결과로 기업가들은 수십억 유로를 통신망 건설에 투자해야 한다. 그 돈은 엄청난 수의 고객들이 존재해야만 마련할 수 있는 규모이다. 그래서 이 분야에서 새로운 회사의 설립은 희망사항에 지나지 않는다.

패권과 의존성

이미 1959년에 독일의 주간신문 『디 차이트Die Zeit』는 미국의 기업 풍경을 다음과 같이 서술했다. "전체 420만 개의 산업, 무역 및 서비스 관련 기업들 중 150개를 넘지 않는 기업들이 이 나라 전체 생산 능력의 거의 절반을 지배하고 있다. 수많은 분야에서 각 네 개 내지 다섯 개 기업의 시장 점유율이 60퍼센트, 70퍼센트, 혹은 그 이상에 이른다."[40]

그 사이에 그러한 시장 편중이 지구적 차원으로 확대됐다. 그래서 세 개의 다국적 광업회사들이 세계 철광석 거래의 절반 이상을 통제하고 있다. 세계 금융시장에 출시된 관련 사업 거의 전부가 소수 투자은행의 수중에 집중되어 있다. 거대 회사들 중 하나인 글렌코어^{Glencore}는 아연, 납, 구리 등 원자재의 세계 거래에서 주요 부분을 통제하고 있다. 디지털 사업은 실리콘밸리의 소수 기업들이 독점하고 있다.

독일에서 중견 기업을 흔히 경제의 중추라고 말하곤 한다. 다른 국민 경제와 비교해 보면 독일은 실제로 상대적으로 폭넓은 분야에 중간 규모의 기업을 보유하고 있고 그 기업들 중 많은 기업이 세계시장을 선도하는 기업이기도 하다. 그러나 독일 100대 대기업 매출의 총합이 수십만 중소기업들 전체의 매출보다 더 많다는 사실을 안다면 이 그림은 상대화될 수밖에 없다.

독일 생필품 소매업에서 4대 체인업체가 전체 매출액의 85퍼센트 이상을 차지하고 있다. 이 대기업 중 하나가 공급자, 특히 중간 규모의 공급자를 진열대에서 치워 버린다면 그것은 거의 확실하게 그 공급 회사의 파산을 의미한다. 이로써 예컨대 가격 책정 같은 거래 조건의 조정권이 어떻게 배분되어 있는지 분명해진다. 가격의 삭감을 압박하기 위해 시장 지배적 지위를 사용하고 있어, 아랄^{Aral}과 셸^{Shell}이 주도하는 다섯 개의 거대 사업체가 자동차연료 매출액의 70 퍼센트를 그들의 손에 쥐고 있는 독일 주유소 시장의 상황은 결국 자동차 운전자들이 더 비싼 가격을 지불해야 한다는 것을 의미한다.

어떤 산업 부문이든 독일에서는 마찬가지이다. 철강이든 화학이든 혹은 자동차 조립, 제약, 전자기술, 전화, 운송 등의 분야에서 거대 콘체른이 중요 시장을 통제하고 있으며 그 크기와 영향력을 근거로 그들이 위험 혹은 위기 상황에 빠질 경우 그들은 지속적으로 국가의 지원에 기댈 수 있다.

사이비 다양화: 조립 시스템

소수의 콘체른이 지배하고 그래서 그들이 파이의 큰 조각을 차지할 수 있는 경제 모델은 19세기 말에 이미 확립됐다. 지난 수십 년 동안 변한 것은 대기업들 사이에서 인수 및 제휴를 통해 그것도 전 세계적 차원에서 성사시킨 합병의 규모와, 공통의 공급자를 통해 점점 더 강력하게 추진한 공급의 표준화이다.

  약 10여 년 전에 자동차 산업에 이른바 "조립 시스템"이라는 것이 도입됐다. 모델을 불문하고 콘체른을 가리지 않고 이때부터 다양한 자동차들을 "동일 플랫폼에서 조립하고 있는데, 이는 공급자가 제공한 동일 부품을 사용해 자동차를 조립한다는 것을 의미한다. 이 시스템은 그 사이에 대단히 높아진 리콜 횟수와 리콜 비용에 적지 않은 원인을 제공했는데, 한 생산자가 리콜을 할 때마다 경쟁자들 모두 동일한 부품을 자신들의 자동차에 사용하지 않았는지를 점검해야만 하기 때문이다."[41]

경쟁자를 위해 분투하는 포드

조립 시스템의 존재는 미국 자동차 생산업체 포드의 회장 앨런 멀럴리 Alan Mulally가 2008년 미국 의회에 인상적으로 등장하면서 뜻하지 않게 증명됐다. 멀럴리는 자기 회사를 파산에 몰고 갈 정도로 위협적인 경쟁자 크라이슬러Chrysler와 GM이 회생할 수 있도록 국가가 개입해 도와 달라고 청원했고 그 후에 실제로 그렇게 됐다. 멀럴리가 그런 노력을 기울인 것은 자기 경쟁업체의 자동차 공장에서 일하는 수천 명 노동자들의 고통에 공감해서 자극을 받았거나 시스템 유지를 위한 경쟁의 의미를 의식해서가 결코 아니었다. 그의 관심 사항은 포드의 미래였을 뿐이지만, 그가 솔직하게 설명한 대로 자동차 산업의 기업들이 특수한 방법으로 서로 의존하고 있기 때문에 양대 다른 자동차 생산업체의 파산이 포드의 미래를 위협하고 있었다. 이런 상호 의존에 기초해 "우리의 생산 토대는 90퍼센트 이상이 공동의 공급자들이다. 국내 다른 기업 하나가 파산을 선언한다면, 포드의 생산에도 몇 시간은 아니지만 며칠 안에 영향을 미칠 것이다. 정시 생산 제도의 일부라도 작동하지 않는다면 포드 역시 자동차를 생산할 수 없는 상황에 빠진다."[42] 많은 시장에 다양한 생산업체들이 있는 것으로 보이지만, 자세히 살펴보면 이는 허상에 지나지 않는다.

공동의 소유자

겉으로 보기에는 경쟁사인 많은 회사들이 그 공급자를 통해서뿐만 아니라 소유권이란 측면에서도 서로 묶여 있다. 폭스바겐, 아우디[Audi], 포르셰[Porsche], 만[Man], 슈카니아[Scania], 시트[Seat], 스코다[Skoda] 등이 정도는 다르지만 모두 포르셰와 피에히 가계에 속해 있는 것처럼 말이다. 2011년 세 명의 스위스 경제학자들이 현재 세계 경제 주체들의 경쟁 강도를 분석했다. "세계 기업 통제의 네트워크"[43]란 제목의 그들의 연구 결과는 시장경제에 경쟁이 살아 있다고 아직 믿고 있는 모든 사람들의 생각을 흔들어 놓았다.

    세 사람의 스위스 학자들은 3,700만 명의 투자자와 기업들에 관한 2007년의 통계를 사용했다. 첫 번째 단계로 국제적으로 활동하는 4만

3,000개의 회사들을 가려 뽑았다. 그리고 그 회사들이 어느 정도 독립적으로 운영되는지 아니면 다른 회사의 참여 또는 제휴를 통해 통제를 받는지를 연구했다. 그 결과 1,318개의 콘체른이 최소한 2개, 평균 20개의 다른 기업들과 중복 투자하고 있다는 것을 밝혔다. 이 콘체른 그룹 안에서도 147개 거대 기업으로 이루어진 특별 클럽이 모두 4만 3,000개 초국적 기업의 40퍼센트 이상을 통제하고 있었다.

조직 경제

세계 무역의 3분의 1은 단 하나의 콘체른 내부에서 일어났고, 그다음 3분의 1은 거대 초국적 기업들 사이에서 이루어졌다. 그들의 상호 중복 출자를 계산에 넣는다면, 이는 국제 경제 관계에서 시장들이 기껏 주변부에서만 역할을 한다는 것을 의미한다. 독일 일간 신문 『타츠Taz』의 여성 저널리스트인 울리케 헤르만Ulrike Herrmann이 표현한 대로 우리가 이 지구상에서 실제로 직면하고 있는 것은, "조직 경제가 추진되고 있다는 사실인데, 이 조직 경제에서는 대부분의 경제활동이 여러 회사들 사이의 시장 관계를 통해서 조정되는 대신 몇몇 회사들의 경계 안에서 조정되고 있다."[44]

이 사실이, 국민경제라는 거대 영역에서도 아무런 차이가 없다는 것을 의미하지는 않는다. 국민경제들에서는 열린 시장들이 존재하고 셀 수 없이 많은 중간 규모의 공급자들이 격렬한 경쟁 투쟁을 치르고 있다. 완성품 조립 사업의 많은 부품들을 생산하거나 혹은 특정 온라인 서비스를 제공하는 기술 업종에서도, 그리고 홍보 대행업, 변호사 사무실, 청소 대행업, 카페들에서도 경쟁이 일어난다. 이런 분야와 다른 많은 분야들에서 활발한 경쟁이 있을 뿐만 아니라 창업 회사들의 성공의 기회 및 시장에서 사라진 기업들의 실패의 기회 또한 제공하고 있다. 그러니까 활발한 시장을 형성하는 모든 것들이 있다.

그러나 어떤 한 상품 혹은 한 종류의 상품들이 이전에는 아예 없었기 때문에 새로운 시장들이 등장하더라도 그 결과는 비슷한 양상을 보인다. 아주 치열한 경쟁이 일어나고 기업들은 서로 싸움을 벌여 마침내 그들 중 소수만이 살아남는다. 더구나 이미 성숙한 시장들에서는 창업 회사들에게 틈새시장이나 기존 기업과 관련한 서비스업이 남아 있을 뿐 핵심 사업은 이미 더 이상 가능하지 않다.

국가의 도움으로 등장하는 새로운 경쟁자

위에서 말한 사실과 두드러지게 모순되는 경우가 있다. 중공업이나 첨단기술 부문에서도 그렇듯이 오늘날 유럽과 미국 콘체른과 경쟁하는 새로운 공급자가 전 세계적인 수준에서 등장한다는 사실이다. 누가 이들 기업을 도왔는지 살펴보고, 그것이 개인의 이니셔티브가 아니라 국가의 개입이라는 사실을 알면 이 모순은 풀린다.

새로운 경쟁자가 거의 배타적으로 다음과 같은 나라들에서 나왔다는 사실은 우연이 아니다. 시장 근본주의 · 자유무역 · 워싱턴 합의*의 특별 규칙 등을 우직하게 지킨 게 아니라, 우선은 높은 지원금과 국가의

---

* Washington Consensus, 1980년대 남미 여러 나라가 과도한 부채로 재정 위기에 직면하자 IMF와 세계은행 World Bank이 국가재정의 최소화와 지출 축소, 공적 기업의 사유화, 국가 지원의 철폐 등을 요구했고, 남미 국가들이 이에 응해 이루어진 합의.

자본 투입을 통해 보호주의적으로 신생 기업을 지켜 국내 시장에서 크게 성장시킨 나라들, 예컨대 일본, 중국, 한국 같은 나라들로, 이들은 동남아시아에 건재하던 다른 호랑이들을 제쳐 버렸다.

그러나 그런 특수한 기업 신설을 제외하면, 지난 수년 동안 중요 시장들에서 소수 거대 공급자들의 과두지배가 확고해졌으며, 그 후 그들의 상호 중복 투자 역시 아직 거의 변하지 않았다. 새로 창업한 기업들은 그런 시장들에서 더 이상 기회를 갖지 못한다. 여전히 상호 양도와 합병의 움직임이 나타난다. 경영 능력이 심각하게 모자랄 경우 기존의 기업들 역시 시장에서 퇴출될 수 있지만 그런 일은 정말이지 흔치 않다. 우리 경제 시스템의 경제적 주류가 그려주는 그림과 현실은 아주 동떨어져 있다.

이해관계의 조정: 혁신과 품질 파괴자로서의 시장 권력

과두지배 시장에 상품을 공급하는 기업들은 기본적으로 두 가지 선택권을 갖는데, 우선 다른 기업을 시장에서 제거할 목적으로 공격적인 경쟁 투쟁을 벌일 수 있다. 마지막에 단 하나의 기업으로 남아 유일한 공급자로서 말할 것도 없이 더 많은 수익을 남길 수 있는 현실적인 기회가 있다면 해볼 만한 일이다. 다른 선택은, 각자의 요구들을 살펴 가며 서로 공격하지 않는 것이다. 역사적으로 두 가지 사례가 다 있었지만 후자의 행동방식이 훨씬 더 많았다.

아이디어 상실과 신경의 둔화

그 결과는 이렇다. 경쟁자에 의한 진정한 압박이 없고 다양한 선택을 할 수 있는 고객이 없기 때문에 한 번 투자한 생산설비를 못 쓰게 될 때까지 가동하고 높은 가격을 통해서 이익을 내거나 서비스와 품질 향상 비용을 줄여서 이익을 내려고 하게 된다. 성공한 기존 기업이 아이디어가 고갈되거나 민감하게 반응하지 못하거나 나태해질 경우, 그런 상황에서는 시장을 재편성할 기회가 거의 없다.

확실한 창의적 성과를 오히려 "과도 엔지니어링"으로 폄하하는 기업 철학을 가진 지멘스가 양질의 상품 공급자들과 거친 경쟁을 벌였다면, 그 기업은 아마도 그냥 사라져 버렸을 것이다. 서로 경쟁하는 대신 모두 비슷한 기준에 따라서 경영하는 한 줌에 불과한 대기업들이 공급을 결정한다면, 자본주의는 곧바로 혁신 및 품질의 파괴자가 될 것이다. 불구가 된 우리 경제의 혁신 역량을 다른 부분에서 서술한 현상들 가운데 많은 현상들의 원인이 소수 공급자가 있을 경우에 나타나는 시장 권력의 집중화에 있다.

이미 19세기 3/3분기에 많은 분야의 대기업들이 계약의 자유를 근거로 법적 지위를 갖는 카르텔을 결성했다. 독일에서만 1879년과 1886년 사이에 약 90개의 카르텔이 등장했는데 그 가운데 대부분은 가격 카르텔이었다. 오늘날 카르텔은 사실 금지됐지만, 실제로는 기껏 담합이 입증될 경우에만 문제가 될 뿐이다. 카르텔 담합으로 유럽 국민경제가 안게 되는 비용은 유럽연합집행위원회의 추산에 따르면 매년 2,600억 유로에 이른다. 이처럼 높은 손실에도 불구하고 입증된 경우에 부과되는 과태료는 기껏해야 약간의 감각을 느끼는 수준에 지나지 않는다.

스탠더드오일과 마이크로소프트: 성과 대신 담보 상태

만약 소수 기업이나 단 하나의 공급자가 중요한 시장을 지배한다면 특수한 카르텔 담합은 불필요해진다. 간단하게 경제적 권력을 동원함으로써 경쟁을 제거할 수 있다. 만약 핵심적인 원자재, 핵심 기술, 혹은 중요한 인프라 구조 등을 통제할 수 있는 경우라면 충분히 성공할 수 있다.

미국 남북전쟁 이전에 이미 자본을 가진 미국의 금융업자들은 철도에 그 존립을 의존하고 있는 산업들을 양도받아, 그 분야를 독점하기 위해 철도에 대한 기존의 독점을 활용했다. 이런 방법으로 그들은 중서부의 곡물 거래를 장악했다. 전설적인 스탠더드오일 Standard Oil의 창업자 존 록펠러 역시 자신의 석유 공급에 의존하고 있는 철도에 압력을 가해 운송료를 할인해주거나 경쟁사들의 상품 운송을 거부하도록 함으로써 자신의 석유 거인들을 키웠다.

핵심적 지위를 활용해 잠재적인 경쟁자들을 제거한 가장 최근의 사례는 21세기 초에 마이크로소프트사 Microsoft가 넷스케이프사 Netscape를 상대로 벌인 브라우저 전쟁이다. 마이크로소프트사는 이때 자사 인터넷 익스플로러의 성능이 좋지 않은데도 사용자들이 자사의 것을 사용할 수밖에 없도록 결정할 수 있었다. 그 트릭은 간단했는데, 마이크로소프트사가 PC 운영체계에서 이미 확보한 독점을 활용한 것이다. 마이크로소프트는 넷스케이프 브라우저와의 호환성에 관한 의심을 확산시켰고 오류 알림이 비체계적으로 뜨게 해 곧바로 자사 브라우저가 윈도우 컴퓨터에 설치되도록 프로그램화했다. 새로운 윈도우 버전이 개발됐을 때, 다른 컴퓨터 공급사들이 호환성을 생성할 수 있도록 새로운 버전의 사용설명서를 반드시 제공해야 하지만 타사 컴퓨터 판매를 방해하기 위해 마이크로소프트는 사용설명서 제공을 거부했다. 물론 인터넷 익스플로러 사용자들에게는 자사 운영체계의 한 구성 요소로서 사용 설명서를 무료로 제공했다. 네스케이프는 이런 상황에서 기회를 갖지 못했으며 다른 운영체계 공급자들 역시 꼭 마찬가지로, 자사 프로그램의 결함이나 오류 발생과 전혀 상관없이 PC 시장에서 마이크로소프트에 대응할 기회를 갖지 못했다.

더 나쁜 상품이 출시되다

시장 권력을 이용해 질적으로 더 나쁜 기술들이 성공을 거둔 다른 많은 사례들이 있다. 그런 사례 중 몇 개는 1999년에 출간한 칼 샤피로[Carl Shapiro]와 할 배리언[Hal R. Varian]의 『성공을 위한 온라인』이 제시한 리스트에 올라 있고, 이 책은 친절하게도 그것들을 모방 대상으로 추천하고 있다. DVD 표준의 실현 방법들에 관해 이렇게 말하고 있다. "DVD 연맹 내의 다른 파트너들과의 거래에서 원래의 CD 기술에 대한 지배권이 소니[Sony]와 필립스[Philips]에게는 핵심적으로 중요한 출발점이었다. 소니와 필립스는 DVD를 위한 최선의 기술을 개발하거나 지배하지 않았지만 그럼에도 불구하고 그들은 손에 키를 잡고 있었고 실제로 곧바로 그들의 특허권을 동원해 다른 사업자가 내려받기에 편리한 DVD 기기를 공급하지 못하도록 가로막았다."[45]

자사 상품의 의도적인 저질화 또한 샤피로와 배리언에 따르면 성공의 처방이 될 수 있다. IBM은 실제로 동일한 다양한 프린트를 시장에 출시했는데, 이때 상대적으로 저렴한 프린트는 특별히 느리게 작동하는 칩을 장착해 천천히 작동하도록 만들었다. "왜 IBM은 자사 프린트의 성능을 의도적으로 하락시켰을까? 이 회사의 경영진들은, 만약 시리즈 E의 성능을 향상시켜 출시한다면 자사의 표준 모델의 판매가 저조할 것이라는 사실을 간파했다. 자사 상품의 다양한 버전들을 제공함으로써, 선호 모델들의 판매를 감소키지 않으면서 가전제품 시장에서 매력적인 가격으로 그것들을 판매할 수 있었다."[46]

소프트웨어 프로그램에서도 성능이 좋지 않은 버전들이 더 많이 사용하는 프로그램이 되는 일이 잦다. 원래 좋은 평가를 받은 상품의 성능이 추가 설치한 프로그램에 의해 감소하기 때문이다. 그렇게 해서 공급사는 프리미엄 버전들의 고가 판매를 계속해서 보장받는 한편, 가격 지불 능력이 좋지 않은 고객들의 수요를 통해서도 수익을 얻는다.[47] 이런 관행은 공개적인 경쟁 시장들에서는 다른 공급자들이 그것을 방해하기 때문에 물론 작동하지 않는다. 그에 반해 오늘날의 시장들에서는 거대 기업들에게 대단히 효과적인 수익의 지렛대이다.

목 조르기 경쟁

질서자유주의 경제학자 알렉산더 뤼스토브는 '성과 경쟁'을 한편으로 하고, '방해 경쟁' 혹은 '목 조르기 경쟁'을 다른 한편으로 하는 두 종류의 경쟁 사이의 차이에 커다란 의미를 두었다. 위의 사례들이 어떤 범주에 들어가는지 손금을 보듯 뻔하다.

이런 방법으로 얻은 전설적인 수익과 수십억 유로의 재산은 결국 경쟁을 제거한 결과이다. 19세기에 카네기와 록펠러 같은 산업계의 거물들은 폭력적인 수단과 어두운 방법을 동원해 산업 시대에 새롭게 등장하는 시장들을 그들의 지배권 아래 묶어 두었다는 점에서 '강도 귀족'이라고 부를 수 있다. 이 용어가 틀리지 않는 것은, 이전 시대의 봉건 토지귀족들 역시 전체 경제에 대한 지배 권력의 소유자로서 터무니없는 세금을 부과할 수 있었기 때문이다.

바로 이런 이유로 알렉산더 뤼스토브의 눈에는, 규칙과 금지 규정을 통해 시장이 잘 작동하도록 보호하는 것, 그러니까 시장에서 경쟁자들이 단지 탁월한 성과를 통해서만 유리한 지위를 얻을 수 있도록 하는 것이 국가의 아주 중요한 과제였다. 질서자유주의자들은 또한, 약한 국가와 경제의 탈(脫)규제가 결코 '시장'을 강하게 만들 수 없으며 그것이 오히려 대기업들의 '권력'만이 시장 위에 군림하게 하고 나아가 결국 사회 위에 군림하게 만든다는 사실을 분명히 이해하고 있었다. 그러나 오늘날의 신자유주의자들은 그 사실을 아예 추방해 버렸거나 혹은 잊어버렸거나 아니면 우리에게 거짓말을 하고 있다.

셔먼 법: 교합의 카르텔 법

자본주의 역사에서 최초로 1890년 미국에서 진지하게 받아들여야 할 반(反)트러스트 법이 가결됐는데, 셔먼Sherman 반트러스트 법*이 그것이다.

• 공화당 상원의원 존 셔먼John Sherman이 제안해 만든 법. 루스벨트 대통령 이후 듀폰DuPont이나 아메리칸 타바코American Tobacco 그리고 스탠더드오일 제국의 해체에 이바지했으나 1920년대 대통령들이 기업에 매수되거나 의존하면서 효력을 상실했다.

후에 만들어진 유럽의 카르텔 법과 달리 이 셔먼 법은 실제로는 서로 맞물리는 교합(咬合)을 포함하고 있었다. 시장 권력의 오용이 나타난 후에 증명된 것이 아니라 셔먼 법의 그 유명한 제2조는, 독점을 형성하려는 명백한 시도("무역이나 상업의 어떤 부분을 독점하려는 시도")와 기업이 이 법의 분쇄에 나설 것이라는 사실을 처음부터 충분히 예상했다. 이 조항이 오늘날에도 진지하게 받아들여진다면 구글, 마이크로소프트, 애플, 페이스북 혹은 여타 거대 미국 금융사들 등의 기업 제국은 결코 현재와 같은 형태로 등장할 수 없었을 것이다.

그럼에도 실제로는 기껏 소수 사기업들에게만 셔먼 법이 적용됐다. 록펠러의 석유 제국 스탠더드오일이 여기에 드는데, 이 회사는 1911년 미국 대법원의 판결에 따라 법적으로 독립된 34개의 개별 기업으로 분리됐다.

오늘날 미국이나 유럽 어디에서나 시장 지배력은 증명 가능한 권력 남용이 심각한 경우에만 법의 제재를 받고 있으며, 그것도 합병이나 기업 인수를 통해 시장 지배력이 나타났을 때에만 제재 대상이 될 뿐이다. 디지털 세계에서 거의 법칙이 되어 있는 것처럼 개별 기업을 통한 미래 시장의 점령으로 시장 지배력을 형성하는 것은 제제의 대상이 아니다. 발터 오이켄의 경고는 쇠귀에 경 읽기가 됐다. "경제 정책은 권력 실체들의 남용이 나타난 후에 하는 사후처방이 아니라 권력 실체들의 등장을 억제하기 위해서 취해져야 한다. 그렇지 않으면 문제를 해소할 기회를 잃고 만다."[48]

데이터를 삼키는 괴물 : 네트워크상의 독점

지금까지 우리는 많은 서비스 부문이 거대 산업과 마찬가지 변화 과정을 겪었다는 것을 살펴보았다. 그것은 경쟁에서 과점으로, 열린 시장에서 닫힌 시장으로의 변화였다. 그렇지만 근래에 들어 적지 않은 서비스 부문에서 소수 업체의 과점이 확립되는 정도를 지나 아예 하나의 사기업이 시장 전체를 완벽하게 지배하는 양상을 보이기 시작했다. 특별히 네트워크에 연결된 서비스 부문에서 그런 현상이 두드러지는데, 그 서비스들이 개인 회사의 수중에 있고 네트워크 효과가 큰 서비스 부문에서 그렇다.

특권층에게 제공되는 독점

최근 몇 년 동안 민간 독점의 출현을 도운 국가 정책의 역할은 비난받아 마땅하다. 정책은 그것을 저지하기는커녕 많은 부문에서 오히려 적극적으로 길을 터 주었다. 더 많은 경쟁이라는 슬로건 아래 공적 사업이 수익을 추구하는 사기업에 돌아갔고 이들 공적 사업은 경쟁이 불가능하다는 바로 그 이유 때문에 사기업에 확실한 수익을 보장해 주었다. 이런 서비스의 범주는 전력과 상수도뿐만 아니라 민자 고속도로와 지역 및 광역 교통망, 그리고 도시 위생 및 병원 등은 물론이고 과거에 지방정부가 맡았던 다른 기능들까지 포함한다.

완전 민영화보다 더 교활하게, 건설 및 인프라 프로젝트라는 프레임 아래 민간-공공 파트너십을 결성하는 것은 물론이고 다른 여러 공공

과제들을 그런 방식으로 수행하고 있다. 포스트민주주의^{Postdemokratie} 이론으로 국제적 명성을 얻은 영국의 사회학자 콜린 크라우치^{Colin Crouch}가 이 민간-공공 파트너십 프로젝트들을 애덤 스미스가 비판한 국가 독점권에 비교한 것은 정당하며, 그것은 궁정의 수혜를 입은 사람들에게나 주어졌던 특권이다. 국가가 일정한 수익을 보장하고 위험을 떠안는 대신 민간업체들에게는 확실한 이익을 안겨 주는 경제 시스템을 두고 시장 경제라고 말할 수는 없다.

높은 비용의 인프라 구조

많은 부문에서 민영화란 사기업의 갈취-독점의 확립에 지나지 않는다는 주장에는 여러 근거들이 있다. 예컨대 네트워크 기반 서비스는 경쟁에 적합하지 않다. 네트워크 기반 서비스란 엄청난 비용이 투입되는 인프라 구조가 구축된 다음에야 서비스가 가능한 부문을 말한다. 기차를 이용해 사람과 물건의 운송을 지원하는 철도 네트워크, 통신 서비스를 제공하는 케이블과 송전선, 에너지 공급을 위한 전기 서비스 등이 여기에 해당한다. 제조업에서와 달리 네트워크 기반 서비스에서는 과점보다는 독점의 등장에 용이한 기술적 여건이 존재한다는 것이 사실이다.

가장 중요한 이유는 인프라 구조의 구축에 많은 투자가 이루어져야 하며 그런 다음에야 많은 고객에게 서비스하는 것이 가능하고 적어도 초기 투자에 비해 엄청난 추가 비용을 고객에게 부담시키지 않을 수 있게 되기 때문이다. 잘 구축된 하나의 통신망 안에서 적어도 500만 명이나 50만 명의 사람들이 통화할 수 있고 한 철도 네트워크 위에서 무수한 열차들이 달릴 수 있다. 물론 추가 투자를 필요로 하는 한계가 없는 것은 아니지만, 그러나 그럴 경우에도 비교적 많은 비용을 들이지 않고도 더 많은 고객에게 서비스를 제공할 수 있다.

한계비용 수준의 가격

추가로 생산되는 상품 내지 추가로 얻게 될 고객에게 들어가는 비용을 경제학에서 한계비용이라고 한다. 한편 그 이전에 상품을 제조하거나 서비스를 제공하기 위해 수량에 관계없이 투자되어야 할 비용을 고정비용이라고 한다. 분명한 것은, 상당히 높은 고정비용이 필요한 반면 한계비용이 낮은 서비스들은 소수의 서비스 사업체들에 의해 가장 효율적으로 제공될 수 있는데, 모든 고객들이 하나의 기업으로부터 서비스를 제공받는다면 높은 고정비용은 한 번만 발생하는 반면 추가 고객 1인당 비용은 최소한으로 낮아지기 마련이다. 어떤 조건에서 가격 대비 성능이나 품질이 소비자 입장에서 최적화되는지에 대해서는 아직 정답이 있는 것은 아니다. 1930년대와 1940년대에 이미 경제학자들이 이 문제를 연구했지만 말이다.

미국의 경제학자이자 통계학자 해럴드 호텔링^{Harold Hotelling}은 당시, "막대한 고정비용이 드는 전력, 상수도, 철도 및 여타 제조업 등의 재화와 용역을 한계비용 수준으로 떨어뜨리기 위해서 고정비용의 재원을 마련하는 최선의 방법은 세금을 투입하는 것"이라는 주장을 폈다.[49] 이런 조건에서 재화와 용역이 최저가로 소비자에게 제공될 수 있을 것이다. 그러한 네트워크 기반 사업을 민간 기업이 맡는다고 하더라도 이론상으로는 최저 가격이 보장될 수 있다. 그러나 이 경우 그들이 자신의 독점을 이윤 극대화를 위해 사용하는 것, 즉 가격상승을 막을 방법은 없다 (국가 기관을 동원한 규제는 어차피 효력이 없다는 것이 이미 밝혀졌다).

이런 인식을 토대로 유럽에서 예컨대 철도 혹은 전화·원거리 통신 등 네트워크 기반 사업의 인프라 구조는 압도적으로 정부가 주도하거나 적어도 시간이 지나 국가가 그것들을 떠맡았다. 이렇게 함으로써, 사기업이 독점 상황을 이용해 마구 가격을 인상하거나 연계된 부문을 잠식하는 것을 막았다. 그러나 시간이 지나면서 이런 인식이 해이해졌고 치명적인 결과를 낳았다.

정보: 거의 무료로 복제 가능

그러나 독점 경향은 전통적인 네트워크 기반 사업에서만 나타나는 것이 아니다. 초기 상품 출시까지의 높은 비용과 낮은 추가 생산비라는 기본 구조는 오늘날 모든 다른 부문을 침투하거나 잠식해 버렸다고 할 수 있는 핵심 부문 즉, 디지털 경제의 특징이기도 하다. 디지털 경제가 다루는 상품은 디지털 정보이며 디지털 정보는 지금 서술한 바로 그 속성을 갖는데, 데이터를 얻거나 특수한 용도에 맞는 소프트웨어를 개발하는 데에는 비용이 들지만 이에 반해 그것을 복제하는 것에는 거의 비용이 들지 않는다.

문서 편집 소프트웨어를 프로그램화하거나 운영체계를 구축하는 데 들어가는 비용이야 모바일 서비스 제공자가 전국에 서비스망을 구축하는 데 투자해야 할 비용과 비교할 정도가 못되며 더구나 철도 네트워크 또는 지역 전체에 전력을 공급하는 데 드는 비용에 견줄 바는 아니다. 디지털 경제에서 초기 최소 투자 자본은 낮아 보인다. 그렇다면 새로운 기업들이 디지털 경제에 등장하는 것을 가로막고 있는 요소는 무엇인가?

네트워크 효과

실제로 새로운 기업의 시장 참여를 더 효율적으로 가로막고 대규모 독점을 가속화하는 것은 초기 투자 자본이 높다는 사실보다 이른바 네트워크 효과라는 요소이다. 네트워크 효과란 물품이나 서비스의 유용성이 기존의 고객 수가 많을수록 더 커진다는 사실이다.

다른 대부분 영역에서는 오히려 정반대 현상이 일어나는데, 많은 사람이 특정 운동화를 사려고 하면 가격이 오르고 이어서 수요가 감소한다. 해변에 피서객이 넘쳐 나면 피서지로서의 매력은 오히려 줄어드는 것이 정상이다. 고객이 너무 붐비는 백화점은 쇼핑 장소로 적합하지 않다. 그러나 이와 반대로 특정 온라인 포털에 판매자가 더 많을수록 이 포털에서 구매하고자 하는 욕구는 오히려 높아진다. 이에 더해 한 포털이 보유한 고객 수가 많을수록, 판매자는 그들에게 매우 불리한 조건을 제안받는 경우에도 이 포털을 이용하지 않을 수 없게 된다. 이런 자가 증폭 메커니즘은 결국 독점 상태에 도달한다.

하룻밤 사이에 글로벌 기업으로

게다가 디지털 기업은 추가 고객 확보에 거의 비용이 들지 않기 때문에 매우 빠른 속도로 성장할 수 있다. 이것이 다른 경제 부문과의 매우 중요한 차이점이다. 가장 혁신적인 사이클 헬멧, 안전하고 가벼우면서 안면 에어백을 장착한 세련된 사이클 헬멧을 만드는 회사에 물량 수요가 넘쳐 난다고 하더라도 그 회사는 하루 만에 유럽 시장 전체에 물량을 공급할 수 없고 더구나 아메리카 시장에 공급한다는 것은 아예 불가능하다. 먼저 생산 시설을 증대시키려면 다른 무엇보다 우선 시간이 걸리고 자본이 투자되어야 한다. 그런 다음 물품 공급 망과 판매 시장이 구축되어야 한다. 그러나 디지털 경제에서는 초기 투자비용이 높을 수도 있지만 그다음 상품의 복제에는 거의 비용이 들지 않고 인터넷을 통한 상품의 공급은 전 세계에서 마우스 클릭 한 번이면 해결된다. 그래서 디지털 기업은 하룻밤 새 수십억 시장에 물품을 공급할 수 있다. 이런 네트워크 효과 때문에 특정 부문에 자리를 잡은 디지털 경제의 공급자를 몰아내는 것은 거의 불가능하다.

자기 증폭의 예 : 윈도우의 승리

소프트웨어는 품질의 저하 없이 무제한 다운로드 될 수 있다. 거기에 사용자가 많을수록 유용해진다는 특징이 더해지면 상품의 승패를 좌우하는 것은 단 하나다. 즉, 품질이 좋거나 다른 경쟁 공급자가 가지지 못한 방법을 동원하거나 혹은 강력한 파트너를 얻어서 시장 점유의 임계점에 도달하는 것이다. 일단 여기에 성공하면 시장에서의 성장은 자기 증폭되고 경쟁자는 점차 기회를 잃는다. 윈도우의 시장 정복이 이미 이런 효과를 보여 주었다. 개인용 컴퓨터는 처음부터 타자기 대체품의 기능을 넘어, 디지털 통신의 수단이었다. 다른 사람과 텍스트나 이미지를 교환하고 싶었던 사람들은 가능한 많은 사용자와 호환이 가능한 소프트웨어를 필요로 했다.

IBM과의 협력 덕분에 윈도우는 많은 컴퓨터에 설치됐고 나머지는 자동으로 진행됐다. 마이크로소프트는 이미 2000년에 세계 시장에서 PC 운영체계의 90퍼센트를 점유했다. 운영체계를 점유한다는 것은 텍스트 편집에서 미디어 플레이어까지 모든 응용 프로그램들에 우선 접근 권한을 갖는 것을 의미한다. 소프트웨어 회사가 이런 방법을 통해 25~33퍼센트의 이익률을 기록하며 단기간에 1,000억 달러의 매출을 기록한 것은 놀랄 일이 아니다.

디지털 거인

태블릿과 스마트폰과 같은 새로운 제품들의 출현과 함께 처음으로 경쟁의 기회가 다시 제공됐다. 이 환경에서 마이크로소프트의 PC 독점 효과는 미미했고 결과적으로 관련 시장의 점유율을 확보할 수 없었다. 그 대신 애플의 아이오에스iOs와 구글의 안드로이드Android가 양대 축을 이루었고 지금 시점에서 유일한 이슈는 둘 중 어느 쪽이 다른 쪽을 완전히 시장에서 퇴출시키는 데 성공할 것인가일 따름이다. 오늘날 스마트폰 응용 프로그램이 이 둘 중 하나의 플랫폼과 호환 가능하지 않다면, 그들의 계약 조건을 따르지 않을 뿐 아니라 수익을 분배하지 않는다는 것을 뜻하는데, 이런 스마트폰 앱은 시장에서 더 이상 아무런 전망도 갖지 못하는 환경이 조성된 것이다.

같은 메커니즘으로 페이스북이 성장할 수 있었다. 소셜 네트워크를 통해 다른 사람과 소통하고자 하는 사람은 자신의 지인들이 이미 많이 가입되어 있는 소셜 네트워크를 선택하기 마련이다. 애플도 이런 효과를 누리고 있다. 애플의 운영체계 iOs를 실행하는 아이폰과 태블릿이 시장에서 많이 사용될수록 그만큼 더 많은 기업들이 자신의 서비스를 애플의 플랫폼에 제공하기 위해 스티브 잡스Steve Jobs가 세운 기업에 대가를 지불한다. 안드로이드 역시 마찬가지이다. 아마존은 온라인 서점을 통해 시장 점유율의 임계점에 도달했다. 그 이후 성장의 한계가 없어 보인다. 구글의 알고리즘도 같은 메커니즘을 이용하고 있다. 많은 사람들이 구글의 검색 엔진을 사용할수록 더 많은 데이터들이 축적되며 구글은 이 데이터들을 처리하고 분석하는 과정을 통해 더 많은 광고 수익을 올릴 수 있다. 현재 전 세계 광고 지출의 10퍼센트에 이르는 금액이 검색 엔진 시장의 90퍼센트를 점유하고 있는 구글이라는 한 회사로 흘러들어 간다.

경쟁으로부터의 자유

누군가가 더 스마트한(또는 더 객관적인) 검색 알고리즘을 개발했다고 하자. 이 서비스는 단기간에 수십억 명의 사용자를 모을 때에만 구글에 대항할 수 있다. 인터넷 거인 마이크로소프트와 페이스북은 서로 협력했음에도 여기에 성공하지 못했다. 반대로 구글의 소셜 네트워크 구글 플러스Google+는 소셜 네트워크 부문에서는 시장 점유율 70퍼센트를 가진 페이스북에 경쟁이 되지 못했다. 막강한 자본력을 가진 거대 기업마저 독점 구조에 도전하다 실패한 이런 환경에서 어떤 영리한 벤처기업이 그런 독점 지배 체제를 깰 수 있다는 믿음은 신화의 제국에서나 있을 법한 일이라는 비웃음을 사기에 충분하다.

성가신 경쟁에서 벗어난 구글은 검색 엔진 분야에서만 절대 강자의 지위를 누리는 것이 아니다. 스타트업 기업이 실리콘밸리의 투자자들 앞에서 자신의 아이디어를 제안하고자 할 때 우선 고려해야 할 사항은 구글이 이 분야에 손대고 있지는 않은가 하는 문제이다. 만약 그렇다면, 투자자를 찾기는 기대하기 어렵다. 구글이 뻗어 간 곳에는 가장 억센 생명력을 가진 잔디마저 더 이상 자라지 못한다. 구글이 아직 지배하지 않은 분야에 성공적으로 소프트웨어를 출시한 기업이더라도 언젠가 구글에 인수되고 만다. 실리콘밸리의 벤처자본 시장은 실은 이런 예측에 기반을 두고 있다. 성공적인 디지털 사업 아이디어를 가진 젊은 기업이 5년에서 10년 사이에 거대 기업 중 하나에 인수되고 만다. 이런 방식으로 거대 기업은 점점 몸집을 불린다.

디지털 세계에서 자유경쟁은 경쟁으로부터의 자유이다. 이런 현상은 기업 엘리트들의 잔혹함 때문에 생기는 것이 아니라 디지털 정보 상품의 기본 구조에 그 원인이 있다. 많은 구매자가 희소한 자원을 놓고 경쟁을 벌이고 많은 업체들이 상품을 공급할 때 시장은 효율적으로 유통과 분배를 이루어 낸다. 그런데 디지털 정보라는 디지털 세계의 자원은 본질적으로 한정적인 것이 아니라 필요에 따라서 얼마든지 복제될 수 있다. 따라서 디지털 정보가 거래되는 시장은 인위적으로 희소성을 만들어 낼 때에만 존재할 수 있다.

데이터를 삼키는 괴물

인위적으로 희소성을 만들어 내는 것이 결코 쉬운 일이 아닐 뿐더러 게다가 사용자 집단을 제한하는 결과를 낳는다. 디지털 기업들은 차라리 소프트웨어나 온라인 서비스를 무료로 제공하는 편이 더 많은 수익을 올리게 되리라는 것을 재빠르게 깨달았다. 구글의 검색 엔진이나 지메일Gmail은 이용자들에게 비용을 요구하지 않고 있으며 페이스북 등록 역시 그렇다. 애플의 경우에도 하드웨어인 아이폰이나 태블릿을 사면 소프트웨어는 무료로 제공한다. 이 회사들의 이익 모델은 그들이 제공하는 서비스를 통해서 데이터의 독점을 달성하는 것이다. 우리의 취향, 관심, 구매 습관, 친구관계, 우리의 건강과 실시간 위치 정보 등의 데이터를 수집해 자사 서버에 정보를 축적한 다음 다양한 알고리즘의 목적에 맞추어 그것들을 분석하고 평가할 수 있다.

데이터의 독점자만이 이용 가능한 이 정보들을 활용해 그들은 이윤이 훨씬 더 많이 남는 사업을 펼칠 수 있다. 빈의 젊은 변호사이자 정보 보호 운동가인 막스 슈렘Max Schrem은 유럽 정보 보호법 침해를 이유로 페이스북을 상대로 소송을 제기했다. 그 결과 2011년 그는 페이스북이 그에 관해 저장한 모든 데이터를 공개하라는 판결을 얻어 냈는데, 그 정보량이 자그마치 1,222쪽에 달하는 PDF 파일의 정보였다.

네트워크의 오웰

이러한 데이터를 활용하는 방법 중 하나는 고객 맞춤형 인터넷 광고 공간을 판매하는 것이다. 이것은 상대적으로 무해한 것으로 보일 수 있다.

인터넷에서 기저귀를 구매한 사람이면 곧바로 어린이 영양식이나 장난감 광고로 귀찮아지게 될 것이고 보디빌딩에 열심인 친구에게 훈련 도구를 선물한다면 한동안 스포츠용품 생산업체뿐 아니라 아마 에너지 음료와 다이어트 관련 제조업체들을 접하게 될 것이다. 소비 생활에 관련된 이런 일상의 예는 성가시지만 심각한 문제는 아니다.

하지만 훨씬 더 심각한 문제가 발생할 수 있다. 아름다운 소비 생활이 끝나고 조지 오웰George Orwell의 빅 브라더를 연상시키는 일이 벌어질 수 있다. 프로파일 생성은 하나의 사례다. 특정 시장구조의 프로파일(A를 구입한 사람은 3개월 후에 B에 관심을 갖게 될 여지가 대단히 높다)이나, 고객 그룹이나 심지어 특정 고객의 프로파일이 만들어질 수 있다. 이런 프로파일은 우리에 관해 축적한 무제한의 데이터들을 활용해 형성된다. 우리가 인터넷에 남기는 검색 기록, 스마트폰 · 태블릿 · 피트니스 시계 등의 해당 서버에 끊임없이 저장하는 데이터들, 개인 클라우드 계정, 메일 교환 내용, 페이스북 게시물, 온라인 쇼핑 목록 등으로부터 효율적인 알고리즘을 통해 점차 정교하게 생산되고 있다.

이런 개인 정보를 과점하고 있는 데이터 괴물들이 협력해 데이터 풀을 통합하게 된다면, 감시 네트워크는 더욱 완벽해질 것이다. 이런 이유로 각 업체들이 새로운 영역으로 촉수를 뻗고 있다. 그래서 구글은 자동 온도 조절 장치와 가전제품에 관심을 쏟고 있으며 구글과 애플은 자동차 관련 소프트웨어를 선점하기 위해 싸우고 있다.

1부 | 성과, 책임, 경쟁
: 자본주의의 치명적인 거짓말

우버의 불륜 통계

이러한 프로파일의 간단한 버전들은 지금 이미 여러 판매자들이 한 가지 물품 혹은 같은 물품을 다른 가격에 공급하기 위해서 활용하고 있다. 예를 들어 프로파일의 분석 결과 누군가의 수익이 평균보다 높은 것으로 판명될 때, 이 정보는 그 사람의 이익에 반하여 사용될 수 있다. 당신이 그 사람이라면 당신은 같은 항공권을 구매하거나 같은 호텔을 예약하더라도 더 많은 비용을 지불해야 하는 반면, 낡은 컴퓨터를 아직 사용하고 있고 한 번도 고가의 물품을 구매한 적이 없는 이웃 사람은 낮은 가격에 같은 상품을 구입할 수 있다.

여기에서 아주 중요한 것은, 개인 프로파일에 관심을 갖는 곳은 보험회사, 은행, 현재 혹은 미래의 고용주 등이며 잊지 말아야 할 또 한 곳은 각국의 정보 관련 기구라는 사실이다. 얼마 전 인터넷 택시 서비스 회사 우버Uber가 미국 대도시들의 특정 구역에서 일어난 불륜의 빈도에 관한 통계를 공개해 사람들을 놀라게 했을 때, 많은 사람이 그것을 단순한 흥미거리로 받아들이지 않았다. 알고리즘이 실시한 페이스북 친구들에 관한 분석을 토대로 은행 대출이 거부되는 상황이 발생한다면, 개인 데이터의 프로파일은 더 이상 누구도 가벼이 넘길 수 없는 일이 될 것이다.

거래 독점자와 종속적 생산자들

데이터 괴물들은 우리의 일상에 관한 모든 것들을 저장하는 데 그치지 않는다. 상품 및 서비스의 실제 생산자들에게 행사하는 그들의 권력 역시 증대하고 있다. 아마존이나 애플 스토어 같은 거대 상거래 플랫폼의 장점은 그들만이 거래 당사자 양측에 관한 데이터를 갖고 있다는 점이다. 오직 그들만이 공급자의 거래처와 고객의 접촉, 소비 및 결제 데이터를 알고 있다. 이와 반대로 생산자와 소비자는 서로 접촉하거나 정보 교환을 전혀 할 수 없다.

인터넷에 기반을 둔 거래가 많아질수록, 플랫폼에 좌우되는 거래 비중이 더 높아질수록 플랫폼의 권력은 더욱 가차 없이 행사될 것이고 수익의 비중은 점점 더 높아지게 될 것이다. 우리는 앞에서 독일 식품 소매업계에서 집중화가 일어나면서 공급업체들의 종속성이 점차 높아졌다는 것을 살펴보았다. 그럼에도 아날로그 세계에서는 여전히 다양한 규모의 판매망이 존재한다. 그런데 인터넷상에서는 아마존의 독점이 신속하게 진행되고 있으며, 머지않아 아마존을 제외하면 특별한 상품을 취급하는 극소수 공급자만이 살아남을 것이다. 이렇게 아마존에 대한 종속성이 높아지고 나머지는 아예 시장에서 퇴출되고 말 것이다.

이와 같은 권력집중의 결과를 우리는 이미 애플에서 경험하고 있다. 아이튠즈iTunes와 앱 스토어App Store를 통해 애플은 시장에서 판매될 상품을 결정한다. 애플은 자사 소프트웨어에 모든 것을 취합하여 어떤 상품을 자사 스토어 어느 위치에 놓을 것인가를 결정한다. 그리고 애플만이 구매자가 누구인지를 알고 있다. 그 결과로 판매자에 대한 생산자의 종속성이 극단적으로 높아진다. 애플은 '중개' 수수료로 판매액의 30퍼센트를 떼어 간다. 물론 애플은 일반적인 창고업과 달리 임대료와 난방비를 물지 않고 판매원과 상담원에게 급료를 지불할 일도 없다.

사물 인터넷 : 네트워크를 통한 수익 창출

사물 인터넷의 인프라 구조 역시 비슷한 핵심적 지위를 갖는 추세, 그리고 비슷한 독점 추세를 보인다. 미래에는 재료와 서비스의 흐름이 기업의 경계를 넘어 디지털 네트워크에 의해 제어된다. 생산자는 더 이상 익명의 시장을 상대로 생산하는 것이 아니라 생산을 시작하기 전에 수요의 시점과 양을 미리 알 수 있게 된다. 가구 산업에서는 이미 부분적으로 이런 모습이 나타나고 있는데, 먼저 주문을 하고 그다음에 생산하는 이 방식은 정확한 수량을 함께 결정할 수 있다는 점에서 고객에게 유리한 방식이다.

유럽 최대의 철강 판매업자 클뢰크너Klöckner는 생산업자들이 완제품을 만들기 전에 강관의 수요를 미리 알아보려고 얼마 전 디지털 거래 플랫폼을 구축했다. 이는 강관의 창고 비용을 줄이려는 것으로 클뢰크너로서는 사업의 위험을 줄이는 일이다. 디지털화는 팔리지 않고 남게 될 과잉생산을 최소화하기 때문에 전체적으로 생산 효율을 향상시킬 수 있다.

끝없이 증가하는 저장 용량

디지털 저장 용량의 무제한적인 증가는 모든 제품에 센서를 부착해서 상품의 재고, 재료의 가공 상태, 완제품의 점검 등을 실시간으로 파악하는 것이 미래에 가능해진다는 것을 의미한다. 이 체인의 마지막 단계는, 디지털에 연결된 냉장고, 우유팩, 커피 기계, 자동차 타이어, 칫솔 등이 재고가 바닥나거나 닳으면 자동으로 주문을 하는 것이다.

미래의 강철 판매 플랫폼 역시 그러한 디지털 네트워크 센서에 접속해서 공급 시점을 파악할 수 있을 것이다. 공사장의 돌 하나하나가 센서에 연결된다면 알고리즘이 언제 2층의 강철 빔이 필요한지를 미리 계산해 낼 수 있을 것이다. 알고리즘은 판매 플랫폼에 그 필요를 기록하고 지역 전체의 수요량을 취합한 후 철강 생산업체들이 경매에 응하도록 초청하게 될 것이다. 그래서 철강의 생산이 끝나기도 전에 주문과 판매가 이루어지고 얼마의 철강이 어떤 곳에 사용될지가 미리 결정될 것이다. [50]

덤핑 압박

이렇게 되면, 시장의 역할은 부품 제작을 위한 계약이 성사되는 그 접점에 제한될 것이다. 납품업체로서의 지위가 중요한 현재 상황과 달리 해당 산업 부문의 모든 업체가 입찰에 참여할 수 있기 때문에 경쟁은 크게 심화될 것이다. 게다가 계약이 알고리즘에 의해 결정될 경우, 가격만이 유일한 조건으로 고려될 것이다. 디지털 플랫폼에의 의존과 경쟁에서 오는 압박은 제조업체의 수입을 의심의 여지없이 감소시킬 것이다.

가격 덤핑을 기반으로 한 기업들 사이의 경쟁은 임금 인하와 기업 부도를 야기할 수도 있다. 이렇게 되면 경쟁 기업의 숫자가 감소하거나 기업들 사이의 협업이 활발히 이루어질 수 있다. 이런 상황은 수익 창출 구조에서 시장의 역할을 현재보다 더 감소시킬 것이다.

계획경제의 부활?

이런 현상은 1990년대에 모두가 실패했다고 판단한 계획경제가 현재의 하이테크 버전으로 부활한다는 것을 의미하는가? 답은 단연코 아니라는 것이다. '사물 인터넷'의 잠재력에 대한 긍정적인 예측에도 불구하고, 이 모델은 많은 생산업체들이 거의 같은 품질의 상품을 공급하는 표준화된 제품에만 적용될 수 있다는 점을 고려해야 한다. 하이테크와 복잡한 부품을 생산하는 공급업체를 선정할 때, 기업이 한 디지털 플랫폼이나 그 플랫폼의 알고리즘에만 의존하기는 어려울 것이기 때문이다.

게다가 소비자의 선택도 마찬가지이다. 우유팩이나 진공청소기 봉투 같은 소모품이 떨어졌을 때 사물 인터넷을 이용해 그것을 주문하는 사람은 있을 수 있다. 그러나 냉장고가 망가져 새 냉장고를 구매해야 할 경우, 누가 선택의 과정을 생략한 채 동일 생산업체의 새 냉장고를 주문하려고 하겠는가? 다시 말하면 적절한 가격의 새 모델을 자동으로 주문해 주는 알고리즘을 믿고 맡기겠는가 말이다.

이러한 한계에도 불구하고, 수익 창출에서 디지털 네트워킹은 점점 더 중요한 역할을 할 것이다. 따라서 결정적인 문제는 누가 이 네트워크를 지배하며, 자칫 불순한 의도를 가진 사람의 수중에 들어가지는 않을까 하는 문제이다. 모든 데이터 처리와 소비는 궁극적으로 소수의 플랫폼이나 표준화된 단일 플랫폼으로 수렴될 것이기 때문에 극단적인 네트워크 효과가 발생할 것이다. 그리고 현재 데이터 괴물 구글과 애플은 '사물인터넷' 플랫폼을 마련할 가장 유리한 출발점에 서 있다. 그들이 소비자에 대한 데이터를 대량으로 보유하고 있기 때문이다.

데이터 독점 및 세계 지배

우리가 이 네트워크를 수익지향의 데이터 독점기업에 맡긴다면 그것은 우리 모두에게 극적인 결과를 초래할 것이다. 21세기에 산업 생산을 위한 네트워크 인프라를 한 개인 기업이 지배하게 한다는 것은, 20세기로 비유하자면 전 세계의 철도망과 도로·항공·해양 교통, 그리고 모든 통신수단에 대한 결정권을 한 개인 기업에 맡기는 것을 의미한다. 이는 항공기와 배 혹은 도로를 이용해 이동하고자 하는 모든 사람들에게 인프라 사용료를 징수할 수 있는 권리를 그 기업에 준다는 것을 의미할 뿐만 아니라, 누가 해양을 누비는 배와 도로를 이용하고 누가 자기 화물을 항공기로 운송할 수 있으며 거꾸로 누구는 그렇게 할 수 없다고 결정할 모든 권리를 그 개인 기업에 양도하는 것을 의미한다.

이런 기업이 전 세계 경제가 생산하는 부가가치를 사유화할 수 있는 지위에 오를 수 있으며 그 규모는 19세기와 20세기의 거대 기업들을 초라하게 만들 수도 있다. 직접 생산에 참여하지 않는 이들 독점기업들의 수익 갈취는 이에 더해 좋은 상품을 만들려는 생산업체들의 성과 경쟁을 무력화할 수 있다. 이는 상품의 품질을 떨어뜨리고 우리의 공동 번영을 해치는 등 전적으로 부정적인 결과를 낳을 것이다.

과두지배의 한없는 부패

아직 상황이 다르게 전개될 여지는 있다. 그러나 우리는 조만간 조취를 취해야 하며, 시장이 우리를 위해 어떤 작업을 수행해 줄 것이라고 믿어서는 안 된다. 빅데이터 관련 여성 기업가이자 인공지능 전문가인 이본 호프슈테터Yvonne Hofstetter의 말을 빌리면 "금융자본주의와 마찬가지로, 정보자본주의는 자신을 규제할 능력이 없다."[51] 실질적으로 거대 인터넷 기업의 영향력은 거대 금융기업이나 세계적인 산업자본에 견줄 만한 막강한 영향력을 갖고 있으며 그들에게 유리한 방향으로 정치 상황을 조종할 수완과 방법을 가지고 있다.

몇몇 민간 대기업이나 강력한 민간 독점기업이 중요 시장을 지배하는 경제구조를 가진 국가에서는 민주주의가 아니라 과두지배가 실현될 여지가 높다. 전 미국 대통령 지미 카터Jimmy Carter는 최근 미국이라는 국가를 "정치적으로 한없이 부패한 과두정치"라는 말로 표현했다. 그의 발언에는 충분한 근거가 있다. 유럽에서도 민주주의를 향한 시민들의 요구와 거대 기업에 종속적인 정치인들 사이에 존재하는 모순은 미국보다 작다고 할 수 없으며 특히 유럽연합 집행부 차원에서는 더욱 부패한 모습을 보이고 있다. 우리가 민주적인 사회를 바란다면 국가를 항복시켜 버린 거대 기업들로부터 권력을 빼앗아 와야 한다. 이 책의 제2부에서는 이 과제가 어떻게 현실화될 수 있는지에 대해서 이야기하겠다.

확실한 국가의 개입

시카고학파의 수장이자 신자유주의의 가장 중요한 이론가 가운데 한 사람인 밀턴 프리드먼Milton Friedman은 자본주의란 "자유의사에 따른 교환을 수단으로 하여 조직되는 사회 모델"을 위해 존재한다고 서술했는데,[52]

오늘날 많은 사람들은 아직도 그렇게 생각한다. 프리드먼은 자본주의가 번영을 창조하는 것은 "개별 인간의 이니셔티브와 기업 정신의 결과"일 뿐이며 국가의 조치는 이 발전을 항상 방해하게 될 것으로 보았다. 밀턴 프리드먼은 현실과 동떨어진 발언을 한 첫 사례가 됨으로써 경제학 동업조합의 대부분의 동료들에게 오늘날까지도 부담을 지웠다.

흔히 거론하는 시장과 국가의 대립이라는 도식과 전혀 다르게 자본주의는 처음부터 국가의 권력 수단을 활용했다. 자본주의는 국가의 적극적인 개입 없이는 등장하지 않았을 수 있고 국가의 강력한 지원이 없이는 발전할 수 없었을 것이다. 프랑스의 경제사가 페르낭 브로델은 "자본주의는 그것이 국가와 동일시됐을 때에만, 그리고 그것이 국가일 때에만 승리했다"라고 썼다.[53] 이미 초기 자본주의적 상인들이 "영주들의 친구였고 국가의 수혜자"였으며 이를 토대로 특권이 적은 다른 시장 참여자들에 비해 훨씬 우월한 지위를 누렸다는 사실을 그는 근거로 들었다.[54]

이와 같은 대기업과 국가의 밀접한 관련은 오늘날까지 변하지 않았다. 실제로 부자 나라와 가난한 나라 사이의 차이는 창의성이 많은 기업과 부지런한 노동자를 가지고 있느냐에 달려 있다기보다 훨씬 더, 자본주의적 경제가 성장과 높은 수익을 위해 필요로 하는 것들을 제공할 능력을 갖춘 국가냐에 따라서 좌우된다. 약한 국가들은 그런 위치에 있지 않다. 그것은 교육과 연구에서 시작해 인프라 구조, 나아가 법적 보호에 이르기까지 전국 차원에서 국가의 역량과 관련이 있다. 적어도 마찬가지로 중요한 것은 국제적 차원에서 행해지는 국가의 개입이다. 여기에서 무엇보다도, 자금과 외교뿐만 아니라 긴급 상황에는 군사적 수단을 동원해서라도 원자재 시장과 노동시장들을 지켜내기 위해 싸우는 국가의 역량이 중요하다.

전쟁, 상업, 그리고 해적질

전쟁은 이미 초기 자본주의 시대에 결정적인 역할을 했다. "전쟁, 상업, 그리고 해적질은 셋이지만 따로 떼어 하나 하나 분리할 수 없다"는 사실을 괴테는 일찍이 알았고,[55] 기업으로서 파우스트로 하여금 이 원칙에 따라, 그리고 메피스토의 도움으로 자신의 세계 콘체른을 건설하도록 했다. 실제로 자본주의는 그 등장 시기부터 전 세계적이었다. 이렇게 보면 세계화는 전혀 새로울 게 없다. 자본주의와 국제적 상거래는 언제나 붙어 있었고, 따라서 중요한 것은 전 세계의 상업 루트를 지배하는 것이었고 그것은 다른 무엇보다 군사적 역량의 문제였다.

지중해로부터 북유럽으로 세계 상업 중심지의 권력 이전이 일어난 것은 시장과 경쟁에 관련되어 있다기보다 적나라한 폭력과 훨씬 더 관련이 깊다. 약 1570년 이래 지중해 세계는 북유럽 상선과 상인들로부터 끊임없이 공격을 당하고 쫓겨났으며 노략질을 당했다. 세계 최초의 주식회사는 1602년에 세워진 네덜란드의 '통일동인도회사(VOC)'였다. 이 회사에서도, 17세기에 식민지 상업을 목적으로 세워진 다른 상사들에서도 자본주의적 사업과 전쟁 수행 사이의 이행은 물 흐르듯이 진행됐다. 수년 만에 동인도회사는 그들이 거두어들인 수익의 대부분을 물건의 거래에서가 아니라 경쟁하는 상선들의 포획에서 얻었다. 북유럽 사람들이 지중해의 찬란했던 도시들과 겨루어 마침내 승리를 거둔 것은 다른 무엇보다 군사와 대포로 무장한 훨씬 많은 군함 덕분에 중요한 상업 노선들의 통제권을 넘겨받았기에 가능했다.

전쟁자본주의

그럼에도 불구하고 상업 회사들이 얻은 꿈이나 그럴 엄청난 수익은 또 다른 많은 점에서 국가의 지원을 받았기 때문에 가능했다. 특히 유용한 지원은 원거리 상업의 독점을 보장해 준 것과 군단을 꾸려 식민지에서의 약탈을 보호해 준 것이었다. 스벤 베커Sven Becker는 읽을 가치가 있는 그의 책 『목화 왕King Cotton』에서 자본주의의 이러한 초기 형태를 "전쟁자본주의"라고 표현했다.⁵⁶ 전쟁자본주의의 특징은 경쟁이 아니라 폭력이었고, 보장된 소유권이 아니라 토지와 노동자들에 대한 무차별적 착취였으며, 임금노동이 아니라 노예제였다. 그 모든 것을 위해 초기 자본가들은 국가와 그 군사력을 필요로 했다.

경제사가 칼 폴라니 또한 그러한 자본주의 시대의 초기에 있었던 군사적 폭력의 경제적 역할을 풍자적으로 언급했다. "해당 지역이 유럽의 공장주들에게 필요한 풍부한 원자재를 매장하고 있는 것으로 확인되고 미리 협상이 잘 이루어지지 않으면, 원주민들이 …… 갑자기 유럽산 상품들을 가지려는 강력한 욕망을 갖게 되기라도 한 것처럼"⁵⁷ 준비 작업을 수행해야 할 전함이 나타나고 이어서 상거래가 이루어진다. 오늘날에도 완전히 달라지지는 않았다. 어느 시대에나 자본주의는 전쟁자본주의적 특성을 띠고 있었는데, 이익 추구의 공격적 측면에 생명력을 불어넣는 이 냉혹함은 국제적 세력 관계에 따라서 좌우될 뿐이다.

이 점에서 우리가 커다란 분기점라고 믿고 있는 것과 달리 잉글랜드의 산업혁명은 자유기업과 자유 시장을 토대로 등장하지 않았다. 반대로 전쟁자본주의를 통해 영국이 지배하는 국제적 상업 거래망을 형성해 내지 않았다면 일어나지 않았을 것이다. 이 거래망을 통해 인도의 방직 상품과 함께 아프리카 출신 노예들이 팔려 갔고 그들은 다시 유럽 소비자들을 위한 농산품을 생산하기 위해 아메리카의 식민지 농장으로 보내졌다.

이 상업 제국은 동시에 산업혁명의 세 가지 기본적인 전제 조건을 충족시켰다. 첫째로 영국의 상인들과 금융업자들의 손에 후에 산업혁명에 투자할 자본의 폭력적 축적을 안겨 주었다. 둘째로는 잉글랜드의 직물 생산업자들에게 처음부터 국제적 판매시장을 열어 주었다. 이 판매시장 없이는 공장 생산이 아무런 수익을 내지 못했을 정도였는데, 이미 1800년에 영국 산업은 생산품의 3분의 2를 수출 시장을 위해 생산했다. 셋째로 산업화의 결정적인 원자재인 목면을 값싼 가격에 구입할 수 있게 했는데, 목면은 처음에는 인도에서 후에는 아메리카의 노예 농장에서 가져왔다. 이렇게 함으로써 폭발적인 목면 수요가 산업혁명의 동력을 억제했을 수도 있는 엄청난 가격 폭등으로 이어지는 것을 막았다.

국가가 값싼 노동력을 마련하다

그렇지만 영국 국가의 역할은 전함을 동원한 원자재 공급, 상업 노선 확보 그리고 노예제 등에 그치지 않았다. 국가는 국내에서도 산업화에 적극 동참했다. 도로와 운하의 건설, 그리고 그 후 철도와 전화 개설 등이 바로 그런 일이다. 재산권 관계의 사법적 보장과 공유지의 법적 사유화, 그리고 시골 주민들 일부를 이주시킨 일 등 또한 여기에 든다. 생계수단이 없는 가계들에 대한 지원을 거부한 영국의 잔인한 빈민법과 노동조합을 조직하려는 시도를 수년에 걸쳐 탄압한 것도 그런 사례들이다.

국가의 이 모든 조치들은 산업화를 위해 공장이라는 소굴에 필요한 가장 저렴하고 점차 증대하는 노동력의 저수지를 제공하기 위한 배려였다. 국가는 또한 인도산 면방직 제품의 완벽한 유입 금지를 통해 영국 면방직 산업을 보호주의적으로 보호하는 일에서 아주 중요한 역할을 했다. 영국의 공장주들이 세계적으로 다른 모든 생산자들을 압도하게 됐을 때에야 비로소 '자유무역'이 국가 독트린이 됐다.

워싱턴 합의의 반대 프로그램

그러므로 산업혁명은 신자유주의와 워싱턴 합의에 정확하게 반대되는 프로그램이었고 오늘날 저개발 국가들이 빈곤에 대처하는 프로그램이다. 산업혁명을 이룩한 영국의 국가는 결코 유약하지 않았으며 높은 세금과 국채로써 강력하고 분명한 개입을 일삼는 국가였고 이 국가는 자유무역에 토대를 둔 것이 아니라 보호관세에 토대를 두었고 긴급 상황에서는 전쟁과 군사 개입을 수단으로 자국 생산업체에 대한 무조건적 지원에 토대를 둔 그런 국가였다.

유럽 대륙과 미국에서 일어난 산업혁명 역시 그 전형을 따랐다. 나폴

1부 | 성과, 책임, 경쟁
: 자본주의의 치명적인 거짓말

레옹 전쟁의 원인은 프로이센과의 장기간의 불화가 아니었고 러시아의 차르 알렉산더Alexandre와의 견해 차이도 아니었다. 진짜 원인은, 유럽 대륙에서 영국의 공장 생산품에 반해 일종의 해양 봉쇄를 실현하고 그렇게 함으로써 독립적인 프랑스 산업을 육성하려고 한 나폴레옹의 시도였다. 이 해양 봉쇄는 프로이센과 러시아에 의해서도 언제나 다시 나타나곤 했다. 나폴레옹의 몰락은 그래서 프랑스 산업에 심각한 타격이었다.

독일 혹은 미국의 산업화 역시 높은 관세 장벽과 대대적인 국가 지원의 배후에서 이루어졌다. 폴라니의 말에 따르면, 많은 나라들에서 국내 시장은 정부의 의도적이고 폭력적인 개입의 결과로 나타났고 "경제 부문이 국가 통제로부터 서서히 자발적으로 벗어난 결과"로 나타나지 않았다.[58]

자유무역을 통한 정복

마찬가지 이유로 19세기에 이미 중국과 일본처럼 군사적으로 패배한 나라들은 그들의 경제를 관세와 무역 장벽을 통해 보호하지 않는 것을 의무로 규정한 협정에 강제로 서명해야만 했다. 그 결과 그런 곳에서는 산업화가 거의 일어나지 않았고 산업적으로 생산한 수입 상품들과 경쟁할 수 없었던 기존 산업이 사라져 버렸다. 오랫동안 세계에서 가장 부유한 나라에 속했던 중국은 20세기 전반기에 가난한 집안이 됐고 1952년의 주민 1인당 경제적 성과가 1820년보다 오히려 낮았다. 일본의 발흥 그리고 후에 나타난 중국의 발흥은 자유무역을 끝내고 그들의 신생산업들을 보호주의적으로 돌보고 국가적으로 지원했을 때에야 드디어 이루어졌는데, 이전에 산업국가들이 그랬던 그대로이다.

  20세기에 들어와 국가의 보조금 지원, 국가의 연구 자금, 혹은 국가의 외교 정책 및 전쟁 정책 등이 경제적 이해관계에서 차지하는 의미는 오히려 더 중요해졌다. 이때 변함없이 중요했고 지금도 중요한 것은 18세기의 목면에서 20세기와 21세기의 석유에 이르기까지 자국 경제의 원자재의 확보로서, 국가는 이를 위해 군사기구들을 동원해서라도 개입하는 것이 당연하다. 오늘날까지 미국이 세계 세력의 지위를 갖게 된 것은 다른 무엇보다, 중요 원자재로의 접근 혹은 판매 시장의 개척에 필요하다면 군사력을 동원해서라도 개입해 온 그들의 특별한 철저함과 무분별함에 토대를 두고 있다.

  산업국가들, 그리고 대부분의 발전도상 국가들에서 나타난 부와 경제적 동력은 이외의 다른 많은 부문들에서 이루어진 국가 개입의 결과이다. 국가가 부도 직전의 은행들을 지원하기 위해 하룻밤 사이에 수조 달러의 자금을 어떻게 동원했는지를 우리 모두 기억할 것이다. 그 이래 금융업은, 특히 세계적으로 활동하는 거대 은행들은 그들을 위해 무료로 제공하는 국가의 재보험을 영업 수단으로 갖게 됐는데, 그것이 없다면 최소한의 책임 자본으로 극단적인 위기로 뛰어드는 그런 영업 모델들은 더이상 작동하지 않게 될 것이다. 다른 분야에서도 국가는 한편으로는 이윤이 생기지만 다른 한편으로는 위험과 책임이 따르는 사업에 대비하고 있다.

국가를 통한 혁신

신용 대출 및 수출의 보증, 자본 투입, 수십억 유로의 지원, 그리고 자체의 연구 성과 등을 통해 국가는 거의 모든 경제 분야에 영향력을 미치는데, 특히 혁신을 비롯해 기술적 우위를 달성하고 방어하는 것이 중요한 부문에서 그렇다. 실리콘에 기초한 반도체에서 시작해 인터넷, 그리고 위성항법시스템(GPS)까지, 선도적인 의학적 혁신에서 나노 기술에 이르기까지 이런 분야들은 개인 기업이 아니라 국가의 연구실 혹은 납세자들의 돈으로 재정을 대는 개발프로그램에 의해 추진할 수 있는 것들로서 우리가 결정적인 대변혁을 기대하는 분야이다.

실리콘밸리는 초기에 펜타곤(Pentagon)의 지부에 지나지 않았다. 산호세의 군사기지와 마운틴뷰의 나사(Nasa) 연구소 주변에 냉전 시대 방위산업 프로그램과 관련한 수십억 달러의 연구 과제를 기반으로 생존하는 기업들이 들어섰다. 디지털 경제의 많은 거인들이 여기에 기원을 두고 있으며 국가의 지원으로부터 엄청난 혜택을 입었다. 예컨대 애플은 자기 힘으로 차고에서 세계 콘체른으로 높이 솟아오른 자유기업의 성공 프로젝트와는 전혀 거리가 멀다. 그렇다기보다 오히려 이 기업은 1958년 혁신적인 소기업을 위해 세워진 국가의 투자 프로그램, 즉 소기업투자회사(Small Business Investment Companies, SBIC)를 통해 처음부터 미국의 엄청난 재정 지원을 받았으며, 공적 재정 지원을 받아 이룩한 기술들을 극도로 창의적이게도 자사 기계에 채택했다.

애플이 사용한 국가의 재정 지원 기술들

"실제로 아이폰에 채택한 기술들은 단 하나의 예외도 없이 국가의 재정 지원을 받아 개발한 기술들이다."[59] 서섹스 대학 교수로 혁신경제학을 가르치는 이탈리아 출신 미국 경제학자 마리아나 마추카토^{Mariana Mazzucato}는 아이팟과 아이폰 그리고 아이패드를 작동하는 열두 개의 핵심 기술을 나열했다. 즉 마이크로 프로세서, 메모리 칩, 마이크로 하드디스크와 하드디스크 운영체계, 액정 스크린, 리튬-폴리머 축전지와 리튬-이온 축전지, 디지털 신호처리, 인터넷, http와 HTML, 이동통신과 이동통신망, GPS, 클릭 휠을 통한 스티어링, 멀티터치 스크린, 음성인식 SIRI 등이다. 이 모든 핵심 기술들은 공적 자금으로 국가의 책임 아래 발전했다.

마추카토는 이어서, 구글이 그 성공을 빚지고 있는 알고리즘 역시 요즈음 미국 국립과학재단^{National Science Foundation}의 재정으로 살아가는 사람들에 의해 만들어졌다는 것, 바이오 기술 산업의 토대를 이루고 있는 분자 항체는 영국 국립 의료연구협회^{Medical Research Council, MRC}의 실험실에서 발견됐다는 것, 그리고 미국의 혁신적 청년 기업들은 일반적으로 개인의 자본이 아니라 '국가'의 위기관리 자본에서 재정 지원을 받았고 지금도 소기업 혁신 연구 프로그램^{Programm Small Business Innovation Research, SBIR} 같은 것을 이용할 수 있듯이 국가로부터 재정 지원을 받고 있다는 사실을 상기시킨다.

대부분의 나라에서도 그렇고 특히 미국에서는 제약 분야에 많은 지원을 한다. 미국 국립건강연구소^{National Institute of Health}는 매년 300억 달러 이상을 의료 연구에 투자하고 있는데, 그 결과를 이용해 개인 제약 회사들이 이윤을 얻을 수 있다. 국가가 재정을 지원한 연구 결과를 토대로 한 개인의 특허 등록이 허락된 이래 이런 모델이 특히 매력을 끌고 있다.

리스크를 감수하지 않으려는 자본

개인 자본은 사실 겁이 많은 사슴으로, 위험을 두려워하며 안도의 긴 숨을 쉬는 일이 아주 드물다. 혁신기업에 대해서 자주 그렇듯이, 불안정성이 높고 장기간을 기다려야 하는 분야에는 그 성공이 손에 잡힐 때까지 자본을 투입하지 않는다. 개인의 벤처자본은 일반적으로, 주식 상장이나 기업의 전매轉賣가 5년 내지 10년이란 시간대 안에 실현될 것으로 보일 때에야 투입된다. 가능성이 희미하거나 아주 낮고 전망과 경제적 가치가 아직 전혀 불투명해서 정말 불안정성이 높은 곳에는 국가가 재정 지원자로서의 역할을 맡지 않으면 새로운 아이디어는 기회를 얻지 못한다. 개별 기업의 혁신 과정이란 기존의 생산과정이나 상품의 개선, 통합, 확장에 주로 집중하며 그것도 우리가 흔히 보는 바대로 언제나 단기 전망을 갖고 출발한다.

그동안 시장 신뢰성이 불투명하고 국가 부채가 증가한 탓에 세계적으로 국가의 활동이 명백하게 후퇴했다. 연구와 혁신 분야 역시 예외가 아니다. 그다지 놀랄 것도 없이, 국가의 재정 축소와 함께 경제의 혁신 동력 역시 후퇴할 것인데, 적어도 기초가 되는 혁신이 여기에 해당한다.

"실리콘밸리의 하찮은 일"

"실리콘밸리의 하찮은 일"이란 글에서 얼마 전 『한델스블라트』는, 왜 미국에서는 방향 전환을 이룰 만한 발명이 이루어지지 않는가라는 의문을 제기했다. 글쓴이는 우선 이 나라가 BIP*의 계산에 따르면 1970년대와 마찬가지로 오늘날에도 똑같이 많은 자금을 지출한다는 사실을 확인했다. 하지만 지출의 구성은 달라졌다. 즉, "1960년대에 지출의 3분의 2는 국가에서 한 것이었고 3분의 1은 기업에서 투입한 것이었다. 이 비중이 그 이래 거꾸로 바뀌었다." 여기에서 문제는 바로 국가의 연구 방향이 어쩔 수 없이 개인 기업의 그것과 다를 수밖에 없다는 것이다. 즉, "국가는 훨씬 길게 숨을 쉬는데 반해 …… 기업은 단기적인 전망을 갖고 곧바로 이익을 낼 기술의 연구에 집중한다. 실리콘밸리의 모든 빛나는 신성들의 경우 혁신의 전성기는 1950년대부터 1970년대까지였다. 당시 생산성 증가율은 1990년과 2010년 사이보다 약 두 배 정도로 높았다……."

국가의 재정 지원이 없다면 실질적인 혁신을 현실로 만들고 그래서 우리가 에너지 문제를 해결하기 위해 필요로 하는 "혁신적 기술"에서 이룰 수 있는 것은 아무것도 없다. 그 대신 우선 무엇보다 "생산량의 증대에 이바지할 기술", 부분적인 개선 혹은 "겉보기만 그럴듯한 기술," 그러니까 새로운 부가가치를 창출하지는 않지만 어쨌든 판매되는 그런 기술이 나올 뿐이다. 긍정적인 예외로서 『한델스블라트』는 다른 무엇보다 국립건강연구소를 예로 들었는데, 이곳에서는 정말 새로운 것에 실

---

* BIP Investment Partners S.A., 룩셈부르크에 본사를 둔 투자회사로 특히 스타트업에 벤처자본을 제공하거나 룩셈부르크에 기반을 둔 탄탄한 기존 사업에 투자한다.

제로 많은 예산을 투입해 연구를 진행하고 있다.[60]

유럽의 경우, 기존 체제가 여전히 경제적 주류의 이론을 더 강하게 신뢰하는 경향을 띠고 있고 이권 정치의 실용적인 정당화에만 집착하고 있어 위안이 되지 못하는 상황이다. 돈이 부족해서가 아니다. 유럽중앙은행은 금융시장들을 차례로 사냥하기 위해, 그리고 1퍼센트 부자들에게 계속해서 바람을 불어넣기 위해 수십억 유로를 찍어 내고 있다. 이 은행 책임자들이 에너지에서 의료 분야에 이르기까지 착실하게 성장하는 혁신적 사업에 이 자금을 투자할 생각이 거의 없어서 유럽중앙은행은 주변부적인 역할이나마 감당하지 못하고 있다.

산업은 국가라는 아버지를 부르고 있다

독일의 산업 콘체른들 역시 독일의 국가가 그야말로 혁신에 충분히 지원하지 않는 것에 지속적으로 불만을 터뜨리고 있다. 시장이 아마 훨씬 더 개선된 규정을 마련했을지 모르지만 시장에 대한 찬양은 이와 관련해 거의 들리지 않는다. 2012년 당시 뮌헨 지멘스 콘체른의 세계적 연구실 실장과 독일산업연맹 부설 "가치창조 지향 혁신전략"의 팀장이었던 라인홀트 아하츠Reinhold Achatz는 폭스바겐, 라인 - 베스트팔렌 전력RWE, 바이엘화학제약사Bayer, 유럽항공우주국EADS, 화학 콘체른 바스프BASF 그리고 다른 독일 콘체른들의 대표자들과 함께 보고서를 하나 제출했는데, 여기에서 콘체른의 대표들은 더 많은 국가 개입을 강력하게 요구했다.

그렇지 않으면 고가의 상품을 생산하는 주요 부문을 독일에서 외국으로 옮기겠다고 위협했다. 국가의 적극적인 지원을 받아야만 교통, 유전자, 나노, 아이티, 통신 등의 기술과 에너지 공급 분야에서 2030년까지 예상되는 혁신을 따라잡고 위기를 극복할 수 있기 때문이다. 개별 기업 혼자서는 "시장에서 점차 결정적인 혁신을 실현할 수 있는 …… 위치에 설 수 없고"[61] 그래서 산업의 대표 기업이 되기 어렵다(혁신적인 아이디어의 예상수익이 16퍼센트 이하일 경우, 지멘스처럼 그 아이디어를 결코 채택하지 않는다면 더구나 그렇게 될 것이라는 말을 덧붙이고 싶다). 그래서 국가는 혁신적인 기술 연구에 수십억 유로의 세금을 들여 추진하는 것을 의무적인 국가의 과업으로 받아들여야 하고 대기업들에게 실패의 위험을 제거해 주어야 한다. 이 밖에도 정부는 스스로 '기폭제'로서의 역할을 맡아야 하고 기업들은 분야를 넘어 서로 협력하는 방향으로 움직여야 한다.

궁정 서기에 머문 국가의 불개입

국가의 불개입과 시장 만능주의는 그래서 경제의 궁정 서기에게나 어울리는 일이다. 자신의 사업에서 이익을 내는 일을 두고 생각할 때면 누구나 아버지 국가가 얼마나 유용한지를 알게 된다. 독일산업연맹의 운영위원회 위원인 디터 슈베르Dieter Schweer는 아직도 자신들의 요구가 정책에 충분히 반영되지 않은 것으로 나타나자 3년이 지나 다시 한 번 촉구했다. 인터넷과 통신 등 미래 산업 부문 독일 기업들의 불쌍한 대표자들을 앞에 두고 그는 "우리는 연구 개발에서 개인 투자에 대한 좀 더 강력한 국가의 지원을 필요로 한다"고 주장했다.[62] 그러한 토대 위에서 얻어진 이익 중에서 일반 국민이 더 큰 몫을 차지해야 한다는 것은 물론 논쟁의 여지가 없다.

　자본주의 경제의 자유는 국가를 완전히 경제 외부에 세워 두는 데 있는 것이 결코 아니다. 오히려 훨씬 더 국가가 강력하게 개입해 콘체른들을 가능한 한 위험과 자기 책임으로부터 완벽하게 해방하고, 그들의 연구를 재정적으로 지원하며, 그들의 위태로운 사업을 돕고, 국내에서나 국제적으로 그들의 이익을 위해 역할을 하느냐 못하느냐에 성패가 달려 있다. 콘체른들이 더블린, 룩셈부르크, 혹은 델라웨어의 우호적인 지원을 이용해 얻은 소득세의 점차 많은 부분을 국가로부터 사취하는 것을 감안하더라도 말이다.

1부 | 성과, 책임, 경쟁
: 자본주의의 치명적인 거짓말

5

왜 진정한 기업가는
자본주의를 필요로 하지 않는가?

자본주의란 무엇인가? 이 질문은 어감에서 느끼는 것처럼 그렇게 상투적인 질문이 아니다. 아무튼 자본주의란 어떤 경우에도 일반적으로 그렇다고 알고 있는 것과 전혀 다르다는 사실을 약 120여 쪽에 달할 정도로 길게 설명했다. 그것은 시장경제가 아니다. 적어도 진정한 경쟁과 열린 시장들이 경제생활에 결정적인 방향을 설정하지 못한다는 의미에서 그렇다. 또한 그것은 능력 중심 사회도 아니다. 그것으로부터 얻는 최대 수익이 성과를 내지 못하는 자본 소유로부터 나오기 때문이다. 그것은 노력과 부지런함이 계층 상승과 성공을 결정하는 경제 질서도 아니다. 사회의 중간층에서조차 오늘날 개인의 지위는 부모의 가계에 상당히 달려 있고, 그뿐만 아니라 우연과 행운에 의존하며, 최상류층에서는 혈연과 유산이 전적으로 결정한다. 자본주의는 개별 주체가 높은 위험을 감수하면 그만큼 높은 수익을 얻을 수 있는 경제도 아니다. 소수의 콘체른이 지배하거나 신규 참여자가 거의 기회를 얻지 못하게 하는 시장 관련법에 기초해 오히려 위험이 적은 곳에서 최대의 수익을 얻을 수 있으며, 국가가 여러 면에서 기업들을 품에 안고 그 재산 소유자들의 위험을 대부분 제거해 준다.

자본주의가 그런 제도가 아니라면, 자본주의는 도대체 무엇을 위해 유지되는 것이며, 무엇이란 말인가? 간단히 말해서, 자본주의는 '자본을 가지고' 생산한다는 점에서 뿐만 아니라 '자본을 위해', 즉 투입한 자본을 토대로 얻는 수익이 생산의 고유한 목적이라는 점에서 다른 제도와 구별된다. 상품은 이미 존재하는 하나의 수요를 충족시키기 위해서, 혹은 일자리들을 지키기 위해서가 아니라 투입한 자본을 가치로 전환하고 그것에서 가능한 가장 높은 수익을 끌어내기 위해서 이루어진다. 임금은 비용 요소이고, 고객은 목적을 위한 수단이며, 이익이 목표이고, 이 이익은 자본소득의 형태로 분배된다. 돈을 버는 것만이 중요한 일이기 때문에 같은 자본 투자자가 가능한 다양한 분야의 기업들에 투자하거나 이 기업에서 저 기업으로 옮겨 갈 수 있다.

수익이 없는 기업가

성과 없는 소득을 한편으로 하고 열린 시장들과 자유경쟁을 다른 한편으로 한다면 이 둘은 서로 어울릴 수 없다. 주류 국민경제학은 우리가 살아가는 경제 질서가 잘 작동하는 시장들, 진정한 경쟁, 개방된 자본 접근 등으로 이루어져 있다는 사실을 전제로 하기 때문에 지속적인 수익과 자본소득의 존재를 설명하는 데 언제나 어려움을 겪어 왔다.

제대로 작동하는 시장에서는 기업들이 새로운 상품이나 기발한 서비스를 제공하고 그들 외에는 누구도 그런 상품을 내놓지 못한다면 단기적으로 수익을 얻을 수 있다. 혹은 공급보다 수요가 신속하게 성장하는 시장에 나간다면 그럴 것이다. 잠시 동안 그들은 일시적인 독점을 누리게 되지만 언젠가 곧 경쟁자가 그것을 갉아먹게 될 것이다. 장기적으로는 열린 시장에서의 격렬한 경쟁을 통해 기업가는 자신의 고유한 기업적 성취를 보상받을 근거를 상실한다.

마르크스의 이윤 이론

마르크스는 자본주의에서 이윤이 노동자가 자기 노동을 통해 자신의 노동이 자본주의 시장에서 평가받는 것보다 더 많은 가치를 생산한다는 사실에 근거를 둔다는 이론을 우리에게 가르쳐 주었다. 자본가는 노동력을 구매하고 노동의 생산물을 판매하는데, 이 과정에서 자본가는 서로 다른 사람을 상대하기 때문에 평등 교환의 법칙을 손상시키지 않고 이익을 챙긴다. 이 이론은 이윤이 어디에 근거를 두는지 정확하게 서술한 것으로, 이를테면 고용된 노동자들은 자신이 임금으로 받은 것보다 더 많은 것을 만들어 내서, 노동의 수확물 일부가 기업의 소유주에게 넘어간다는 것이다. 그러나 여전히 풀리지 않은 의문은 왜 그러느냐는 것이다.

노동력의 가치와 임금이 노동자가 생산한 상품의 가치보다 자연의 법칙처럼 언제나 낮다면 해결책은 손안에 있는 것이나 다름없다. 즉 노동자가 독립해서 노동을 하고, 가장 좋기로는 아내, 아들, 조카 등과 함께 일해 지금까지 자본가가 떼어 간 이윤을 그들이 챙기게 하면 된다. 이 모델의 문제는 현실에서 그렇게 되지 않는다는 것이다.

물론 전에는 자립해서 일하거나 독립성을 가질 수밖에 없었던 노동자들이 많았다. 그들이 하는 노동이 숙련될수록, 수요가 많을수록, 그 노동을 수행할 수 있는 다른 사람이 적을수록 독립 노동자로서 더 많은 소득을 얻을 기회를 그만큼 많이 가졌다. 그러나 노동이 단순할수록, 같은 노동을 제공하는 다른 경쟁자가 많을수록 일반적으로 상황은 불안정하다. 어떤 사람이 작은 카페를 창업하거나 온라인 서비스를 시작하기 위해 자기가 저축한 모든 돈을 투입했다고 하자. 하지만 그것을 이유로 그에게 이익을 남겨 주기 위해 친절하게도 자기 것을 떼어 줄 사람은 아무도 없다. 젊은 창업자는 은행 융자에 대한 이자만큼이라도 벌어들인다면 대체로 기뻐할 것이다. 경쟁이 치열한 시장들에서 비슷한 활동으로 평균 노동소득보다 훨씬 더 많이 버는 일은 아주 드물고 오히려 소득이 더 적은 경우가 많다. 이런 방법으로 큰 부자가 되는 사람은 거의 없다. 사람들이 무엇을 잘못한 것일까?

전형적인 교과서의 세계: 적합한 생태계는 없다

실제로 다른 방식으로 의문을 제기해 보아야만 한다. 도대체 왜 지속적인 이윤과 성과 없이 얻는 자본소득이 존재하는 것일까? 적어도 효율적인 시장에서는 성과를 내지 않고는 얼마가 됐든 수익을 얻는 사람이 없어야 한다는 사실은 하찮게 볼 일이 아니다.

이윤에서 시작해 보자. 왜냐하면 기업가는 주주들에게 자본소득을 분배하기 위해서 이윤을 만들어 내야 하는데, 그것도 간헐적으로가 아니라 지속적으로 그래야만 하기 때문이다. 확실히 이윤은 (직접적인 투자 수요에 대해 지불해야만 정당하며) 충분한 경쟁이 없을 때라야 얻을 수 있다. 경쟁을 제거하는 방법은 다양하다. 한 가지 방법은 탁월한 품질이나 끊임없는 혁신을 이룩해 경쟁자들을 따돌리거나 더 이상 복제 불가능한 높은 기술력을 증명함으로써 틈새시장을 차지하는 것이다. '히든 챔피언Hidden Champions'이라 부르는 기업들, 비록 매출 규모로 따지면 대기업에 들지 않지만 높은 수익을 실현하는 기업들이 이 길을 간다. 다른 경우는 기존 시장에서 대공급자로서의 지위를 차지한 경우, 높은 자본 투자액이 걸림돌이 되거나 국가가 보호하는 특허권과 지적재산권에 막혀 신규 참여자가 시장에 많이 참여하지 못하는 경우다. 이 길은 거대 산업 콘체른이 가는 길이다.

이처럼 경쟁자들을 배제하거나 적어도 제한할 가능성은 여러 가지이다. 특별히 수요가 많은 생산에 특화하는 경우처럼 많은 경우는 일반 국민의 이익과 완전히 일치한다. 경쟁 기업을 구매하거나 특허를 차단 도구로 활용하는 다른 예들은 일반의 이익과 배치한다. 어떤 수단을 사용하든 마찬가지로 결정적인 것은 제한 경쟁 상태에서 자본주의적 생산이 이루어진다는 것이다. 이와 달리 실제의 경제 관계들이 오늘의 국민경제학 교과서에 서술된 것과 비슷하다면, 즉 많은 공급자들이 표준 상품으로 경쟁을 벌이고 경제 관계들이 시장가격에 거의 영향을 미치지 못하며 신규 참여자들이 나타나 언제나 기존의 기업들을 압박한다면, 자본주의는 자체의 생태계를 갖지 못할 것이다. 이 말은 그 분야에서 기업적 성과를 통해 끊임없이 보상을 받는 성공적인 기업가들조차 활동할 수 없다는 것을 의미하지는 않는다. 그러나 지속적인 이윤과 성과 없는 자본소득은 그런 사업을 기껏 예외로 만들어 버린다.

경쟁을 멀리 결박해 두다

우리가 '강도 귀족'을 다룬 장에서 이미 서술했듯이, 자신의 자본을 원거리 상업에 투입해 얻은 높은 수익에 만족한 이전의 상인들은 다른 무엇보다 제한된 경쟁을 토대로 자신의 부를 얻었다. 원거리 상업은 장거리에 필요한 많은 자본을 투입할 수 있었던 사람들에게만 열려 있었다. 사실 은행의 신용 대출이나 어음 교환으로 일정 정도의 자기자본을 투입한 일이 가끔 있기는 했지만 이미 재산을 가진 사람들에게만 해 볼 수 있는 일이었다. 그래서 아주 적은 소수 계층만이 상품과 고객 사이의 연결을 수중에 장악할 수 있었다. 그것은 매력적인 사업이었다.

자본주의는 대산업에서 이상적인 활동 영역을 발견했고, 대산업의 전형적인 시장 형태는 이미 19세기 말에 나타난 과두지배였다. 즉, 비교적 견실한 시장 지분을 확보한 소수의 대공급자들이 지배하는 시장으로서 여기에서는 신규 참여자들이 기존 업체와 겨루면서 사업을 꾸려가기가 거의 불가능하다. 성과도 없이 소득의 형태로 분배되는 높은 이윤을 지속적으로 얻을 아주 좋은 토양이 마련된 것이다.

서비스 분야에서도 자본주의는 비슷한 조건이 유효한 곳에 발을 들여놓았는데, 소수의 대공급자, 제한 경쟁, 폐쇄된 시장들 등이 존재하는 곳 말이다. 특히 유리한 곳은 물론 디지털 경제로서 확고한 과두제가 되려는 경향뿐 아니라 독점 사업체 또는 독점 공급자가 되려는 경향을 띠고 있는 분야이다. 그 이유는 우리가 이미 살펴본 바대로 그 분야에서는, 특정한 응용 프로그램을 한 번 개발하면 그 복제에는 더 이상 거의 비용이 들지 않는다는 특히 대단한 유리함뿐만 아니라, 추가적인 네트워크 효과까지 있기 때문이다. 그래서 일단 표준으로서 확고한 지위를 얻기만 하면 그 업체는 실제로 더 이상 밀려나지 않는다.

"경쟁과 자본주의는 모순이다"

지속적인 이윤을 얻고자 하는 사람이라면 가능한 한 경쟁자가 적어지도록 신경을 써야 한다. 탁월한 품질과 혁신력을 통해서, 혹은 특허권과 국가가 제공한 여타 특권을 통해서, 또는 단순히 명백한 유리함과 높은 자본 규모의 필요 등을 통해서, 그리고 디지털 네트워크 효과를 통해서 경쟁자를 멀리 따돌릴 수만 있다면 그 회사는 차별화를 이룰 수 있다. 반대로 경쟁자의 추격을 아슬아슬하게 따돌려 겨우 2류에 머물거나 누구나 선호하는 널리 알려진 방법들은 경제적 손실을 주는 방법들이다.

아무튼, 이미 인용한 페이팔의 창업자이자 실리콘밸리의 억만장자 피터 틸의 말이 옳았다. 틸은 "실제로 자본주의는 경쟁의 반대이다. 자본주의는 자본의 축적에 토대를 두고 있으며 완벽한 경쟁 상태에서는 전체 이윤을 경쟁 투쟁에 희생양으로 바쳐야 한다"고 썼다.[63] 그는 간단히 "경쟁과 자본주의는 모순이다"라는 결론을 내렸다.[64] 맞다. 그럼에도 틸은 그의 의도와 달리 경쟁에 반대하는 것이 아니라 실은 자본주의에 반대하는 발언을 하고 있다.

자본을 위한 독점의 대가

이로써 지속적인 이윤이 어떻게 만들어지는지 밝혀졌다. 그러나 왜 성과 없는 자본소득이 존재하는가? 어쨌든 기업은 이윤을 보유할 수도 있고 투자할 수도 있다. 우리가 보았듯이, 자본이란 소비를 줄이거나 저축에서 나오는 것이 아니기 때문에 자본소득은 소비 축소에 대한 보상이 아니다. 또한 자본이 노동을 통해서, 자본을 가진 사람의 노동을 통해서 형성되지 않기 때문에 어떤 형태이든 노동 성과에 대한 보상 역시 아니다. 그리고 위험을 토대로 해서 형성되는 것도 아니다. 확고한 기존 콘체른의 지분 소유자의 위험보다 젊은 창업자에게 따르는 위험이 의심의 여지없이 더 높기 때문이다.

성과 없는 자본소득이 존재하는 가장 자주 거론되는 이유는 이렇다. 오로지 자본 투자자 덕분에 기업가가 기업을 창업하고 노동자가 노동을 할 수 있다는 것인데, 적어도 필요 자본이 보통 소득자의 가계 저축을 훨씬 넘어서는 분야에서는 그렇다. 이 논거는 실제로 핵심을 찌른다. 즉, 우리 경제 성과의 거의 3분의 1에 달하는, 성과 없는 자본소득은 오늘의 경제 질서에서 대부분의 사람이 자본에 직접 접근할 수가 없고, 아무것도 받지 못한다는 바로 이 이유 때문에 나타났다.

이 책의 제2부에서 그것이 반드시 그래야만 하는 당연한 것이 아니라는 사실과 자본으로의 접근이 민주화된 경제는 현실에 존재하는 경제보다 훨씬 더 혁신적이고 더 많은 동력을 갖게 될 것이라는 사실을 설명하겠다. 오늘의 환경에서 형성되는 성과 없는 자본소득은 단지 우리가 지불해야만 하는 독점의 대가일 따름인데, 기존의 소유권 질서가 사회적 소수의 수중에 자본을 집중시켜 주기 때문이다.

저축은 이미 오래전부터 더 이상 모자라지 않다. 오히려 서양 국민경제에서는 풍부하다. 그리고 은행은 더 이상 저축에 대한 이자를 저축자들에게 지불하지 않는다. 그러나 자본은 모자라고 그것을 처분할 수 있는 사람이 투자와 일자리를 결정하고 있다. 그래서 자본을 수단으로 변함없이 여전히 엄청난 수익을 벌어들인다.

"……독립은 대가를 지불해야 한다."

물론 우리 경제 질서 안에는 기업을 매력적인 시설 오브제로 보는 수익 사냥꾼들만 있는 것이 아니라 진정한 기업가들도 많다. 그들은 임직원들과 공동으로 경제적 동력, 혁신, 그리고 좋은 상품을 만들기 위해 노력한다. 그러나 기업가가 자본주의를 필요로 할 것이라는 전제는 커다란 오류이다. 자본주의는 자본으로의 접근이 어렵다는 바로 그 사실 때문에 그들을 방해하며 생존을 어렵게 만든다.

이미 슘페터는 많은 회사에서 기업가와 자본 투자자 사이에 이해관계의 대립이 있다는 사실을 분명히 인식했다. 말할 것도 없이 기업 창업자는 투자를 위해 구매력, 즉 자본을 필요로 한다. 부유한 집안 출신이 아니라면 기업가는 그 수단을 스스로 마련할 수 없기 때문에, 슘페터가 강조한 대로 "생산수단의 사적 소유는 그에게 방해가 된다".[65] 부를 적게 가진 가정에서 태어난 기업 창업자는 그에게 필요한 자본을 다른 사람으로부터 가져와야 한다. 거기에 성공했더라도 대부분 그 자본은 충분치 않아서 자본 투자자가 법적 소유자로서 직접 그 기업에 영향을 미치기 때문에 그는 의존성을 탈피할 수 없는 상태에 이르게 된다.

엔지니어 고틀리프 다임러Gottlieb Daimler는 "……그리고 나는 이제 나의 독립성을 대가로 지불해야 하고 다른 사람이 어떻게 일하는지를 그저 바라보기만 해야 한다"고 중얼거렸다.[66] 빌헬름 마이바흐Wilhelm Maybach와 함께 최초로 가속 벤진 모터를 만들었고 최초의 연소 모터를 장착한 네 바퀴 자동차를 설계한 다임러는 다임러자동차주식회사의 창업에 자본 투자자로 참여한 산업가 두텐호퍼Max Duttenhofer 및 로렌츠Carl Lorenz와 지분을 나누어야 했을 때 그렇게 말했다. 많은 기업의 역사는 천재적인 엔지니어와 용감한 기업 창업자의 역사이고, 그들은 외부 자본 투자자를 끌어들임으로써 그들의 독립성을 잃어버렸고, 그때부터 에너지의 일부를 지분 소유자들과의 갈등과 대립을 견디는 데 소비해야만 했다. 그런 갈등이 원래 기술을 고안한 창업자가 지친 나머지 기업을 떠나는 것으로 끝난 사례가 드물지 않았다.

야비한 맘몬이 정신을 지배하다

『생산품의 배후 인물들Die Person hinter dem Produkt』이란 책은 그들의 아이디어로 오늘의 닥스 콘체른의 기초를 닦은 40명의 성공한 기술자들과 기업 창업자들에 관해 이야기한다. 결론적으로 이 전기傳記의 결과는 이렇게 끝난다. "그들의 발명과 함께 발명가들이 그들의 독립성을 잃어버린 사례들이 아주 잦았다. 오늘날 위험자본이라고 부르는 것이 무엇인지를 그들은 가르쳐 준다. 그것은 니콜라우스 오토$^{Nikolaus\ Otto}$, 고틀리프 다임러, 그리고 카를 벤츠$^{Karl\ Benz}$와 같은 자동차 선구자들에게 일어났던 일과 다르지 않았다. 그들은 그들의 특허로부터 이익을 얻는 사람들, 즉 그들에게 자본을 투자한 사람들과 때로 아주 힘든 갈등을 버텨내야 했다."[67]

위의 전기는 주로 19세기 말과 20세기 초의 기업가들과 관련이 있지만 미국의 경제학자이자 경제트렌드연구소$^{Foundation\ on\ Economic\ Trend}$의 대표 제러미 리프킨$^{Jeremy\ Rifkin}$은 현대에도 마찬가지 상황이라고 서술했다. "지난 수년 동안 내가 알게 된 많은 기업가들은 창의적인 행위 자체에서 멀리 벗어나 야비한 맘몬의 지배를 받는 것 같았다. 기업이 성숙하고 증권시장에 상장되어 오로지 그들이 투자한 것의 수익에만 관심을 두는 주주들이 이사진을 차지하기만 하면 곧바로 일반적으로 금융이란 물신物神이 활동을 시작한다. 전문 경영인들에 의해 자신이 세운 기업에서 쫓겨난 기업가들의 역사는 셀 수 없이 많다. 전문 경영인들은 창의적인 기업을 '재정적으로 책임을 지는' 사업으로 만들기 위해서 이사진을 장악한 사람들이고, 완곡하게 말하면 다른 무엇보다 이익 지향적인 투자자들의 대변인들이다."[68] 창의적인 기업을 자본주의적 기업으로 만들기 위해 이사진을 차지한 사람들이라고 말할 수도 있을 것이다.

불평등을 낳는 원리

경쟁, 경제적 동력, 성과 원칙, 번영에 의미를 두는 대부분의 경제학자들은 충분한 근거를 가지고 자본주의를 좋게 평가하지 않았다. 질서자유주의 경제학자 알렉산더 뤼스토브는 "저급 신학으로 절대화한 자유방임의 결과로 퇴보한 19, 20세기의 경제, 즉 선택 지원주의적, 독점주의적, 보호주의적, 그리고 과점주의적인 경제"를 비난했다. "그 경제란 우리가 '자본주의적' 혹은 '자본주의'라고 부르는 것으로서, 자유주의 경제 이론의 정상적인 대상인 완벽한 경쟁의 자유 시장경제"와는 전혀 다른 것이다.[69] 사람들은 "신에게 맡겨 두고자 했으며 그래서 결국 악마에게, 다른 사람을 희생하여 부자가 되려고 노력하는 악마, 권력을 탐하고 횡포를 휘두르는 악마에게 마음대로 할 수 있는 여지를 주었다."[70]

루트비히 에르하르트는 그의 스승이자 정치경제학자였던 프란츠 오펜하이머*에 대해 이렇게 썼다. "그는 '자본주의'를 불평등을 낳는 원리로, 지겨운 획일화와는 거리가 멀지만 자본주의는 바로 그 불평등을 확고하게 하는 원리라고 이해했다. 다른 한편으로 그는 공산주의를 몹시 싫어했는데, 그것이 어쩔 수 없이 부자유를 가져올 수밖에 없다는 이유에서였다. 그래서 다른 길, 제3의 길이 있어야 하는데, 그것이 행운의 종합이자 하나의 해결책이라고 그는 보았다."[71]

진정한 기업가는 자본주의를 필요로 하지 않게 될 것이다. 자본주의와 함께 자본 접근의 배타성이 사라지게 되고 그와 결합된 가능성, 즉

• Franz Oppenheimer(1864-1943). 독일의 질서자유주의 철학과 사회적 시장경제로 가는 다리를 놓았다는 평가를 받는다. 에르하르트를 비롯해 오이켄, 뤼스토브, 뵘 등이 모두 그의 제자이거나 토론그룹에 참여했다. 경쟁과 사회적 책임의 강조 및 카르텔과 독점에 대한 에르하르트의 반대 역시 그의 영향을 받았다.

다른 사람의 노동을 자신의 성과 없는 소득으로 전환할 가능성 또한 사라지게 된다면 말이다.

2부

경제 봉건주의 대신 진정한 시장경제

: 새로운 경제 질서의 기본 방향

"새로운 질서를 도입하는 것은 어떤 것보다 더 어렵고 더 불확실하고 그리고 더 위험을 무릅쓰고 실현해야만 한다. 왜냐하면 새로운 질서를 도입하고자 하는 사람은 낡은 질서로부터 유익을 얻던 모든 사람들을 적으로 가져야 할 뿐만 아니라 새로운 질서로부터 미래에 유익을 얻게 될 사람들로부터도 기껏 반신반의하는 지지를 얻을 수 있을 뿐이기 때문이다. 아직 개인적인 경험을 거쳐 알지 못한 새로운 일을 인간은 실질적으로 믿지 않는다는 사실이 …… 그 원인의 일부이다."

―니콜로 마키아벨리 Niccolò Machiavelli, 『군주론』, 1532

6

무엇이 우리를 풍요롭게 하는가?

 우리가 다음과 같은 결정적인 질문을 제기하는 것조차 가로막을 정도로 시장에 대한 신뢰가 지배적이라는 사실은 당혹스러운 일이다. 한 사회를 생산적이고 창조적이며 번영하게 만드는 것은 실질적으로 무엇인가? 어떤 동기나 세력 관계가 번영의 상실과 경제적 붕괴를 가져오는가? 행복한 삶을 위해 우리에게는 어떤 경제 제도가 필요하며 무엇이 그것을 방해하는가?

 우리 중 많은 사람은 우리의 사회제도들이 갖는 의미에 관해 생각하는 일을 포기했다. 시장이 생산하는 것은 효율적이며 그렇지 않다면 아예 통하지도 않았을 것이라는 말을 마치 주문呪文처럼 반복할 따름이다. 이와 관련해 우리는 이미 앞 장에서, 우리의 경제생활이 자연스러운 시장 결정들의 결과라기 하기에는 그 정도가 너무나 적다는 것을 살펴보았다. 익명의 시장들이 우리를 지배하고 있다는 그릇된 상상에 빠져 강력한 경제적 이익집단들이 오래 전부터 시장에서 주도권을 차지하고 있다는 사실을 알아채지 못하고 있다.

사회적 관계는 우리의 과제

우리의 소유 질서, 화폐 질서, 통화 제도는 정치적 결정들을 (그리고 실패들을) 통해 나타난 제도들이다. 그것들은 항상 있었던 것이 아니다. 지난 수십 년을 거치며 아마도 새로운 디지털 기술의 영향 아래 부분적으로 심하게 변화했다. 말할 것도 없이 우리는 그것을 바꿀 수 있다. 만약 우리가 그것들이 지금의 형태로는 작동하지 않는다는 결론에 도달한다면 말이다. 그것들이 소수를 유익하게 할 뿐 대다수에게 불리하게 작용한다는 사실을 알면서도 우리가 거기에 순응해야 할 이유는 없으며 그것을 바꾸는 것이 우리들의 일이다.

그 변화는 변화의 가능성을 우리가 인식하도록 만드는 일로부터 출발한다. 우리 각각의 사람은 1만 유로를 버튼을 눌러 자신의 계좌에서 싱가포르나 파나마로 보낼 수 있는 권리 혹은 그것으로 월스트리트의 주식을 살 수 있는 권리를 갖고 있다. 언제나 그랬던 것은 아니다. 대부분의 사람들이 일생에 한 번도 행사해 보지 못하는 이 권리가, 이를테면 세금 회피와 국가의 강탈에 가까운 자유로운 자본 유통의 수많은 단점들을 받아들여야 할 만큼 실제로 그토록 신성한 것인가? 그보다는 능력 있는 기업 창업자가 자본 형성의 문제에 부딪혀 절망하지 않아도 되는 금융제도를 갖는 것이 우리의 번영에 대단히 중요하지 않을까?

잊혀진 문명

인류 역사는 늘 두 가지 측면을 보여 준다. 한편으로는 발명 정신을 자극하고 생산기술을 개선하고 적어도 인류 대부분의 생활수준이 눈에 띄게 향상된 사회적 번영의 단계들이 있었던 반면, 다른 한편으로는 위대한 문명이 파괴되고 이미 이룩한 기술적 지식을 잊어버리고 삶이 더 거칠어지거나 불행해지고 더 가난해진 시대들이 있었다. 위대한 제도의 진보와 쇠퇴의 사례로 가장 잘 알려진 역사는 로마제국의 역사로서, 기원 전 수 세기 전에 제국이 시작된 시기부터 5세기와 7세기 사이에 일련의 전쟁과 약탈이 있은 후에 도래한 쇠퇴에 이르기까지의 기간이다. 때로 단기간이기는 했지만 인도 문화, 고대 이집트 혹은 고대 그리스가 이와 비슷했다. 중국의 역사에도 수많은 전성기와 뒤따라 온 붕괴의 시대들이 있었다.

때로 사회를 불안정하게 만들고 경제적 쇠퇴로 이끌어 간 것은 전쟁과 시민전쟁이었다. 그 사례들은 쉽게 찾아 볼 수 있다. 더 많은 사람들이 생애 동안 생산과 상업을 돌보는 대신 전쟁에 동원되어 황폐해질수록, 그러니까 건설 대신 파괴에 나설수록 사회는 그만큼 더 가난해진다. 전쟁과 시민전쟁을 오랜 기간 수행하면 불안정성이 높아지고 커다란 프로젝트에 투자하기가 거의 어렵게 된다. 위험한 운송로는 상업에 해를 끼치거나 심지어 완전히 사라지게 만들기도 한다. 아주 많은 수의 부품들이 있을 때에만 수익을 내는 기술들은 더 이상 의미가 없다. 그것들은 더 이상 사용되지 않고 언젠가 잊혀버린다.

로마제국이 붕괴한 후 옛 로마의 도로들로 형성된 전 유럽 도로망이 황폐해졌고 도시들은 위축됐으며, 농부들은 생계 노동으로 되돌아갔고, 대저택들이 있던 자리에는 오두막과 천막집들이 들어섰다. 겨우 극소수 사람만 읽기와 쓰기를 익혔다. 훌륭한 교육과 건강 제도를 겸비해 전에는 존중받을 만한 발전 수준을 이룩했지만 전쟁과 시민전쟁을 통해 폐허가 된 나라들의 최근 사례들은 근동과 북아프리카에서 찾아볼 수 있다. 이라크와 시리아가 여기에 속하고 리비아도 마찬가지다. 이 나라들은 그 사이에 이전에 이룩한 번영을 거의 모두 잃어버렸다.

특권이 부른 쇠퇴

이와 반대 현상으로 평화 시대의 쇠퇴도 있는데, 이 경우에는 오히려 안정성이 실제로 그 원인이었다. 미국의 경제학자 맨서 올슨^{Mancur Olson}은 최초로 이 현상들을 연구했고 그의 이론의 중심은 민족들의 발흥과 쇠퇴이다. 올슨의 출발점은, 비슷한 이해관계를 가진 크기가 작은 사회집단이 큰 집단보다 대체로 더 잘 조직화할 수 있다는 주장이다. 한 사회의 상류층에 비교적 작은 그룹이 포진하기 때문에 그런 사회가 특별히 잘 조직될 수 있고 연결될 수 있다는 것이다. 실제로 그럴수록 한 제도는 오랜 기간 동안 더 안정적이다.

그런 제도가 잘 작동하면 인간은 그 상태를 기꺼이 유지하려고 하고 그들의 자녀들에게 물려주고 싶기 때문에 특권층은 자신들의 지위를 가능한 한 성과에 얽매이지 않도록 확립한 다음 자기 후손들에게 물려주려고 한다. 그래서 사회의 최상층부에서 지속적인 안정에도 불구하고 올슨이 "배타적 분배제휴^{exklusive Verteilungskoalition}"라고 부른 현상이 신속하게 나타난다. 이른바 스스로 구성한 엘리트층에 아직 들지 못한 사회 구성원이 이 배타적 그룹의 일부가 되는 것을 방해하는 것이 사회의 규칙으로 등장한다는 것이다. 그런 규칙은 귀족의 세습 원칙일 수도 있고 자본으로의 접근을 세습 유산에 우선적으로 부여하는 소유권일 수도 있다.

물론 '배타적' 제도들은 상류층의 확립을 위해서만 등장하지 않는다. 다른 분야에도 역시 그런 제도들이 있다. 가장 결정적으로 중요한 것은, 상대적으로 소수 이익집단이 사회의 주도권을 완전히 장악해 밥벌이가 되는 사업에 접근하는 한편 외부인들을 거부하고 가능하면 자기 후손들에게 특권적 접근 권리를 확보해 주는 것이다. '배타적 제도들'은 그래서 능력이나 성과에 대해 보상하는 대신 출신과 혈연을 중시한다. 결국 잠재적인 경쟁자들을 제거하는 것과 이를 통해 성과 없는 소득을 취하는 것이 중요한 일이다. 고대와 봉건 시대만이 아니라 자본주의 역시 우리가 이미 본 바대로 많은 분야에서 배타적 구조들에 토대를 두고 있다. 그것들이 사회적 삶을 지배하면 주민 대부분의 창의성과 재능이 기회를 얻지 못하기 때문에 해당 경제는 지지부진하고 역동적이지 않게 된다.

중국 고위 관료의 선발

'포용적 제도들'은 올슨에 따르면 정확히 배타적 제도들의 반대이다. 필요한 재능이나 지식을 갖춘 모든 사람들에게 열려 있다. 포용적 사회에서는 그래서 각 사람이 어떤 사회 계층 출신이든 간에 자신의 진정한 능력을 최정상으로 끌어올린다. 완벽하게 이런 형태의 사회는 아직 존재하지 않았지만 한 사회가 이런 이상에 가까울수록 더 잘 발전할 수 있는데, 왜냐하면 그 사회는 창조적이며 지적인 잠재력을 더 많이 끌어낼 수 있기 때문이다.

옛 중국은 14세기부터 17세기 사이 명(明) 왕조 시대에 위대한 전성기를 누렸다. 이 시대의 특성은 국가의 고위 관료들을 임명할 때의 선발 제도였다. 당시 유럽 정치 지도부의 기능은 전적으로 세습됐던 반면 중국 고위 관료의 지위는 누구나 오를 수 있었다. 고위 관직에 지원하고 싶은 사람은 누구나 복잡한 시험 제도를 통과해야 하고 지원자 가운데 최고 100명 안에 든 사람은 누구나 마침내 직책을 얻었다. 이 제도의 결과로 빈곤층 후손들이 중국 관료 위계의 최고위에 오르는 일이 역사가 페르낭 브로델이 확인한 바대로 "19세기 서구 대학들에서 그랬던 것보다 오히려 훨씬 더 쉬웠다".[72] 이것은 사회적 동원 역량뿐만 아니라 무엇보다 국가 관리의 질을 높이는 데 이바지했다.

베네치아의 코멘다

상업 도시 베네치아의 전성기 역시 당시의 사회적 관계에서는 특별하다고 할 사회적 상승 가능성과 결합되어 있었다. 이 경우에는 상업 활동에 관한 특수한 법률이 그런 역할을 했는데, 부유한 집안 출신이 아니고 자본을 동원할 수도 없지만 위험을 마다하지 않는 젊은이들에게 상위로 올라갈 수 있는 물길을 터주었다. 코멘다(Commenda)라고 하는 이 법률은, 하나의 거래 임무를 수행하는 두 명의 상인으로 구성된 파트너십이었다. 여기에서 특별한 점은 두 명 중 한 명만 자본을 갖고 있어야 한다는 것인데, 자본 소유자는 공동의 프로젝트 재정 지원자로서 베네치아에 머물고 다른 한 사람은 화물을 가지고 장거리 여행의 위험과 불안정성을 떠맡았다. 모든 것을 성공적으로 이루었을 경우 상업 여행을 한 상인은 이익의 25퍼센트를 받았다. 그가 만약 초기에 약간의 돈을 나누어 댔다면 그가 갖는 이익은 절반까지 오르기도 했다.

이 코멘다 제도 덕분에, 기록이 전해지는 960, 971, 981년의 베네치아 상류층 리스트에 신규 가입자가 다수를 차지했다. 그와 반대로 구엘리트 출신 가계는 줄어들었고 그들의 특권적 지위는 후손들에게 세습되지 않았다. 한 번 상류층에 오른 사람들에게 이 제도는 무조건 좋은 것만은 아니었다. 이 제도는 14세기에 사라졌다. 베네치아 귀족들은 스스로 세습 귀족이 되어 자기 자식에게만 한 번 세습이 가능하도록 법을 바꾸기로 결정했다. 코멘다는 금지됐다. 이미 엘리트층에 오른 사람은 매력적인 상거래 노선을 계속해서 혼자서 통제했고 그 이익을 다른 누구와도 나누지 않았다. 이런 급격한 변화를 역사는 세라타^{serrata}, 즉 '폐쇄'로 기록하고 있다.

현장 노동자 아인슈타인

그러한 '폐쇄'는 공동체에는 언제나 번영의 상실을 의미한다. 이론적으로 모든 사람이 물리학자가 될 수 있는 사회는 소수 계층만이 수학과 물리학의 기본 지식을 나누어 받는 사회보다 더 좋은 물리학자를 가질 수 있다. 후자 사회의 경우에는 아인슈타인이 인정을 받지 못한 채 문자를 모르는 현장 노동자로 생을 마감할 위험이 훨씬 더 크다. 그리고 원칙적으로 능력과 훌륭한 아이디어를 갖고 있기만 하면 누구나 기업을 창업할 수 있는 사회는 일반적으로 동원할 수 있는 스타트 금융 지원 없이는 그 활동이 소수에게만 열려 있는 사회와 비교해서 더 좋은 기업가를 갖게 될 것이다. 이 점과 관련하여 자본주의 제도는 창의성과 재능의 엄청난 소비를 불러왔다. 가장 능력 있는 기업가일지라도 충분한 자본이 없이는 실패한 기업가로 마감하게 될 것이다. 만약 그가 현명한 예상으로 기업 창업을 아예 접어 버리지 않는다면 말이다.

우리는 산업국가들에서 자본주의는 그 최상의 시대에 이르러, 이를테면 제2차 세계대전 후 수십 년 동안 비록 최상위까지는 결코 아니지만 많은 사람들에게 계층 상승의 가능성을 제공했다는 것을 앞서 살펴보았다. 이 시기의 거대한 동력은 사회제도의 개방성과 침투 가능성에 의해 이룩됐다. 하나의 열쇠는 대학에까지 이르는 교육의 민주화였다. 마찬가지로 중요한 것은 소득이 높은 많은 일자리들이 공공 부문과 사적 경제 모두에 존재했다는 사실인데, 이 자리들에 자본을 동원하지 않고도 도달할 수 있었다. 이런 일은 유감스럽게도 지금은 오직 상류층에게만 일어나고 있다.

현대의 문맹

지금은 이미 좋은 시절이 지났다. 그 사이 빈곤층 어린이들은 다시 높은 교육을 받지 못하고 있으며 그 일부는 심지어 계산, 쓰기, 읽기 능력조차 갖추지 못하고 자란다. 많은 아이들이 여전히 모국어를 완벽하게 습득하지 못할 뿐 아니라 독일어 문법 규칙을 무시한 채 단문에 사용하는 최소한의 단어만을 겨우 알고 있다. 이런 결함은 유치원 시기나 초등학교 1학년 반에서 쉽게 교정할 수 있다. 그럼에도 불구하고 재정 지원이 만성적으로 부족해 충분한 교육 인력과 현대적인 기술적 보조 수단을 거의 갖추지 못한 교육제도 안에서는 잘 안 되고 있다. 바로잡지 않는다면 젊은이들의 취업 기회는 적당한 표현을 찾지 못할 정도로 좁아진다는 것을 쉽게 예상할 수 있다.

현대의 경제 질서는 정의라는 당위에서 뿐만 아니라 경제적 합리주의라는 측면에서조차 한 어린이의 장래가 가능한 한 가정환경에 의해 결정되지 않고 그 아이 자신의 능력에 의해 더 많이 좌우되는 제도들을 마련해야 할 것이다. 가장 시급한 전제는 그러한 능력에 기회를 주는 교육제도, 아니 그것을 발견할 교육제도이다. 성과에 따른 상승 기회라는 능력주의 이상은 유럽의 계몽주의 이래 요구되어 온 평등권으로서, 봉건적 특권과 세습적 우선권의 반대였다. 오늘날까지 그것을 실현하지 못하고 있다.

한 사회를 풍요롭게 만드는 것은 무엇인가라는 질문에 대한 답의 일부는 그래서, 한 사회는 창조적이고 지적인 잠재력을 더 잘 사용할수록 풍요로워진다는 것이다. 배타적 제도들은 그 길에 방해가 된다. 장기간에 걸쳐 안정을 유지하는 모든 사회는 그런 배타적 제도들을 형성하는 경향을 띠기 때문에, 특권 지대를 철폐하려는 노력에 맞서 효율적인 차단벽을 설치할 수밖에 없다.

노동 절약적 진보

그러나 그것은 절반의 진실에 지나지 않는다. 말할 것도 없이 인간은 사회적 창의력을 폭발시킬 수도 있고 무서운 목표를 추진할 수도 한다. 원자폭탄 역시 창의적인 정신에 의해 발명됐다. 모든 기술적 진보가 바람직한 것은 아니며 많은 것들은 우리의 삶의 토대를 파괴한다. 어떤 기술들과 혁신들이 진정으로 더 나은 삶을 가능하게 하는가? 우리의 발명 결과를 그러한 진보에 우선 집중하게 하려면 어떤 경제적 동기가 필요한가?

확실한 것은 물질적 번영은 은행 계좌에 얼마나 많은 돈을 가졌느냐에 달려 있지 않고 이 돈으로 무엇을 살 수 있는가에 달려 있다는 것이다. 우리는 특정 시간대에 우리 경제가 생산한 것을 살 수 있는데, 사용하는 기술에 따라 상품이 달라진다. 농업에서는 그것이 손에 달려 있었다. 나무 쟁기와 소나 말을 이용해 경작하던 시절에는 주민의 대부분은 농촌에서 살면서 일해야 했는데, 그렇지 않으면 사회가 굶을 수밖에 없었기 때문이다. 오늘날에는 현대적 기술로 한 농부가 100헥타르의 경작지를 가꾸고 혼자서 소읍의 식량을 댈 수 있을 정도이다. 그래서 대부분의 사람이 다른 일에 매달릴 수 있다. 이런 기술적 진보 없이 산업화는 결코 기회를 얻지 못했을 것이다.

산업 영역에서도 그런 일이 반복해서 나타났다. 19세기 1880년대에는 가장 값이 싼 자전거를 사려고 해도 보통 노동자가 여섯 달치 급료를 몽땅 쏟아 부어야 했다. 물론 이 말은 그가 자전거를 살 수 없었다는 것을 의미한다. 그런데 그 생산비가 1910년에 이르면 한 달 급료로 충분할 정도로 아주 낮아졌다. 오늘날 평균 소득을 버는 노동자는 채1주일을 일하지 않아도 값비싼 자전거를 살 수 있다. 자동차 역시 정상적인 직장인이면 그 값을 일정 기간 안에 벌 수 있을 만큼 대중적인 소비재가 됐다. 1908년 미국에서 표준 모델을 구매하려면 평균 소득을 기준으로 4,700시간의 노동시간이 필요했지만 오늘날 중형 자동차 가격은 약 1,000시간의 노동만으로 구입할 수 있다.

이런 가격 하락을 뒷받침하는 결정적인 요소는 노동집약적 기술의 채택이다. 오늘날 대부분의 물품 생산에는 한 세기 혹은 두 세기 전보다 훨씬 더 적은 노동의 수고가 요구된다. 오늘날 우리가 먹는 빵에 이전 시대보다 훨씬 적은 노동을 투입하는 것처럼 말이다. 이런 노동 절약은 같은 시간에 상대적으로 더 다양한 것들을 생산할 수 있다는 것을 의미한다. 이것이 우리가 왜 우리 조상보다 더 잘 사는지에 대한 본질적 근거이다. 이런 의미에서 이렇게 말할 수 있으리라. 즉, 어떤 경제가 노동 절약적 생산과정을 이용해 새롭고 유용한 물품이나 서비스를 개발하고 제공하려는 동기를 부여하기만 한다면 그 경제는 우리를 더 풍요롭게 할 것이다.

너무 일찍 태어난 발명가

그래서 인간이 새로운 노동 절약 생산과정이나 새로운 상품 등 새로운 것을 생각해 낼 환경이 존재해야만 한다. 그리고 새로운 아이디어를 실천에 옮길 동기를 부여해야 한다. 그것이 하찮게 보일지 모르나 그렇지 않다. 경제의 역사에는 너무 일찍 나타나거나 적합하지 않은 환경에서 개발되어서 오랜 시간 혹은 영원히 보관 창고로 사라진 발명들이 많다.

증기 기계들은 아르키메데스Archimedes 이래 이미 알려진 원리에 토대를 둔다. 그렇다면 고대 로마인들이 그런 기계들을 만들었을 법하지만 그들은 무료로 일을 시킬 수 있는 노예들을 이용했다. 1313년 중국인 왕정Wang Zhen은 "대마실로 옷감을 짜는 기계"에 관해 서술했다. 그 기계는 산업혁명에서 중요한 기계였던 제니 방적기Spinning Jenny와 수력기Waterframe에 아주 가까운 것이었다. 그러나 그는 그것으로 아무것도 성취하지 못했고 누구도 그 기계를 만들거나 실현해 내지 못했다. 1589년 잉글랜드에서 윌리엄 리William Lee는 거의 노동력을 들이지 않고 직물 생산을 획기적으로 증산할 수 있는 뜨개질 기계를 조립했다. 그는 엘리자베스Elisabeth 1세에게 그것을 보여 주었다. 그러나 잉글랜드의 이 여왕은 그것이 힘들게 손노동으로 양모 손질을 해서 살아가는 사람들에게 끔찍한 결과를 가져올 것이라는 이유로 싸늘하게 그를 집으로 돌려보냈다. 자본주의가 등장한 후에는 더 이상 그런 배려를 할 수 없었다.

이익 계산은 노동력을 절감하는 기술을 채택해 새로운 상품과 서비스를 시장에 내놓을 강력한 동기이다. 아직 아무도 공급하지 않은 새로운 어떤 것을 생산한 사람은 성공할 경우 높은 이익을 얻을 수 있다. 사실 다른 사람이 만든 것과 비슷한 것을 생산하더라도 더 저렴한 비용을 들여 생산할 수 있는 사람 역시 마찬가지이다. 지난 2세기 동안 엄청난 생산성 진보와 새로운 것의 발명에서 끊이지 않고 나타난 풍부한 아이디어는 기본적으로 이런 이해관계에 토대를 두고 있다. 그 결과로 그토록 많은 노동이 기계와 설비에 의해 수행됐고 사회가 전반적으로 부유해졌다.

꺼져 버린 혁신 모터

확실히 이 자본주의적 혁신 모터는 이전 장에서 토론한 한계 내에서만 작동한다. 회사 내부에서도 혁신 과정은 잘 준비된 발전 부서를 필요로 한다. 기업이 자기 계좌에 돈이 쌓이는 것에만 관심을 갖는 주식 보유자를 옆자리에 두고 있다면 바로 이런 이유로 혁신 동력은 불구가 된다. 어느 기업에서 투자 자본을 모두 잃을지도 모르고 전체 사업 모델을 흔들지도 모르는 근본적으로 새로운 기술이 개발됐다면, 아마도 그 개발에 자물쇠를 채울 것이다. 당시 세계적으로 앞선 필름과 구식 아날로그 기술로 만든 카메라 생산업자인 이스트먼코닥Eastman Kodak의 한 엔지니어는 이미 1975년에 처음으로 디지털카메라를 발명했다. 이 기업은 그 혁신을 달가워하지 않았고 다른 기업이 그것을 시장에 출시할 때까지 서류철에 꽂아 두었다.

그래서 완전히 새로운 혁신은 새로 설립한 기업에서 가장 잘 실현된다. 그러나 이들에게는 스타트 자본이 없거나 충분하지 않아 동력이 꺼지고 만다. 특허권을 통해서도 혁신적 아이디어의 경제적 사용이 수년씩이나 늦추어지고 있다.

값싼 노동, 낮은 투자

노동 절약형 기술의 채택에 가장 커다란 방해물은 사용 가능한 최신의 기술을 이용할 때보다 더 낮은 생산 비용이 들도록 노동비의 저렴화를 추구하는 트릭들이다. 독일에서 의제 2010이 기업 투자의 대대적인 후퇴를 불러왔다는 것은 우연이 아니다. 이에 대한 책임은 다른 무엇보다 파견 노동, 임시 계약, 그리고 유사한 다른 술수들을 통해 평균 임금이 더 저하됐다는 것, 그리고 노동 절약형 기술에 대한 투자 자체가 더 감소했다는 데 있다.

세계적인 차원에서는 더더욱 그렇다. 이러한 움직임이 오히려 강화되고 있다. 임금이 낮은 나라는 임금이 높은 나라보다 일반적으로 덜 혁신적인데, 주로 비#혁신적인 표준 상품을 생산하는 나라들에서는 그들의 상품이 훨씬 많은 경쟁자를 갖고 있어서 더 높은 임금을 지급하기가 매우 어렵다. 이에 반해 첨단기술 상품들은 하나같이 임금 경쟁을 선호한다. 루마니아나 방글라데시가 생산할 수 없는 상품을 생산하는 사람은 그곳의 임금을 걱정하지 않아도 된다.

아이디어는 어떻게 나타나는가?

그래서 혁신적인 경제는 새로운 기술과 새로운 생산 아이디어를 발전시키고 그것들을 경제생활에 실현시키려는 동기를 강화해야 한다. 이제 우리는 첫 번째 논점에 와 있다. 어떤 환경에서 아이디어와 발명이 나타나는가? 발명이 이루어지는 것은 그것을 상업화해서 높은 이익을 얻을 수 있는 기회가 있기 때문이라는 이론은 자본주의보다 더 많이 새로운 것을 등장시킨 경제 질서는 없기 때문에 성립한다. 즉, 그 때문에 전형적인 발명가는 후에 기업을 창업하고 마침내 억만장자로 생을 마감한 세차장 직원 출신일 수도 있다. 이번 기회에 기꺼이 강조해야 할 것은, 특허권과 지적재산권이 그 발명가에게만 자신의 아이디어에 대한 경제적 수익을 보장하기 때문에 그만큼 중요하다는 사실이다.

그러나 이 이론이 서술하는 것은 일반적이라기 보다 예외이다. 미국의 저자 스티븐 존슨Steven Johnson은 꼭 읽어 볼 가치가 있는 『탁월한 아이디어는 어디서 오는가Where good Ideas come from』⁷³라는 책에서 지난 600년 동안 이루어진 중요한 혁신과 획기적인 학문적 성과의 환경 조건들을 연구했다. 그는 발명들을 네 개의 유형으로 나누었다. 그중 하나는 한 기업의 작은 인력 집단이나 개인 발명가에 의해 만들어진 혁신인데 이를 그는 "개인적" 혁신으로 분류했다. "연합" 혁신이라고 할 수 있는 혁신은 더 큰 집단에 의해 개발된 것으로 해당 과제의 수행에 여러 팀이 참여해 그 과제를 해결하기 위해 협력하며 일한다. "개인적" 혁신은 물론이고 "연합" 혁신 또한 발명을 통해 처음부터 돈벌이를 목표로 삼았는지 아닌지에 따라 서로 갈린다. 돈벌이 동기에서 발전한 혁신들은 "시장 지향적"이란 범주에 들어간다. 이와 달리 수수께끼 풀기와 연구에 대한 순수한 열심과 열정에서 발전한 모든 혁신은 "비非시장 지향적"이다.

존슨의 분류는 그래서 네 개의 범주 혹은 그가 그래픽으로 도표를 만들어 부른 대로 사분면으로 이루어진다. 첫 번째 경우는 "개인적"이며 "시장 지향적" 혁신으로서, 작은 회사나 개별 기업이 발전시킨다. "연합"이자 "시장 지향적" 혁신은 두 번째 사분면에 드는 것으로 대기업의 연구 부서나 상업적 목표를 가진 초기업적 협력을 통해 나타난 기술적 변혁들이다. 세 번째 사분면에서는 "개인적" 그리고 "비시장 지향적" 개인 투사들이 놀이를 즐기는데, 그러니까 그들은 고독한 사상가, 아마추어 학자, 그리고 수수께끼를 푸는 것을 취미로 삼는 사람으로 큰돈을 목표로 하는 것이 아니라 오히려 다른 사람들이 그들의 아이디어를 사용하고 인정해 주기를 바란다. 그리고 "연합"이자 "비시장 지향적" 혁신의 네 번째 사분면에서는 학구적 환경 안에서, 아이디어가 지속적으로 확장되고 개선되는 거대한 협력적 네트워크 안에서 오픈 소스^{open source}가 발전한다.

지적 공유지

틀에 박힌 생각에 따르면 혁신의 압도적인 부분은 첫 번째 사분면, 그러니까 "개인적" 그리고 "시장 지향적"인 범주에서 일어난다. 그런 시각에서 보면 기술 진보의 전형적인 방식은 자본주의적 방식이다. 존슨은 그러나 현실은 전혀 다르다는 것을 보여 준다. 17세기와 18세기 초기 자본주의의 시작부터 대부분의 새로운 혁신은 상업적 환경이 아니라 학구적인 환경에서 발전했다. 그 시대의 중요한 사상가들, 뉴턴^{Isaac Newton}, 프랭클린^{Benjamin Franklin}, 프리스틀리^{Joseph Priestley}, 훅^{Robert Hooke}, 제퍼슨^{Thomas Jefferson}, 로크, 라부아지에^{Antoine Laurent Lavoisier}, 린네^{Carl von Linné} 등은 경제적 이익을 낼 목적으로 그들의 생각에 자물쇠를 채워 두지 않았고, 그것이 널리 확산되고 다른 사람이 그 생각을 확장하고 계속 발전시키는 데 이용하도록 열어 두었다.

물론 그 시대에도 일련의 시장 지향적 발명이 있었지만, 개인이 압도적으로 많은 것이 아니라 대부분 거대 집단에 의해 이루어졌다. 하나의 똑같은 도구가 거의 동시에 다른 여러 사람에 의해 발명되는 중복 발명

현상이 자주 나타났다. 한 증기 기계가 제임스 와트James Watt만이 아니라 다른 사람에 의해서도 설계됐다. 그 이유는 많은 창조적 사상가들의 누적된 지식에 그런 발명들이 토대를 두었기 때문이다. 언젠가 때가 되면 또 하나의 변혁을 위한 시간이 무르익었다. "산업혁명을 촉발한 대부분의 핵심 기술들은 경제학자들이 오늘날 공동 발명이라고 부르는 것의 고전적 사례들이었다"는 것이 존슨이 내린 결론이었다.⁷⁴

원래의 자본주의 시대, 그러니까 19세기 시작부터 오늘에 이르는 시대에도 존슨의 연구는 아주 잘 맞아떨어진다. 첫 번째 사분면, 즉 개인적이고 시장 지향적인 혁신은 가장 적은 수를 차지했다. 자신의 실험실에서 특허법으로 보호받는 혁신을 만들어 내는 모든 개별 투사들에 비해 공동 발명이 여섯 배나 많았다. 공동 발명은 큰 회사의 연구 개발 부서 또는 회사들의 네트워크를 통한 연구 개발 팀에서 발전하기도 하고, 더 많은 경우는 시장과는 거리가 먼 대학이나 공공 연구 시설 환경, 그러니까 지적 공유지를 토대로 발전했다. 존슨의 연구는 마침내 분명한 결론에 이르렀다. "좋은 아이디어 발전의 역사에서 경쟁은 일반적으로 알고 있는 것보다 훨씬 더 적은 역할을 담당했을 뿐이다."⁷⁵

법적 장벽

그렇게 된 데에는 많은 이유가 있다. 첫째로 위대한 생각은 교환, 공개, 소통을 통해서 활력을 얻는데, 특허권과 지적재산권은 이를 방해할 수는 없다 하더라도 어렵게 만든다. 물론 학구적인 환경 안에도 인용의 횟수를 둘러싼, 그리고 능력 인정 및 고위직 상승 등을 두고 벌이는 여러 형태의 경쟁이 있다. 그러나 여기에는 다른 사람들이 그 생각을 확장하고 개선하는 것을 차단하는 법적 장벽은 없다. 자신의 연구 과정에 끊임없이 법적 문제를 신경 쓰는 사람의 머리는 실질적으로 중요한 것을 생각할 여유가 더 이상 없다. 다른 사람의 특허권을 피해서 발전시켜야 한다면 진보는 아마 더뎌질 것이고 특허권 소유자로부터 한발 더 나가지 못하는 한 진보가 아예 불가능할 수도 있다. 이 밖에도, 어떤 연구 혹은 개발 프로젝트가 곧바로 다른 사람의 특허권을 침해하기 때문에 비용이 매우 높아질 수 있다. 현저하게 다른 사람을 방해할 목적으로 대기업이 특허권을 등록하는 아주 특별한 방법이 여기에 해당한다.

존슨은 인터넷을 한 사례로 끌어들인다. 그 기술에 기초하여 구성한 각각의 기술에 대해 그 발명가들이 특허료를 요구했다면, HTML의 프로그래머 팀 버너스 리Tim Berners-Lee가 월드와이드웹World Wide Web을 만들기 위한 시도를 하는 것조차 아마도 불가능했을 것이다. 기껏해야 그는 주변 프로젝트만을 할 수 있었을 것이고, 그는 그것을 위해 재정 수단을 끌어올 수 없었을 것이다. 이 사례는 특허권이 없는 경제가 오히려 더 혁신적이고 더 동력적일 것이라는 사실을 말해 준다. 특허권이 없다면 새로운 기술적 정교함을 발전시키려는 동기가 사라지고 말 것이라는 염려는, 비용 때문에 특허 등록을 할 수 없는 수많은 중소기업에서 탁월한 개발 노력들이 나타난다는 사실에 의해 오해에 지나지 않음이 증명된다(실제적, 그리고 배타적으로 진정한 개인의 아이디어가 일시적으로 보호받아야 한다고 해도 어떤 경우에도 특허권은 오늘날과 다른 방식으로 구성되어야 한다).

기본적으로 학문적 혁신은 우리가 본 바대로 상업적 공간에서 일어난 연구에 토대를 둔 것이 전혀 아니며 대부분 공적 공간에 토대를 두고 있다. 혁신적 연구의 동기는 미래에 특허권을 보호받을 것이라는 전망에서 생기지 않고, 오히려 상업적 특허권의 존재로 인해 더 어려워지고 방해를 받는다. 사기업이 국가적 연구의 결과를 곧이어 사적 소유권 및 특허권으로 바꾸어 버릴 수 있다는 사실은 불가피한 일이 아니라 불합리한 일이다.

높은 사회적 비용

이는 사회 전체에 비용의 증가를 가져온다. 미국의 저자 딘 베이커Dean Baker는 자신의 저서 『보수적인 하녀 국가The Conservative Nanny State』에서 미국 제약 산업을 예로 들어 이 비용을 계산했다. 이 산업은 최근의 통계에 따르면, 처방 의무 약품들만으로 매년 2,200억 달러의 매출을 올렸다. 특허권 보호를 받는 약품의 가격은 일반 약품의 가격보다 보통 세 배 이상 높기 때문에 만약 특허권 보호가 사라진다면 시민들은 1년에 약 1,400억 달러를 아낄 수 있었을 것이다. 제약 산업의 발표에 따르면 새로운 신약 개발비로 매년 411억 달러를 지출한다. 사회는 연구비 1달러당 3달러 이상 높은 가격을 특허권 보호 약품에 지불하고 있다.

411억 달러의 개발비 가운데 상당 부분이 이른바 모방 연구, 즉 이미 존재하는 것과 비슷한 효과를 갖는 약품의 개발에 들어간다. 기존 약품이 특허권 보호를 받기 때문이다. 만약 특허권이 없어진다면 이 비용은 지불하지 않아도 될 비용이다. 제약 업계에 따르면 새로 허가 받는 모든 약품의 약 3분의 2 정도가 모방의 범주에 든다. 이들 약품은 기존의 약이 고치지 못한 것은 아무것도 고칠 수 없다. 연구비의 엄청난 낭비이다. 미국 제약 콘체른은 진정한 제약 혁신을 위해 411억 달러가 아니라 실제로는 겨우 170억 달러만을 지출했다. 이 170억 달러의 연구비를 위해 사회는 1,400억 달러 더 많은 비용을 지불하고 있는 것으로, 이는 마땅히 지불해야 할 연구비 1달러당 8달러를 지불한 셈이다. 대단히 부패한 영업이다.

상업적 지출에 더해 미국에서 매년 300억 달러의 공적 자금이 제약 연구를 지원하는 데 쓰인다. 그래서 딘 베이커는 간단한 계산을 통해 새로운 제안을 내놓는다. 즉, 정부가 특허권을 없애 버리는 동시에 새로운 약품 개발의 지원금을 두 배로 늘린다면 제약 산업이 지금까지 지출한 비용 이상을 대체할 수 있을 것이라고 말이다. 게다가 모방 연구가 더 이상 필요하지 않게 될 것이다. 공적 자금의 지출을 추가로 300억 달러만 늘린다면 특허권이 없는 낮은 약품가 덕분에 시민들은 1,400억 달러를 저축할 수 있을 뿐 아니라 제약 연구 역시 더 높은 성과를 얻게 될 것이다. 제약 로비스트들의 거짓 동화를 제외하면 무엇이 그 길을 방해하겠는가?

계획된 혁신?

오늘날 우리는, 혁신은 자연스러운 결과인 데 비해 국가의 활동은 관료주의적이고 지지부진하다는 이야기를 익숙하게 들어 왔기 때문에, 경제적 혁신 과정의 중요 부문을 국가의 감독 아래 둔다는 생각에 우선은 어색하다는 느낌을 받을 수 있다. 혁신은 계획을 통해 이루어지지 않는다는 것은 맞다. 그럼에도 혁신은 놀라울 정도로 국가의 주도권 아래, 그리고 공적 자금을 투입해 추진되곤 했다. 확실히 국가를 신뢰하지 않았던 경제학자 요제프 슘페터는 일찍이 혁신적 생각과 기술을 끌어내는 두 가지 기본적인 방법을 생각했다. 그 하나의 가능성은 혁신적이고 창의적인 개인 기업가가 떠밀리다시피 자신의 발명을 상업화하는 것이다. 다른 하나는 전문가들의 제도적인 협업을 지원하는 혁신 과정이다.

"국가의 확실한 개입"이란 앞의 절에서 우리는 국가가 철도에서 인터넷을 넘어 나노 기술에 이르기까지 지난 150년의 결정적인 기술적 변혁에 영향을 미쳤으며 사기업의 역할은 훨씬 더 적었다는 것이 일반적으로 받아들여진다는 것을 살펴보았다. 아주 근본적인 혁신 자체는 거의 조직화한 혁신 제도 안에서만 발전할 수 있는데, 국가 기구와 국가의 연구 기금이 기초 연구, 응용 연구와 개발 등을 통합하고 발전시키는 데 중심적인 역할을 한다.

투기꾼과 태양광 셀

다른 무엇보다 그러한 혁신과정으로부터 사회가 실질적인 유익을 얻을 수 있다. 그런 혁신들이 지성적 공유지를 사적으로 독차지하는 것, 공적 지원으로 이룩한 연구 성과를 대기업과 그 소유주들의 이익을 목표로 한 사적 권리로 바꾸는 것을 막아 준다면 그렇다. 물론 혁신은 그것이 경제적으로 실현될 방안을 찾아야 한다. 그래서 그것을 채택해 시장 상품으로 만들 기업을 필요로 한다. 그러나 경영을 잘하는 기업이라면 훌류한 혁신적 상품을 이용해 특허권이 없이도 돈을 벌 수 있는데, 젊은 창업자가 지금보다 재정문제를 더 잘 해결할 수만 있다면 더구나 그렇다. 그래서 새로운 기업이 국가의 신용보증과 국가의 모험자본 펀드 등을 쉽게 이용하게 하는 등 스타트를 용이하게 함으로써 혁신의 시장 성과를 얻는 것이 더욱 중요하다.

에너지 문제야 말로 국가의 개입을 통해서만 해결할 수 있으리라는 것을 충분히 예상할 수 있다. 더구나 여기에는 새로운 기술만이 아니라 새로운 인프라 구조의 준비가 중요하다. 독일이 20세기 말부터 실패한 에너지 전환에 투입한 1,000억 유로를 해당 연구에 쏟아 부었다면 우리는 아마 좀 더 개선된 축전지 혹은 효율적인 태양광 셀을 가졌을 것이다. 예상되는 녹색 트렌드에 기대어 상층으로 헤엄쳐 간 투기꾼들은 확실히 더 줄었을 것이다.

개발 과정으로서 경쟁

혁신적인 경제는 두 가지를 성취해야 한다. 그것은 창의적인 개인에게 발전의 가능성을 제공해야 하며 의미 있는 생각이라면 그 실현을 도와야 한다. 그리고 장기적인 연구 과제의 합리적 분배에 따라 재정 지원을 하고 스타트업 지원을 통해 그 상업적 전환을 북돋아야 한다. 하이에크가 정확하게 서술한 바와 같이, "개발 과정으로서 경쟁"이 국가적으로 조직된 혁신 과정 바로 옆에 한자리를 차지하게 해야 한다. 간단히 말해 혁신의 종류는 아주 다양하다. 에너지 문제의 해결이나 암 치료의 혁신은 발목 보호 운동화, 키스에 좋은 립스틱, 10대에게 효과가 있는 여드름 크림과는 차원이 다른 과제들이다.

　후자들이 중요하지 않다는 것은 아니다. 하지만 그것들은 우리의 삶을 더 행복하고 아름답게 만드는 위대한 변혁은 아니다. 일부 거대 세계적 콘체른들은 흔해빠진 것으로 보이는, 그러나 우리 일상의 특별한 문제를 더 용이하게 만들고 삶의 기쁨을 증가시키는 발명으로 돌아가고 있다. 약종상 외트커의 사업 성공의 처방은 균일한 품질의 제빵 가루를 생산해서 정확하게 빵 하나를 구울 500그램 단위로 포장한 것이었다. 젤리 과자의 발명자 한스 리겔$^{\text{Hans Riegel}}$은 이 혁신으로 부자가 됐다. 초콜릿 공장주 루돌프 린트는 당시로서는 유일하게 수차를 개선해 초콜릿에 크림 풍미를 더해 준 혼합기를 만들어 내지 못했다면 간단히 잊히고 말았을 것이다. 빵가루, 젤리, 달콤한 초콜릿을 위해 국립 연구실이 필요한 것은 아니다. 물론 그런 것들이 없다면 삶이 좀 더 빈곤해지기는 하겠지만 말이다.

　시장을 대체 불가능한 것으로 만드는 것은 바로 그런 혁신들과 생각들이다. 그것들은 또한 진정한 경쟁이 더 많이 이루어지는 경제 질서가 왜 자본주의보다 더 풍부하고 더 혁신적인지를 말해주는 근거들이다. 가격의 오르내림에 따라 주어진 수요에 맞추어 공급을 담당하는 것에만 시장들의 역할이 한정된다면, 사물 인터넷과 점차 증가하는 가치 창조의 디지털 연결망을 가진 시장경제 모델은 무의미해지고 말 것이다. 많은 분야에서 익명의 시장을 위해 생산하는 것이 아니라 미리 주문한 수요를 위해 생산하는 '수요 기반 비즈니스$^{\text{Business on Demand}}$'가 이미 시작됐다.

그렇지만 시장이 잘 작동한다면 (콘체른의 해체나 청년 기업의 스타트 기회 및 재정 지원 기회의 개선을 통해서 지금보다 훨씬 더 많은 것을 성취할 수 있을 것인데) 다음과 같은 '작은' 새로운 것의 발견에 한 사회의 창의적 잠재력을 완전히 사용할 수 있을 것이다. 틈새시장의 개척, 기존 상품의 개선, 새로운 아이디어의 실험, 그리고 노동 절약형 기술의 개선 등에서 말이다. 많은 공급자들의 자유경쟁과 신규 참여자들을 위한 시장의 지속적 개방성 이상으로 그러한 성취를 촉진하는 메커니즘은 없다. 그것은 사적私的 이니셔티브와 상업적 참여를 위한 터전이다.

7

우리는 어떻게 살기를 바라는가?

우리는 한 나라의 번영을 숫자로 측정하는 데 익숙하다. 국내총생산(GDP)이 그것이다. 경제정책의 주요 목표는 국내총생산을 지속적으로 증가시키는 것이다. 성장률이 높을수록 정부는 스스로 더 성공적이라고 말한다. 이 단순한 공식에 따르면, 한 나라의 국내총생산을 최대한 빠르게 위로 밀어 올리는 것이 우리 모두의 삶을 향상시키는 것이다.

그렇지만 이 단순한 잣대가 진실을 은폐한다는 것을 이제 누구나 안다. 국내총생산이란 한 나라 안에서 생산한 모든 소득을 단순하게 합산했을 뿐 그것의 분배를 완전히 제외해 버렸기 때문에 그럴 뿐 아니라, 우리의 경제활동, 실제로 우리의 삶을 개선한 경제활동의 결과들만이 아니라 한 경제가 생산한 모든 것을 단지 시장가격으로 계산해 정리했을 뿐이라는 사실 때문에도 그렇다. 금융 부문의 거품, 과도한 무기 생산 혹은 증대하는 약품 소비 등은 국내총생산을 증가시키는 경제활동의 사례들이지만 사회를 풍요롭게 만드는 데는 전혀 도움이 되지 않는다.

은폐의 기술

역사적으로 한 나라의 생산 성과를 몇 개의 숫자로 환원하는 것은 최근의 현상이다. 이 관행은 지난 세기 중엽에 나타났고 계산의 기술과 방법 역시 전혀 불분명하고 논쟁의 소지가 많다. 소득 계산의 창시자인 미국의 경제학자 사이먼 쿠즈네츠Simon Kuznets는 원래 개인의 소득을 계산의 기초로 삼으려고 했지만 그의 의도와 달리 결국 다른 개념이 완성됐다. 이는 제2차 세계대전 직전과 전쟁 동안 강제로 이루어진 미국의 무기 생산에 의해 번영이 감소했다는 것을 은폐하기 위해 발전시킨 것이 분명한 개념이었다. 그 술수는, 실질적인 생활수준을 결정하는 순소득 대신 생산을 중심에 놓는 것이었다. 이 준거에 따르면 경제가 전차를 생산하든 자동차를 생산하든 아무런 차이가 없어진다. 우리는 그렇게 발전시킨 도구로 지금까지 작업하고 있다.

국내총생산이 번영의 기준으로서 아무런 가치가 없다고 주장할 것까지는 없다. 1인당 국내총생산이 연 3만 달러인 나라에 사는 사람들 대부분이 1인당 국내총생산이 3,000달러에 머물러 있는 나라에 사는 사람들보다 잘산다고 말할 수는 있을 것이다. 그만큼 가난한 나라의 빈곤 퇴치가 국내총생산의 성장과 결합되어 있다. 그럼에도 지난 수십 년의 경험으로 보건대, 부자 나라에서 국내총생산과 가난은 동시에 증가할 수 있다.

더 많은 물품과 서비스가 생산되고 이어서 팔린다면 우리 경제는 성장한다. 우리가 더 많은 것을 생산할 수 있으려면, 실업이 줄든 인구가 성장하든 하여튼 더 많은 사람이 일하게 되거나 같은 수의 사람이 더 오래 일하거나 혹은 새로운 기술에 힘입어 같은 시간에 더 많은 것을 생산하면 된다. 바로 이 사실에서 이미 생산 그 자체가 목적이 될 수 없다는 것을 알 수 있다. 실업이 줄어드는 것은 바람직한 일이지만, 정규직 노동자가 더 긴 시간 노동하는 것은 바람직한 일이 아니다. 그리고 같은 시간에 같은 물품을 더 많이 생산하는 것이 우리의 삶을 반드시 개선하지도 않는다. 물품에 대한 수요는 결국 언젠가는 충족될 것이다. 자본주의적 사고에 젖어 있는 기업가는 물론 '더 많은' 것에 관심을 갖는데, 그것이 '그들의' 성장을 보장하기 때문이다. 그러나 '우리의' 풍요는 그것을 통해 반드시 높아지지는 않는다.

오스트레일리아 원주민의 잠

실제로 새로운 것, 새로운 상품, 새로운 종류의 서비스의 등장은 우리의 삶을 개선했으며 게다가 최선의 경우에는 진정한 성장을 만들어 온 자원들을 절약하기까지 했다. 그래서 성장에 대한 전면적인 비판 역시, 우리 경제의 최대 목표가 이미 우리가 가진 것을 더 많이 생산하는 것이라는 생각과 마찬가지로 오류이다. 노동 절약형 기술의 의미는 같은 상품을 더 많이 생산하는 것, 말하자면 같은 수의 직원을 고용해 매년 더 많은 자동차 혹은 더 많은 냉장고를 생산하는 것이 아니다. 물품을 더 많이 생산하는 것이 빈곤한 사회를 더 풍요롭게 만들기는 하지만, 모든 사람이 자기 냉장고를 갖고 있고 많은 사람이 자동차를 가진 풍요로운 사회는 그것을 통해서 더 이상 얻을 것이 별로 없다. 노동 절약형 진보의 복지 지원 효과는 그 사회가 다른 것들을 위한 자유 시간을 얻는다는 데 있다. 우리의 삶을 더 아름답게 만드는 창작품들, 더 편리하게 만드는 서비스들, 혹은 다른 부문에서 노동 절약형 기술이 성취할 수 있는 것들, 이를테면 지속 가능하고 환경 친화적이거나 간단히 말해서 더 인간 친화적인 것들을 위한 시간을 얻는 것이다. 잊지 말아야 할 것은, 노동 절약형 진보는 각자 하고 싶은 것을 할 수 있는 자유 시간을 위한 여지를 만들어 낸다는 사실이다.

오래된 문화 집단들은 노동 절약형 혁신으로 사회 활동 시간이 길어지자 그 시간을 어떻게 써야 할지 상당히 마음을 졸였다. 이르 요론트Yir Yoront라는 이름의 오스트레일리아 원주민 부족에게 쇠도끼가 도입됐지만, 그것은 생산의 증가로 이어지는 대신 수면 시간을 더 연장시켰을 뿐이다. 성장과 자본주의의 은총에 관해 서술한 책들은 이 사례를 특별히 기이한 일로 인용하고 있다. "이 사람들이 얼마나 바보들인지 보라! 경제 성과를 향상시키는 대신 기껏 잠만 자고 있다니!" 정말 잠을 더 많이 자는 데 반대해서 하는 말일까? 오늘날 하루 열두 시간 혹은 열네 시간을 평생 일하느라 허둥대야 하는 많은 사람들 역시 정말로 더 많은 휴식을 원할 수도 있다. 그러나 그들이 추가로 얻은 자유 시간을 말할 것도 없이 잠을 자는 데 허비해야만 하는 것은 아니다. 인간이 사회적 존재라는 말이 옳다면, 우리가 연인과 함께 보낼 수도 있는 그 추가 시간은 더 빠르고 더 편리한 자동차보다 아마도 삶의 질에서 커다란 향상을 이룬다는 것을 의미한다.

좀 더 많은 것이 아니라 좀 더 새로운 것

일반적으로 행복의 증대는 같은 것을 더 많이 소비하는 것에서가 아니라 전에는 우리의 시장바구니에 담지 못했던 것들을 담을 수 있는 것에서 확인된다. 한 예를 들어 보자. 별점을 받은 레스토랑은 상당히 노동 집약적이어서 가격이 비싼 곳이다. 현대 생활의 기초 생필품에 속하는 물품을 생산하는 데 사회가 필요로 하는 시간이 줄어들수록 별점을 받은 레스토랑을 더 많이 만들 수 있다. 달리 말하면, 그만큼 더 많은 사람들이 그런 레스토랑을 방문할 수 있다.

사실 기술적 진보는 모든 사람에게 유익을 줄 경우에만 유효한데, 자본주의적 조건하에서는 아예 그럴 것 같지 않다. 자본주의적 조건하에서 노동 절약적 혁신은 양적 성장, 그러니까 더 많은 자동차나 냉장고로 보상을 주지 않으면, 해당 노동자들에게 그것은 일자리의 상실을 의미하며 환경에 따라서는 숙련노동의 가치 박탈을 의미한다. 비슷한 급료를 받는 새로운 일자리를 얻지 못한다면 그들의 사정은 이전보다 좋아지기는커녕 더 나빠진다. 기술의 진보가 그들을 풍요롭게 하는 것이 아니라 더 가난하게 만든다. 그래서 자본주의 초기에 노동자들은 기계에 반대했으며 오늘날까지도 노동을 줄이는 것이 아니라 더 많은 노동을 요구할수록 더 좋은 생산이라는 사고방식이 통용되고 있다.

전기 엔진에 보일러 기사

가끔 노동조합이나 국가가 기술적으로 이미 오래전에 불필요해진 활동을 해당 노동자들의 생계를 보장하기 위해 인위적으로 유지하려는 경우가 있다. 고전적인 예로서, 증기 기관이 전기 엔진으로 대체됐을 때에도 영국 철도 운행을 담당하던 보일러 기사를 그대로 고용했던 것을 들 수 있다. 대처가 노동조합을 무력화한 후에 그 직종은 종말을 고하게 됐다. 기술적인 관점에서만 보면 그녀가 옳았으나 사회적으로 그녀의 결정은 폭력적이었다. 왜냐하면 당시 보일러 기사에게는 생계를 유지할 만큼의 급료를 지불하는 다른 직업을 찾을 기회가 거의 없었기 때문이다.

노동 절약 기술들을 이용한 자본주의의 처방에 대한 정당한 불신으로, 오늘날 디지털 혁명 역시 기회라기보다 번영에 대한 위협으로 여겨진다. 두 명의 옥스퍼드 과학자들은 한 연구에서 2033년까지 미국에서 일자리의 47퍼센트가 자동화와 컴퓨터에 의해 불필요하게 될 것이라는 주장을 내놓아 파란을 일으켰다.[76] 그들이 그 전개를 과장했을 수는 있지만 제시한 트렌드는 현실적이다.

택시 사업은 언젠가는 자동 주행 자동차로 대체될 것이고, 도시 철도, 전철, 버스 역시 누구도 운전석에 앉지 않은 채 달리게 될 것이다. 아마 많은 이들은 이야기를 즐기는 택시 기사를 잃어버리게 될 것이고 운전자가 없는 근거리 대중교통 수단에서 반드시 안전하다고 느끼지는 않을 것이다. 그러나 아마 우리는 곧 거기에 익숙해질 것이다. 언젠가 프로그램이 된 작은 드론이 소포 배달부를 대체하고, 슈퍼마켓에서 카트를 끌고 전자 계산대를 지나기만 하면 모든 물건의 가격이 전부 읽히고 지불금액이 얼마인지 나타나는 것 역시 불가능해 보이지 않는다. 이전의 계산원, 우편배달부, 택시와 버스 운전자가 재교육을 받고 다른 어디에선가 적어도 같은 급료를 받을 전망이 있다면, 그들은 이전의 일을 잃어버리지 않게 되는 셈이다. 자신의 시간을 창조적이고 보람찬 활동으로 채우기를 바라지 않을 사람은 아무도 없다.

　디지털화가 생산성에 가져올 유익에 대한 전망은 우리에게 기쁨을 줄 수 있다. 우리의 삶을 수고와 스트레스로부터 해방하고 재미있는 일을 위한 여지를 만들어 줄 것이기 때문이다. 다만 문제는 오늘의 경제 구조와 세력 관계의 틀 안에서 그렇게 할 수 있을 것인가이다. 좋은 삶이 아니라 최대의 수익이 우리 경제의 기준으로 작용하는 한, 자본에 의한 노동의 광범위한 대체는 다른 무엇보다 사회의 지속을 파괴하는 것이자 자본 소유자들에게 유리한 권력 보장을 의미한다. 종래의 우편배달부와 택시 기사가 이전 시대의 광부들과 철공들처럼 일자리를 다시 얻을 수 없는 장기 실업자가 된다면, 사회는 디지털 기술을 통해 더 풍요로워지는 것이 아니라 가난해진다. 그래서 기술의 진보를 우리 모두의 번영을 위해 사용하는 것을 방해하는 것은 자본주의 경제구조 그 자체이다.

병을 만드는 기술

여기에 또 다른 문제가 있다. 전에는 노동 절약형 신기술에 대한 자극을 자본주의의 "혁신 모터"라고 불렀다. 그러나 이 자극은 무조건적이고 방향을 상실한 채 작동하고 있다. 생산비를 절감하는 거의 모든 노동 절약형 혁신들은 기업가에게만 유익하다. 게다가 모든 기술이 진보도 아니다.

화학비료와 살충제의 폭넓은 사용, 동물에게 투여하는 성장 호르몬과 항생 물질이 노동자 1인당 농업 수확량을 크게 높이고 있다. 암탉의 닭장이 작아지고 끔찍해질수록 같은 시설에서 거의 같은 수고를 들여도 더 많은 계란을 얻을 수 있다. 실제로 친환경에서 키운 것이라면 그 친환경 채소는 훨씬 더 많은 노동력이 투입되어야 하므로 산업적으로 생산한 것보다 가격이 더 비싸진다. 이 때문에 노동 절약 유형들 중에는 사회를 풍요롭게 하기보다 병들게 하는 것들이 있다. 그럼에도 불구하고 이익을 얻는, 그래서 막강한 경제 압력단체들은 소비자 보호 및 환경 보호 법안들을 방해하거나 제거하려고 기를 쓴다. 산업에서 채택하는 노동 절약 생산 방법들 역시 결국 은밀히 이루어지는 환경 파괴, 줄어드는 지속 가능성, 그리고 그렇게 해서 생산한 상품의 낮은 재활용 가능성 등으로 되돌아온다.

이뿐만 아니라 로봇으로 대체되지 않기를 우리가 바라는 노동들이 있다. 그것들은 자본의 가치 실현이란 관점에서 보면 커다란 손실이어서, 서비스 부문의 많은 영역들이 지금까지 거의 자본집약적이지 않았고 그래서 자본주의적 생산에 적합하지 않다고 여겨졌다. 개인의 소유가 된 병원이나 디지털 서비스 등에서 그랬듯이 독점적 지위가 높은 수익을 보장하고 있지만, 많은 서비스 부문에서는 아직 시장이 작동하고 있으며 생산성 향상, 자동화, 대형화의 유리함 등을 위한 여지는 거의 없다. 머리 미용에는 100년 전이나 비슷한 비용이 들며 한 어린이에게 알파벳을 익히게 하는 것도 마찬가지로 비슷하다.

디지털화는 교육 분야에서 새로운 가능성을 열 것으로 보인다. 온라인 교육이 일상적인 수업과 공부에 도움을 주는 보완책이 될 수 있다는 사실에는 의문의 여지가 없다. 그러나 온라인 코스와 온라인 시험이 교사들이나 대학교수들의 대부분을 대체하는 교육 시스템을 바라는 사람은 아무도 없을 것이다. 현재 제공되고 있는 온라인 교육과정의 중도 탈락률이 일반 대학의 그것보다 더 높다는 것은 우연이 아니다. 소수 사람들에게나 서로 소통하는 일 없이 혼자서 스스로 지식을 습득하는 일이 이루어지고 있을 뿐이다. 그럼에도 불구하고 이는 소수 디지털 경제의 찬미자들이 진지하게 추구하는 프로젝트 가운데 하나이다. 만약 여러 나라가 신자유주의 정책을 지지하면서 앞으로도 방관한다면, 온라인으로 교사 부족을 메우겠다는 생각이 언젠가 독일과 유럽 정치에서 옹호자를 얻을지도 모르는 상황에 와 있다. 그 결과로 교육의 빈곤은 자연히 더 심화될 것이고 부모의 지원을 받는 아이들과 그럴 수 없는 아이들 사이의 격차는 점차 더 커질 것이다.

로봇의 보살핌

교사가 없는 교육만큼이나 끔찍한 디지털화한 풍경의 하나로, 사람은 아무도 근무하지 않고 완전 자동화한 로봇이 노인들을 씻기고 음료와 식사를 제공하는 싸구려 양로원을 들 수 있다. 기술적으로는 현재 특정 분야들에 이미 적용되고 있는데, 실제로 일본에서는 로봇이 씻기고 들어 올리고 껴안는 등 노인 보호에 투입되고 있다. 이것이 트렌드가 되고 있다. 머지않아 사람이 돌보는 일이 갑자기 사라져 버리고 로봇이 속옷 빨래나 침대·식탁·부엌 등의 청소, 그리고 음식을 먹이는 일 등

등을 하는 순간이 닥칠지 모른다. 그러나 나이 든 이들에게 음식과 세탁 이상으로 필요한 것은 귀를 기울여 주고 인간적으로 가까이 지내는 것이다. 오늘날에도 이런 일들에 너무 적은 시간을 사용할 뿐인데 이렇게 가다가는 그런 시간이 완전히 사라질 것이다.

예상되는 더 어두운 광경이 철저히 상업화한 우리 사회를 가장 잘 드러내는 것일 수도 있다. 유복한 노인들은 말할 것도 없이 미래에도 사람의 보살핌을 받는 고급 양로원에서 지내게 될 것이다. 그러나 지불 능력이 부족한 노인들을 위한 로봇 양로원이 생긴다면 많은 비용을 아낄 수 있는 간호 보험에 가입한 노인들은 그리로 가게 될 것이다. 그래서 오늘의 사회적 특권과 권력관계를 그대로 유지한다면 미래가 어떻게 될 것인가는 쉽게 예측할 수 있다.

최고급 자동차와 행운의 아이들

합리적인 경제에서는 노동 절약형 기술이 의미 있게 그것을 사용할 분야, 즉 우리의 노동을 다른 분야에 집중할 여지를 창출할 분야에 투입될 것이다. 예컨대, 건강과 간호, 어린이 상담, 교육과 대학 등이 그런 분야들이다. 그러나 그렇게 되려면 증대되는 생산성의 유익이 그것을 창출한 분야로만 돌아가서는 안 된다. 어째서 오늘날 최고급 자동차를 생산하는 것이 조기에 훌륭한 교육을 받게 하고 노인 보호를 위해 미리 나서는 것보다 우리에게 더 중요한가? 그것은 최고급 자동차들을 생산해 높은 이익을 얻기 때문인데, 노동자들 역시, 적어도 노동자의 대부분이 거기에서 이익을 얻는다. 이에 반해 로봇이 더 생산적이지 않은 (혹은 적어도 그렇지 않아야 할) 활동들에 대해서, 즉 어린이들과 놀아 주는 유치원 양육 교사들, 어린이에게 최초로 교육을 실시하는 초등학교 교사들, 그리고 우리의 병들고 나이든 구성원들을 돌보는 간호 인력들 등의 활동에 대해서는 때로는 비참할 정도로 낮은 임금을 지불하고 있다.

기본적으로 돈을 존중하고 떠받드는 사회에서는 자동차나 기계를 만드는 사람이 사랑으로 다른 사람을 돌봄으로써 소득을 얻는 사람보다 더 높은 사회적 존경을 받을 것으로 기대한다. 계속 그렇게 되는 한, 더 많은 사회적 창의성이 스포츠카의 성능과 장치를 개선하는 문제에 집중하는 대신 어떻게 하면 어린이들이 더 아름다운 어린 시절을 보내고 노인들이 더 존엄한 노후를 맞게 할 것인가에 그다지 관심을 두지 않는 것은 놀라운 일이 아닐 것이다. 문제는 우리가 그것을 원하는가? 실제로 그것이 우리의 우선순위인가? 우리는 그것을 상업적 경제에 맡겨 두어서는 안 된다는 것, 이것이 우리가 결정해야 할 문제이다.

탈(脫)전문화: 바보 대 전문 노동자

완성품 분야에서도 모든 노동 절약이 진보는 아니다. 이를테면 이익 동기가 노동을 탈전문화하는 기술을 선호하는 강력한 자극이다. 특수한 완성 작업을 전제로 하는 숙련 수작업 혹은 다른 숙련 전문 노동이 가능한 한 숙련도가 거의 필요하지 않은 활동을 통해 대체된다. 비숙련 노동을 더 저렴하게 구할 수 있다는 계산 또한 이를 부추긴다. 노동의 가격이 감자나 자동차 가격처럼 시장에서 정해지는 한, 하나의 일자리를 두고 경쟁이 치열할수록 임금은 그만큼 더 낮아진다. 기본적으로 누구나 할 수 있는 단순노동 분야에서의 경쟁이 말할 것도 없이 특수한 능력과 특수 교육을 전제로 하는 노동에서보다 훨씬 더 치열하다.

자본주의는 점점 더 많은 부문에서 수공에 의한 양질의 상품생산을 산업적 대량생산으로 대체해 왔고 지식과 완성도의 가치를 낮추어 왔다. 많은 부문에서 그것은 품질의 저하를 낳지 않았고 심지어 진보를 이루기도 했다. 최초의 산업적 방적기인 제니 방적기는 노력을 통해 획득한 직공의 수공업적 솜씨를 하루아침에 쓸모없는 것으로 만들었다. 그럼에도 누구도 인간이 베를 더 잘 짤 수 있다는 주장을 실제로 대변하지 못했다. 게다가 새로운 기술과 함께 말할 것도 없이 새로운 양질의 일자리가 등장했는데, 옛날에는 엔지니어가 없었고 디지털 시대 이전에는 정보공학자가 없었다. 그러나 기계화가 품질의 저하를 불러오는 분야, 그리고 탈전문화가 명백한 퇴보인 분야가 있다.

이케아 문화

값이 싼 방법으로 주거공간을 생산하는 방법은 예컨대 표준화한 콘크리트 벽체로 고층 건물을 짓는 것이다. 그 공간을 채우는 가장 저렴한 방법은 스스로 조립해야 하는 가구 박스를 구매하는 것이다. 그럼에도 대부분의 사람들은 지붕이 높고, 함께 사는 가구 수가 적고, 멋진 나무 가구들로 채워진 스타일이 살아 있는 고가나 그런 신축 건물에서 살고 싶어 한다. 인간은 감기도 피할 겸 어차피 머리 위에 지붕을 이고 살아야 하므로 가능한 한 신속하게 주택을 건설하는 것이 중요했던 시대가 있었다. 그러나 빈곤의 시대에만 그랬을 뿐, 그다음에는 아니다.

그렇지 않다 하더라도 우리는 여기에서 별점을 받은 레스토랑에서와 똑같은 인과관계를 발견할 수 있다. 즉, 품질의 저하 없이 표준화한 것들을 더 많이 자동화에 넘겨줄수록, 그만큼 그 사회는 고소득자들에게 실질적으로 아름다운 집을 지어줄 수 있을 뿐 아니라 평균 소득을 가진 사람들에게도 안락한 가구를 방에 들여 놓을 수 있게 하는 데 더 많은 시간을 할애할 수 있다. 간단히 말해서 더 많은 훈련을 받은 숙련된 인력을 필요로 하는 곳에 우리가 더 많은 노동력을 투입할 수 있게 된다.

이제 이렇게 말하고 싶을 것이다. 누구나 자신이 갖고 싶은 것을 사는 것이니까 더 값이 싼 공급자에게로 가라고 누구도 강제할 수는 없는 것이라고 말이다. 또 가격이 싼 상품들 중에도 아주 훌륭한 것이 있고 숙련된 목공이 만든 서가를 벽에 딱 맞춰 설치하는 것은 누구에게나 자유라고 말이다.

그렇다. 그러나 그것은 그렇게 할 수 있는 능력이 있는 사람에게만 가능하다. 지난 수십 년 동안 생산성의 증가가 있었음에도 많은 사람들이 그렇게 할 수 없는 이유는 노동자들과 임금 인하를 압박한 자본 소유자들 사이의 권력 이동의 결과이기도 하다. 예컨대 전에는 말할 것도 없이 책상과 선반을 맞추어 짜는 노동의 속도가 가구 생산을 좌우했다. 그러나 오늘날 보통 소비자들은 대부분의 공급자들로부터 한 세트의 부품이 들어 있는 가구 케이스를 공급받아 휴식 시간에 투덜대면서 땀을 흘려 필요한 부품들을 스스로 짜 맞추어야 한다. 다만 아주 높은 추가 비용을 지불하거나 대단히 값비싼 가게에서 구입할 경우에는 이런 수고를 덜 수 있다.

전에는 보통 수준의 벌이를 가진 사람들도 가구나 집안 살림도구들을 완성된 상태로 받는 것이 정상이었지만 오늘날 그것은 사치가 되어버렸고 스스로 그것을 조립해야만 한다. 언어도단의 이케아 문화는 기업이 맡아야 할 노동의 일부를 개인 가계에 떠넘긴 것이며 그러니까 가구 전문가가 하던 일을 좋든 싫든 취미삼아 하는 아마추어 목공에게로 넘겨 버렸다. 이전에 목공을 전문으로 하던 숙련공의 자격을 갖추려는 사람은 더 이상 없고 그들의 직업은 합리성을 벗어난 것이 됐다.

점차 강화되는 과정

미국의 노벨상 수상자인 폴 새뮤얼슨Paul Samuelson은 세계화의 효과, 즉 임금이 값싼 나라로의 노동의 이동이 우리의 번영에 미치는 효과를 이렇게 서술했다. "우리가 슈퍼마켓에서 많은 물건을 20퍼센트 값싸게 구입하는 것이 그 물건들이 현재 중국에서 생산되기 때문에 일어난 임금 하락을 보충하기에 결코 충분하지 않다."77 생산의 이전移轉이 반드시 상품의 품질 하락으로 이어지지는 않고 노동이 어딘가 다른 곳에서 이루어지는 것이다. 그러나 그 자체로서 품질의 하락으로 이어질 수도 있는데, 해당 분야에서 일자리를 갖고 있던 사람들이 이제 적게 벌거나 아예 새로운 일자리를 찾지 못했다면 그것은 반드시 그런 값싼 상품에 대한 수요를 높이게 된다. 이런 과정이 점차 강화되고 있다.

같은 논리에 따르면 특정 전문 노동자의 일자리가 새로운 기술 때문에 다른 일자리로 전환되지 않거나 값싼 임금의 일자리에 의해 자기 나라에서 사라질 수 있다. 이 경우에도 반드시 그렇지는 않지만 숙련도가 낮아질 소지가 대단히 높다. 이와 같은 전개가 많은 부문에서 동시에 일어난다면 전문 지식과 전문성의 저하를 통해 소득의 하락이 일어나며 이 자체로서 값싼 새 상품이 품질이 나쁨에도 불구하고 수요를 창출하는 데 이바지 할 수 있다. 더 많은 전문 노동자들이 그들의 일자리를 잃을수록, 그리고 이를 통해 점차 임금이 높은 일자리가 줄어들수록 남아 있는 양질의 노동자들이 그들의 상품을 판매하는 데 더 많은 문제를 안게 된다. 결국 이런 방식으로 개인의 복지가 사라질 뿐만 아니라 높은 가치를 가진 상품을 생산할 경제의 역량 역시 낮아진다. 그 결과로 전에는 많이 생산되던 물건이 다시 사치품이 되어 더 줄어들 수 있다.

실리콘밸리의 악몽

노동 절약은 어디에서나 달성하려고 노력할 가치 있는 목표는 아니다. 특히 숙련된 전문 노동의 경우가 그런데, 자동화가 그런 노동을 대체할 것으로 예상되는 혁신을 마냥 기뻐하기 전에 언제나 똑바로 살펴보아야 한다. 특히 환하게 불을 밝힌 실리콘밸리의 사무실에서 만들어져 우리에게 노력할 가치가 있는 미래로서 팔리고 있는 저 종말론적인 끔찍한 환상이 여기에 해당한다. 그 환상의 핵심은 전문 노동이 전반적으로 종말을 고할게 될 것이라는 주장으로 이어진다.

기쁨의 대사(그 미래에 대해 우리가 실제로 기뻐할 것이기 때문에!)가 하는 말에 따르면, 미래에는 모든 사람이 무엇이든 만들 수 있다. 왜냐하면 개인이 가진 능력에 대해 아무도 보상하지 않기 때문에 어차피 더 이상 누구도 무언가를 제대로 만들 수 없게 되기 때문이다. 여전히 살아남게 될 유일한 전문가는 빅데이터의 끝없는 흐름을 토대로 [모든 것을] 분석해 주는 대신 우리의 결정들을 빼앗아 가 버리는 소프트웨어와 알고리즘일 뿐이라고 그 기쁨의 대사는 말한다.

알고리즘이 우리에 대해 훨씬 더 많은 것을 알고 있고, 우리가 신용할 만한지를 불가해한 방법으로 마치 신의 심판처럼 판단해 주는 데 은행 상담원이 어디에 필요하단 말인가. 알고리즘이 수백만 개의 뉴스들 중에서 가장 많이 클릭한 것을 필터링해 주고 그것들을 분류해 한눈에 볼 수 있도록 해 주는데, 저널리스트는 무엇 때문에 필요한가. 그럼에도 불구하고 그 글은 우선 누군가가 쓰고 인터넷에 탑재하지 않았는가? 그렇더라도 어떤 일이든 인터넷에 올리는 사람은 충분히 많고 그 사람들이 누군가가 대가를 지불해 줄 것으로 기대하지 않는다면 그것도 문제가 없다. 인터넷에 방문자 평가들이 넘쳐 나는데, 『미슐랭 가이드$^{Guide\ Michelin}$』가 무슨 필요란 말인가. 한 번이라도 디지털 서비스업체를 통해 레스토랑 온라인 예약을 하는 실수를 저지르면 평가를 올릴 때까지 귀찮아지는 것이 다반사다. 무상으로 정보를 제공하는 수없이 많은 협력자들을 두고 있는 위키피디아^{Wikipedia}가 있는데, 브로크하우스^{Brockhaus} 백과사전이 무엇에 필요하단 말인가. 건강보험은 작은 질병에 대한 전문의들의 상담에 비용을 지불해야 하는가. 인터넷에는 그토록 많은 건강 블로그가 있고, 거기에 어디든 아픈 데를 올리면 누리꾼들로부터 어떤 처방이 좋은지 수없이 많은 조언들을 얻을 수 있는데 말이다.

오해를 없애기 위해서 덧붙이면, 때로 사람들이 아무런 보상을 바라지도 않으면서 인디넷에 올린 우수한 내용들을 폄하하자는 게 아니다.

위키피디아가 많은 사항들에 훌륭한 도움을 제공하고 전에 나온 사전류 중 어떤 사전보다 훨씬 더 현장감이 있는 정보를 제공하는 것이 문제가 되는 것은 아니다. 돈을 바라지 않고 많은 정보를 게시하는 블로그들도 있다. 이전 고객들이 쓴 레스토랑이나 호텔의 평가가 도움이 된다는 것은 논란의 여지가 없다. 그러나 문제는 그런 정보 공급들이 전문가의 그것을 대체할 수는 없다는 것이다. 만약 전문가들이 자기 스스로의 경제적 문제를 해결하지 못한다면, 그들은 사라질 것이다. 그것은 진보가 아니며 커다란 상실일 뿐이다.

허풍선이 어린이 장난감

다가올 전문성의 결여를 둘러싼 논의의 중심에 3D 프린트의 잠재력이 있다. 디지털 경제의 가장 대담한 친구들은 3D 프린트가 미래에 우리의 전체 소비 세계를 공장에서 가정으로 옮겨 놓을 것으로 신뢰하고 있다. 그런 프린트와 해당 소프트웨어의 주인으로서 모든 사람이 개인적이고 고유한 희망들을 반영한 집, 자동차, 소파를 설계하고 생산하게 될 것이라고 말이다.

실제로 그런 프린트가 현재 특정 분야에 이미 도입됐고, 그것이 미래에 개인적이고 특수한 고객의 소원에 더 안성맞춤인 완성품을 자동으로 만들어 내는 데 실질적으로 이바지하게 될 것이라는 사실을 지지하는 사람도 있다. 그러나 고도의 특수한 전문 지식과 숙련 노동에 의해 지금까지 발전해 왔고 그것을 통해 생산해 오던 자동차와 같은 상품이 미래에는 취미삼아 자동차를 만드는 사람에 의해 3D 프린트에서 뚝

딱 만들어질 것이라는 상상은 근거가 없다. [반면에] 이 분야에서 미래에 고도로 저렴한 상품이 숙련노동에 의해 생산될 것이라는 전망은 오히려 근거가 있다. 그런 3D 프린트에서도 마치 평퍼짐한 어린이 장난감처럼 보이는 굴러가는 상자들이 언젠가 실제로 툭 튀어나올 수는 있다. 그런 괴물이 언젠가 거리의 풍경을 바꿔 놓을 수도 있지만 그런 자동차들 사이로 고도의 과학기술과 현대 안전 기술의 멋진 솜씨로 만든 자동차가 달리는 것을 눈으로 본다면, 많은 사람들은 갑자기 구글의 차가 아우디Audi나 시트로앵Citroën보다 더 멋지고 편리하다고 여기지는 않게 될 것임에 틀림없다.

3D 프린트 환상

3D 프린트의 채택이 충분히 의미를 갖는 분야들이 있고 그것이 의심의 여지없이 더 늘어나겠지만, 동시에 디지털의 끔찍한 환상들 역시 존재한다. 이케아 문화가 마침내 모든 생활 영역으로 확산될 것이라는 환상이 그중 하나다. 자신의 손으로 무릎 수술을 유능하게 해내는 외과의가 미래에 자신이 사용할 수술 도구를 만드는 3D 프린트의 프로그램에 매달리겠는가? 그것은 오랫동안 탐구해 오던 수학적 증명의 해답을 찾고 있는 박사 논문 작성자가 아예 자신의 전공 서적들로 가득 찬 서가를 스스로 짜 맞추려고 하는 과욕과 꼭 마찬가지로 불합리한 일이다. 분업, 세분화, 전문화는 지난 수 세기 동안 인류가 번영을 획득한 토대였다. 전문성의 무력화는 확실히 자유와 삶의 질에 도움이 되지 않을 것이며 오히려 되보일 따름이다.

조건 없는 기본소득 개념의 지지자들은 자신들의 개념 역시 바로 그러한 사고방식에서 유래했다는 사실을 숙고해 보아야 할 것이다. 계산에 능숙하지 못하고 특별한 능력이나 자질을 갖지 못해 더 이상 돈을 벌지 못한다 하더라도 사람은 어떻게 해서든 살아남아야 한다. 그러나 기본 소득만으로 연명하는 그러한 미래가 정상궤도를 벗어나지 않았다고 할 수 없으며 그래서 우리는 궤도 이탈을 막기 위해서 모든 노력을 다해야 한다.

잃어버린 자존감

그런 환상이 단순히 방직 공장에서 일어나는 것이라면 우리는 말없이 거기를 지나칠 수 있을 것이다. 그러나 상황은 더 나쁘다. 그 환상이 실제로 트렌드를 이루고 있기 때문이다. 미국 경제의 탈숙련화는 이미 상당히 진척됐다. 디지털 경제와 금융 경제 외에 무기 생산에서마저 실제로 붐을 형성하고 있다. 유럽에서는 아직 그다지 멀리 가지는 않았고, 독일에서는 탈숙련화 대신 숙련 노동자의 부족을 이야기하는 중이다. 그러나 우리가 현명하게 대처하고자 하는 것과 매우 거리가 멀게도, 그 사이 독일에서는 200만 명 이상의 숙련노동자와 28만 명의 대학 졸업자들이 기껏 단기 일자리를 얻어 사실상 실업에 처해 있다는 사실을 놓쳐서는 안 된다. 현재의 교육제도가 지나치게 적은 숙련노동자들을 배출하도록 되어 있는데도 말이다. 다른 유럽 나라들에서의 사정은 더 나쁘다. 실리콘밸리의 미래 구상이 오늘의 금융 및 정보 자본주의의 트렌드 안에 있기 때문에 그것이 전혀 비현실적인 것만도 아니다.

대부분의 사람들이 독특한 숙련노동 능력을 더 이상 갖지 못하는 경제를 만들겠다는 생각은 우리가 물질적 번영을 상실한다는 것만을 의미하지 않는다. 더욱 나쁜 것은, 인간은 그런 환경에서는 자존감의 본질적인 부분을 상실하게 된다는 점이다. 이미 아리스토텔레스는 인간은 살려고 할 뿐 아니라 자신이 타고났거나 배운 능력을 사용하고 싶어 하며 자신의 노동이 도전을 요구하고 복잡할수록 더 큰 기쁨을 느낀다고 말했다.

인간은 인간이라는 바로 그 사실 때문에 배불리 먹기를 원할 뿐 아니라 인정받고 싶어 한다. 어떤 활동이 더 많은 도전을 요구할수록, 그리고 자신과 마찬가지로 잘 해내는 사람이 적으면 적을수록, 일반적으로 그 사람의 자존감은 그만큼 더 커진다. 그래서 무료하고 지겹고 또 노력이 불필요한 직업이 디지털화에 의해 극복되는 것은 파국이 아니라 오히려 진보이다. 미숙련 직종이 지속적으로 줄어들수록, 누구에게나 무언가 대단히 훌륭하고 전문적인 방법으로 일을 수행할 수 있을 만큼 교육과 숙련화를 통해 타고난 능력을 발전시킬 수 있는 기회가 주어져야 한다.

흔하지 않은 틈새

게다가 좋은 교육을 받은 대부분의 사람이 특정 부문에서 좋은 성과를 낼 능력을 획득한다. 재산이 있는 부모의 아이들 대부분이 대체로 그렇게 된다는 사실이 그 경험적 증거이다. 부모의 부가 어린이들의 특별한 지적 능력의 지표라는 주장에 불만을 제기하고 싶은 사람은, 어느 학교든 값비싼 사립학교 졸업자들과 그들의 아이들까지 우연히 재산을 가진 부모의 집에서 태어났다는 사실을 해명해야만 할 것이다. 물론 그들 중에도 예외가 있게 마련이지만 그런 경우는 아주 놀라울 정도로 드물다. 더구나 200만 내지 300만 유로의 유산을 받을 사람은 장래의 유복함이 전적으로 자신의 생활 성과에 달려 있는 젊은이보다 스스로 무언가를 이루고자 하는 동기가 명백히 더 약하다는 사실을 고려해야 한다. 일반 학교에서 최고의 성적을 낸 사람의 실패 비율이 교육비가 비싼 사립학교와 기숙학교 졸업자들의 실패 비율보다 두드러지게 낮다는 것에서 출발할 수 있겠다.

물론 정상적인 교육을 시켰다고 해서 누구나 무엇이든 되는 것은 아니다. 아인슈타인은 아마도 훌륭한 테너가 될 수 없으며 루치아노 파바로티 Luciano Pavarotti는 정보공학자로서는 형편없는 사람이 됐을지 모른다. 자폐 장애를 가진 수학자이자 게임 이론가 존 포브스 John Forbes가 로맨틱한 멜로 영화의 감독이 되려고 했다면 그건 아마 어려웠을 것이다. 좋은 교육을 받기만 하면 모든 사람이 모든 것에 능력을 갖게 된다는 것이 아니라, 거의 모든 사람이 특정 분야에서 탁월한 성과를 낼 한 가지 재능을 갖고 있다는 사실이 중요하다.

영원히 기본소득으로 어설프게 생계를 꾸리고 아무런 결과도 없이 생을 마감하라는 충고보다는 각자의 재능을 개발하려는 생각이 우리들을 좋은 삶에 더 가까이 가도록 해 줄 것이다. 그것이 하르츠 4나 오늘날 저임금 일자리에서 겪는 매일의 좌절이 주는 고통보다 훨씬 더 나을 텐데도 아직 이상에는 미치지 못하고 있다. 인류의 상당수가 숙련노동이나 전문적인 노동을 수행할 능력이 없다고 가정할 때에만 그런 충고는 설득력을 갖는다. 숙련노동 능력이 없는 인간은 아름다운 인간상이 아닐 뿐 아니라 한마디로 잘못된 인간상이다.

훌륭한 삶이란 추상적인 성장 수치의 문제가 아니다. 국내총생산, 자본 증권의 크기, 화폐 재산, 그리고 생산성까지도 한 사회의 번영을 표현하는 최종적인 기준이 될 수 없다. 다음과 같은 것만이 일반화될 수 있다. 즉, 무료하고 지겨운 그리고 기계적인 노동을 대체하는 기술들이 우리를 점차 풍요롭게 만드는데, 한 사회가 물질적인 기본 필수품을 마련하는 데 드는 노동시간이 적을수록 그 사회는 더 많은 시간을 다른 일에 쓸 수 있기 때문이다. 현대의 기술들이 단조롭고 지겨운 활동들에서 우리를 확실히 해방시킬수록 우리에게는 그만큼 더 많은 전문성과 특수화가 필요하다. 그것은 어쨌든 다음과 같은 생각에 대한 진보적인 대안이 될 것이다. 즉, 인류의 다수에게 언젠가 특정한 직업에서 인정과 존중을 받을 가능성을 억제하고, 미래에 가까운 모든 사람에게 무엇인가 베풀 수 있으리라는 전망으로 그들을 고무시킬 가능성을 억제하는 생각 말이다.

언젠가 기술이 필요한 전문직 노동의 양을 줄여 버린다면 어떻게 될까? 그럴수록 좋다. 우리가 영원히 하루 여덟 시간 직업에 매달려야 한다고 말할 사람이 있겠는가. 우리가 멋진 삶을 누리는 데 필요한 바대로 다섯 시간이나 네 시간 노동으로 모든 것을 해치운다면 얼마나 멋진 일인가. 그렇게 되면 우리 모두는 수고로운 노동 외에 행복한 삶을 위해 절대적으로 필요한 다른 일을 할 수 있는 더 많은 시간을 갖게 된다.

예컨대, 우리의 사랑과 친구, 좋은 책 읽기 혹은 아름다운 콘서트 방문, 달리기, 자전거 타기, 축구 혹은 그냥 잔디 위에서 햇볕 쬐기, 새의 노래와 윙윙 대는 벌 소리를 듣는 것 등등.

우리는 바꿀 수 있다: 공동번영은행

지배자 혹은 봉사자: 우리에게 필요한 금융 시스템

2015년 초여름 그리스에서 자동인출기와 은행 지점 앞에 긴 줄이 늘어선 사진들이 세계로 전송됐다. 연금생활자로 보이는 한 사람이 어디에서도 현금을 꺼낼 수 없어 아내에게 긴급하게 필요한 약을 살 수 없다고 카메라에 대고 불평을 터뜨렸다. 그리스 경제가 붕괴 직전에 있었다. 당시 많은 사람이 우리 독일은 얼마나 다행인가라고 생각했을 수 있고 한 두 저널리스트는 심지어 독일은 2008년 유럽 전역에서 독일의 은행들을 구했다고 쓰기까지 했다. 그러나 은행들을 구한 대가는 대단히 비쌌고 국가 부채를 치솟게 했다. 하지만 그렇게 하지 않았다면 베를린과 파리에서도 비슷한 사진들을 전송했을지 모른다.

사실 2008~2009년의 은행 위기는 2015년 여름 아테네의 비극과 다른 원인에서 일어났다. 7년 전 당시 은행들은 너무 많은 고도 위험 증권과 부실 신용 때문에 도산하고 말았다. 채무자들(미국의 주택 건설업자들과 스페인의 부동산 투기자들)이 더 이상 신용을 지키지 못했고 그것에 토대로 둔 파생 상품들이 가치를 잃어버리자 은행들에 자기자본을 훨씬 넘어서는 손실이 발생했다. 파산을 막기 위해 국가가 그들의 손실 대부분을 떠안았다. 유럽에서만 4조 5,000억 유로EURO의 공적 자금이 투입됐다. 유럽 은행들을 안정화하는 데 다시 추가로 약 1조 유로의 금융 폭탄을 투입했다. 그러나 유럽중앙은행이 저렴한 비용의 돈으로 금융시장들을 세탁해 장기 도취에 빠뜨린 이래, 다음 파산을 맞아 새로운 분노의 각성이 일어나기 전까지 소수를 제외하면 그 일에 관심을 갖지 않았다.

종이로 만든 유로

2015년, 그리스에서 은행들은 사실 부실 신용의 산더미 위에 앉아 있었다. 그리고 그것은 그리스 경제성과의 4분의 1 가량을 이미 파괴한 경제 디플레이션이 5년이나 지속된 후여서 그다지 이상한 일이 아니었다. 그러나 드라마 같은 장면을 촉발시킨 원인은 전혀 다른 데 있었다. 그리스에서 부족해진 것은 현금이었다. 다시 [그리스 화폐] 드라크마로 바꾸면 화폐가치가 크게 떨어질 것을 우려해 그리스인들은 자기 은행 계좌의 돈을 갑자기 현금화하려고 했다. 지폐로 된 유로화라면 가치 하락이 일어나지 않을 것이기 때문이었다. 그래서 그리스 주민들은 그들의 전체 전자 유로, 그러니까 그들의 계좌에 갖고 있던 돈들을 모두 지폐로 된 유로화로 바꾸려고 했다. 그것은 기이한 상황이었는데, 왜냐하면 정상적인 상태에서 우리는 전자 화폐와 지폐, 이 두 종류의 유로화를 같은 가치로 보기 때문이다. 어쨌든 현금으로 지불하면 받는 사람이 세금을 내지 않을 수도 있어 그것을 막기 위해서라도 우리는 은행 신용카드나 전자 화폐로 물건 값과 서비스 대금을 지불한다. 카드는 비밀번호를 사용해 도난을 방지할 수 있지만, 현금은 도둑을 맞을 수도 있다.

그래서 일반적으로 현금은 더 이상 우리 생활에서 중심적인 역할을 하지 못한다. 우리는 구매 금액의 80퍼센트 이상을 전자 화폐로 결제한다. 2015년 6월 그리스에서는 달랐다. 독일의 재무장관 쇼이블레^{Wolfgang Schäuble} 같은 유럽의 영향력 있는 정치가가 언론에서 드라크마의 재도입을 고려하고 있다고 공개적으로 말하자 그리스인들은 자기 돈의 가치 하락을 두려워했고 도둑질의 희생양이 되리라는 걱정 이상으로 불안해했다. 그들은 현금을 갖고 싶어 했다. 현금 역시 실은 큰 비용을 들이지 않고도 찍어 낼 수 있는 종이 증서에 지나지 않다. 문제는 은행들이 실제로 전자 화폐를 공급할 수는 있었으나 (그것도 우리가 앞으로 살펴볼 바대로 거의 무제한으로) 은행권을 찍어낼 수는 없었다. 유로화의 도입 이래 그리스 화폐 발권 은행은 더 이상 그럴 권리가 없었으며 오로지 유럽중앙은행이 배타적으로 그 권리를 갖고 있었다. 유럽 전역에 현금 공급을 확보하는 것이 원래 유럽중앙은행의 일이었다.

그럼에도 불구하고 특정 경제 집단과 국민에게 화폐를 공급하는 것은 그리스 사태가 눈앞에서 보여 준 바대로 기술적인 문제일 뿐 아니라 대단히 정치적인 문제이다. 2015년 초여름에도 분명히 정치적 이해관계가 작용하고 있었다. 유럽중앙은행, 국제통화기금, 유럽연합집행위원회 등 트로이카가 2010년부터 그 나라에 명령한 긴축 정책을 그리스의 좌파 정부는 확실하게 끝내려고 했고 긴축 완화계획을 국민투표에 부쳐 60퍼센트 이상의 찬성을 얻었다. 독일, 스페인, 그리고 다른 많은 동유럽 정부들은 이때 같은 노선을 취했다. 그러나 그리스에서 처음으로 어떤 망설임도 없이 자기 권력을 행사한 유럽중앙은행이 결정타를 날렸다. 화폐 수요가 높아지고 있는데도 유럽중앙은행은 유로화 공급의 목을 졸랐고 곧이어 모든 사람이 지폐를 원하고, 누구도 전자 화폐를 갖지 않으려는 상황이 전개됐다. 화폐 유통이 거의 정지됐고 경제는 붕괴로 치달았다.

그리스의 시리자 정부가 반긴축정책을 포기하도록 강력한 압박이 가해졌다. 이전의 모든 폭력성을 뒷자리로 밀어낼 정도의 새로운 긴축 프로그램이 막 서명 단계에 접어들었을 즈음에야, 유럽중앙은행이 원래의 자기 일을 다시 수행했다. 드라크마를 재도입하려는 고려가 적어도 당분간 물 건너갔다는 것을 확인한 후에 사람들은 다시 원하는 만큼 많은 현금을 받을 수 있었고 점차 현금 수요도 줄어들었다.

핵심 부문 금융 경제

2015년 초여름의 그리스 문제와 지난 대금융위기가 시작될 때의 은행 구제를 둘러싼 논의를 혼동하는 것은 오늘의 금융 시스템의 작동 방식에 대한 이해가 얼마나 부족한지를 보여 주고 있을 뿐이다. 오늘의 화폐는 어떻게 등장했는가? 누가 그것을 유통시키는가? 왜 오늘의 금융 시스템은 당연히 그래야 하는 것과 명백히 다르게 작동하는가? 지난 30년 전부터 왜 금융위기의 간격이 점점 더 짧아지고 그 규모는 계속 극적으로 커지는가?

금융 부문이 국민경제의 발전에 가장 중요한 의미를 갖는다는 것에 이의를 제기할 사람은 아무도 없다. 미래의 번영을 규정하는 모든 결정들, 예컨대 어떤 분야를 연구하고 어디에 투자하며 어떤 혁신이 판매될 기회를 가질지, 어떤 아이디어는 서고에서 잠을 자야할지 등은 기업 내부의 우선순위와 관련이 있을 뿐 아니라 다른 무엇보다 자금 동원과 관련이 있다. 제대로 작동하는 금융 부문의 과제는 더 나은, 더 노동 절약적인, 그리고 동시에 자연보존에 더 좋은 기술을 사용해 우리에게 점점 향상된 생활수준을 가능하게 해 주는 경제 부문에 자금을 투입하는 것이다.

신용 대출이나 여타 종류의 재정 공급은 다양한 기업에게 필요하다. 콘체른과 소규모 생산업자들, 스타트업들과 번창하는 독점기업들, 그리고 기업청산 회사, 기업 사냥꾼들, 투기를 즐기는 헤지 펀드들 등이 모두 자금 수요자들이다. 어떤 소망이 충족되고 자금을 두고 벌이는 경주에서 누가 우승할지는 은행들의 결정이다. 그것은 믿기 어려울 정도의 권력이다. 그래서 그러한 권력이 책임감 있게 행사되고 있는지, 나쁜 사람의 수중에 들어가 있지는 않은지 감독하는 데 사회가 특별한 관심을 가져야 한다는 것을 생각해야 한다. 핵심 부문인 금융 경제가 거의 세계적으로 우리의 번영을 심각하게, 그리고 지속적으로 침해하는 체계 안에서 운용되는 것을 너무나 태연하게 마냥 받아들이고 있다는 것은 그

점에서 당황스러운 일이다.

쾰러 대통령의 유령

2008년 봄 당시 독일 연방 대통령 호르스트 쾰러Horst Köhler는 국제 금융 산업을 실물경제와 점점 더 관련이 적은 하나의 유령에 비교했다. 당시 그가 생각했던 것이 무엇이었는지 늦어도 그해 가을에, 미국의 투자은행 리먼브라더스Lehman Brothers가 크고 작은 수많은 협력 은행들, 보험사들, 그리고 여타 전 세계에 흩어져 있는 금융 공급업체들과 함께 파산했을 때, 더 정확히 말하면 국가가 신속하게 증가하는 국가 부채를 대가로 치르면서 구해주지 않았다면 파산을 면치 못했을 때 분명해졌다.

그동안 국제 금융 상황을 잘 아는 소수 전문가만 알고 있던 것이 이제 공개적인 토론의 대상으로 떠올랐다. 얼마나 어두운 방법들로 거대 투자은행들이 수년 동안 미쳤다고 할 만큼 큰돈을 벌었는지, 도무지 헤아릴 수조차 없는 금융 상품들, 미국의 대투자자 워런 버핏Warren Buffett이 이미 2003년 "금융 대량살상무기"라고 불렀던 파생 상품들이 어느 정도 시장을 압박했는지, 시장 조작들, 드러나거나 숨겨진 속임수들, 그리고 다른 범죄적 수법들이 영업 모델로서 어느 정도 극심하게 사용됐는지 등이 도마에 올랐다.

이런 인식의 결과는 금융 투기의 위험한 늪을 깨끗이 제거하겠다는 정부의 거룩한 약속과, 금융 로비에 의해 이가 빠져 버리거나 곧바로 통째로 서로로 사라져 버린 성의 없는 규제 계획에 대한 전반적인 실망이다. 은행가들은 그 태풍이 지나가기를 기다렸다가 그들의 책상과 컴퓨터로 돌아가 이전처럼 일했다. 그들이 돌리던 바퀴가 이제 좀 더 커졌을 뿐이다.

국가가 보증하는 독약

늦어도 2008년 이후부터 우리는 거대 투기장의 거래처에 앉아 있는 거만한 투기꾼들을 그냥 두고 보는데, 여전히 우리는 그들을 은행가라고 부르며 거기에 재정을 대 주고 있을 뿐이다. 그것을 위해 수십억 달러와 수십억 유로에 달하는 국가 재정이 쓰였다. 마치 파산이라고는 전혀 없었던 것처럼 짧은 불안정 후에 다시 모든 것이 예전처럼 굴러가게 된 것은 국가의 보호 덕분이었다. 전임 독일 독점위원회의 의장이자 보수적인 은행 비평가인 마르틴 헬비히Martin Hellwig는 "우리가 그 돈으로 화학 산업을 지원해 우리의 강과 호수를 더럽힌 것보다야 그게 차라리 나았다", 그리고 화학 산업을 지원했다면 "더 커다란 오염을 부추기게 됐을지 모른다"라고 썼다.[78] 그것은 거의 미친 말이다.

유럽에서 유럽 은행연합을 만들려는 프로젝트가 추진됐는데, 이로써 사실상 기존의 사립 은행들을 위한 국가의 지불 보증이 처음으로 법적으로 확립됐다. 앞으로는 소유주와 채권자가 청산 대상 은행의 회복에 동참해야 한다는 규정이 마련된 것을 두고 그 당시 대단한 진전이라고 축하했다. '동참하라!' 그것도 은행 부채의 최대 8퍼센트까지만.

이것은 은행이 문제가 되면 모든 시장경제적 기준들로부터 여론이 얼마나 멀리 있는지를 보여 줄 따름이다. 언제부터 사설 기업이 파산하면 소유주가 그저 "참여"하는 것으로 그치게 됐는가? 어떤 부문에서 그들의 책임 지분이 부채의 8퍼센트에 지나지 않는가? 일반적인 경제에서 소유주들은 파산을 할 경우 지분을 모두 잃어버린다. 개인회사의 경우에는 그들의 개인 재산까지 경매로 넘어간다.

그동안 우리는 변함없이 은행들이 최소한의 자기자본으로 수조 유로의 사업을 하도록 허락해 왔다. 자기자본이 20퍼센트 미만인 중견 기계 건설 회사는 신용이 좋은 회사로 평가받지 못한다. 반면, 거대 은행들은 자기자본 비율 3퍼센트만 가지고도 영업을 한다. 그리고 끝으로 우리는 유럽의 은행 규정들, 파산의 경우에 이 3퍼센트마저 빼앗지 않고 "금융 안정성"을 해치지 않는다면 그중 일부를 회수할 수 있다는 규정들을 추가해야 한다. 정신병원에서나 있을 법한 풍경이라고 여길 수 있다. 그런 정신병원이 현실이다.

"그들은 규정을 함께 만들었다······."

우리가 금융 산업에 넘겨주었고 그들 스스로 점차 더 거대하고 강력하게 만든 권력의 반대편에는 물론 국가의 실패가 있다. 금융위기 동안 명백히 유리한 매수를 통해 미국의 거대 은행으로 부상한 JP모건 체이스JP Morgan Chase의 회장 제이미 다이먼Jamie Dimon은 언젠가 자신의 금융 회사는 "은행의 일곱 번째 영업 영역에서, 즉 정치와 행정 당국과 관계를 맺으면서 아주 많은 수익을 냈다"고 회고했다.[79] 그리고 미국의 노벨 경제학상 수상자 조지프 스티글리츠Joseph Stiglitz는, 골드만삭스Goldman Sachs가 1997년 아시아 위기는 물론이고 2008년의 금융위기에서도 왜 승리자로 등장할 수 있었는가라는 의문에 대해 기본적으로 이렇게 답할 수 있으리라고 보았다. "그들은 자신이 원인을 제공한 위기에서조차 커다란 수익을 낼만한 영업을 지속할 수 있도록 허락한 규정을 함께 만들었다."[80]

그 유령은 1980년대 초 세계적으로 이루어진 금융시장의 규제 철폐와 함께 해방을 맞았다. 그때부터 제동장치는 더 이상 없었다. 1970년대 말에 세계 외환시장에서 1,000억 달러를 거래했는데, 그것이 지금은 4조 달러에 이른다. 1986년 이래 금융 파생 상품으로 얻은 연 매출이 50조 달러 이하였으나 현재 전 세계 투기 카지노는 매년 1,500조 달러에 달하는 파생 상품을 판매한다. 1990년부터 2010년까지 세계경제가 세 배로 증대한 같은 기간에만 금융 경제는 300배 이상 증대했다. 독일 은행들의 수익 총액은 현재 1980년 가격의 40배 이상에 달하고 있다.

돈의 유착

세계적으로 움직이고 있는 금융 거래 중 겨우 2퍼센트만 실물경제와 조금이나마 관계를 맺고 있을 뿐이다. 금융 거간꾼들은 그들과 비슷한 기관들, 그러니까 은행들 혹은 다른 금융서비스 제공자들과 거래하기를 훨씬 더 선호한다. 그런 유착적인 자금 영업의 예로 미국 증권거래소에서 거래의 70 내지 80퍼센트 사이를 차지하는 빈번한 거래를 들 수 있다. 실물경제에서 이런 거래들은 대부분의 파생 상품들과 기타 관련 상품들과 마찬가지 수준으로 아무런 의미가 없다. 그러나 시장가격의 조작은 금융사들에게는 위험도 없이 수억 유로에 달하는 이익을 안겨 준다.

다른 어떤 경제 영역에서도 그렇게 쉽게 많은 돈을 그와 관련한 성과도 내지 않으면서 벌어들이는 일은 없다. 그것은 과두지배, 경제 권력, 그리고 폐쇄된 시장들에 관해 이미 서술했던 것과 같은 극단적 방법들을 동원하는 것이 금융 분야에서 유효하기 때문에 작동한다. 몇 안 되는 거대 은행들과 소수의 거대 재산 관리 회사들이 전 세계 금융시장을 본질적으로 규정하며 통화의 가치, 대출과 증권 역시 국가가 자신의 부채로 지불해야 하는 연동 이자와 마찬가지로 그들의 '매도'나 '매수'에 따라서 결정된다.

우주의 주재자

투자은행들이 스스로를 '우주의 주재자'로 여기는 것은 금융위기 동안에는 비웃음을 받거나 과대망상에 사로잡힌 자기 과장으로 평가되어 왔다. 그러나 그것은 전혀 과대평가가 아니다. 우리가 그렇게 만들었기 때문에 그들이 우리 경제의 주인이다. 오늘도 뛰어난 금융 전문가는 토크쇼에 기꺼이 초대되어 기업만이 아니라 국가 역시 시장들의 판단에 따라야 한다고 이야기한다. 만약 '시장들'이 스페인은 10퍼센트의 이자를 지불해야 한다고 생각하면, 그것은 거룩하신 분의 판단으로 존중해야 하고 거기에 인간이 끼어들면 안 된다는 식이다. 그러나 다시 한 번 말하지만 누가 진짜 '시장들'인가? 유럽 국채 발행의 경우, 국가들이 그들에게 국채 발행의 독점권을 양도해 준 약 15개 국제적 거대은행들이 그것을 맡고 있다. 그것은 하나의 폐쇄된 시장으로서 그곳에는 다른 누구도 없다. 우리의 번영과 투표로 선출된 정부들의 활동 공간을 결정할 권리를 가진 15개의 제약 없는 투자은행들이 그들이며, 그 권리는 우리가 그들에게 넘겨준 것이다.

'시장들의 판단'이 정확한지 어떤지는 2010년 그리스에서 과도한 부채를 훨씬 능가한 신용 대출을 유지했던 것을 보면 말할 필요조차 없다. 더욱 중요한 것은 사립 기관과 선출된 정부 사이의 그러한 권력 분배가 모든 민주주의를 불가능하게 만든다는 점이다. 전체적인 규제 노력의 좌절은 이런 관계망 속에서는 전혀 놀라운 일이 아니다. 돈이라는 수도꼭지를 가진 사람이 정확하게 사다리 맨 꼭대기에 앉아 있다.

이런 이유로 금융 부문에 대한 부드러운 규제란 있을 수 없다. 우리가 할 수 있는 일은, 거의 무제한으로 돈을 생산해 내고 그렇게 함으로써 놀라울 정도의 수익을 얻는 그들의 능력, 즉 그들의 권력의 토대를 아예 없애 버리거나 아니면 패배하든지 둘 중 하나다. "나에게 한 나라의 자금에 대한 통제권을 달라. 누가 그 법을 만드는가는 관심이 없다." 18세기 말에 로스차일드Rothschild 은행 왕조의 전설적인 창업자 마이어 암셸 로트실트Mayer Amschel Rothschild는 이미 진실을 알고 있었다. 다른 금융 질서 없이 다른 경제 질서 역시 있을 수 없다.

작고 안정적인

정치와 경제 부문에 은행가들의 친구들이 적었던 시대가 있었다. 월스트리트와 다른 금융거래소에 일어난 1929년의 증권 파동으로 세계경제가 수백만 명의 실업자를 양산한 수년 동안의 디플레이션으로 이어지고 드라마 같은 정치적 결과를 낳은 후에, 은행에 대한 압박이 나타났다. 은행들에 꽉죄는 족쇄가 채워졌고 거의 모든 것이 국가에 의해 정해졌다. 영업은행에 맡겨진 활동 영역이었던 은행의 신용 대출과 대출이자, 실제로 은행이 줄 수 있는 신용의 범위가 규제 대상이 됐다. 평범한 일반 소비자들이 자기 계좌를 개설하고, 보통의 기업들이 신용을 받아쓰는 은행들은 작고 안정적이었다. 그들의 영업 관련 행동반경은 지역이었고 가장 넓어도 국내에 머물렀고 증권업을 할 수 없었다. 은행가라는 직업은 지루하고 안정적이었으며 수학에 특별한 재능을 가진 야심찬 유령이 아니라 관료 기질을 가진 훌륭한 사무직 노동자가 받는 보통 수준의 급료를 받았다. 증권거래소에서 주식과 대출을 취급하기는 했으나 셀 수 없을 정도로 증권이 많았던 것도 아니고 거래량도 적었다.

그것은 분명히 더 좋은 금융 시스템이었다. 1945년부터 1971년 사이에 사례로 들 만한 은행 위기가 단 한 번도 없었다. 누구도 파생 상품들, 보증 증권들, 그리고 여타 금융 혁신 상품들 등을 잃어버린 일이 없어, 그것들의 중요한 국민경제적 의미와 금융 로비는 오늘날의 거짓 동화에나 나오는 것이었다.

소규모 금융 부문이 실물경제를 위해서는 유착 금융 영업과 파생 상품 경쟁을 따라잡느라 헐떡이는 것보다 훨씬 더 유익하다는 사실은 현재 확실한 인식이다. 많은 연구들은 거대한 금융 부문을 가진 나라들의 기업이 투자와 혁신에 활용할 수단이 더 적고, 그래서 한 나라의 금융 부문의 규모와 그 나라의 경제 성장 사이에는 부정적인 인과관계가 있다는 사실을 증명하고 있다.[81] 왜 그런지는 쉽게 이해할 수 있다. 금융 부문은 경제적 투자에 자금을 투입해 우리 모두를 풍요롭게 하는 데 목표를 두어야 한다. 그러나 실제로는 금융 투자자들을 부유하게 만드는 운하로 자금을 돌리는 일에 우선 매달리고 있어서 해당 경제가 어쩔 수 없이 더 나쁜 방향으로 바뀌기 때문이다.

높은 벽의 투자은행

독일도 그런 경험을 했다. 독일 중앙은행인 도이체방크$^{\text{Deutsche Bank}}$와 다른 거대 사설 은행들, 그리고 각 주의 은행들 역시 세기 전환기에 "높은 벽의 투자은행" 설립을 추진하는데 과도하게 집착했다. 도이체방크 은행장으로서 당시 추진위원회의 회장이었던 롤프 브로이어$^{\text{Rolf-E. Breuer}}$는 1997년 그것을 새로운 기업 목표라고 불렀지만, 이 은행들의 실물경제를 위한 신용 대출은 거의 완전히 붕괴하고 말았다. 이런 후퇴를 적어도 부분적으로나마 상쇄한 저축은행^{Sparkasse}과 조합은행^{Genossenschaftsbank}이 독일에 없었다면 "우리 경제의 중추"로서 중산층이 아주 빠르게 사라졌을 것이다.

전통적인 교과서에서는 은행은 이른바 저축자와 투자자 중간에 있는 중개자로 서술된다. 그들은 저축자의 돈을 모아들이고 그것을 채무를 지려는 사람에게 돌려준다. 이런 모델의 틀 안에서 은행에 대한 비판을 한다면, 그들이 저축된 돈을 잘못된 운하로 흘러가게 한다는 것이다. 그것만으로도 충분히 나쁘지만 현실은 더 나쁘다. 은행들이 단지 자금 중개자라면 그들이 결코 그토록 강력한 힘을 갖지 못했을 것이다. 우리 시대의 은행들은 돈을 중개하는 것이 아니라 생산하는데, 그것도 거의 무제한에 가깝게 생산한다. 자체적으로 생산한 돈을 그들은 실물경제라는 운하가 아니라 압도적으로 금융 경제라는 운하에 쏟아 붓는다. 금융 영업을 통해 지출을 훨씬 더 적게 하고도 믿을 수 없을 정도로 많은 돈을 벌어들일 수 있다면 왜 작은 신용 대출들을 붙잡고 씨름하겠는가? 오늘의 금융 부문은 그렇게 스스로를 살찌워 점점 더 크고 강력해지고 있다. 반면에 투자 의지가 있는 기업들, 그중에서도 작은 기업들은 은행이 거래상대로 삼지 않아 신용 대출을 받을 수 없다.

돈은 어떻게 해서 생겼는가?

금융 부문의 작동 방식을 더 잘 이해하기 위해서 앞으로 돈이란 무엇이며 어떻게 해서 생겼는가라는 질문을 과거와 현재에 걸쳐 다루어 보려고 한다. 어느 정도 추상적으로 설명하는 것을 피할 수는 없을 것 같다. 상당히 이론적인 이런 질문에 관심이 없는 사람에게는 이 절을 뛰어넘고 곧바로, 대안의 화폐 질서에 대한 제안을 전개하고 있는 "화폐는 공공재"라는 다음 절을 읽기를 추천한다.

 돈에 관한 이야기를 들으면 우리 모두 더 이상 그런 통화들을 사용하지는 않지만 대부분 머릿속에 금화와 은화 조각에 관한 기억을 떠올리곤 한다. 실제로 돈은 오직 금과 관련이 있어서 황금 동전이 특정 시대까지 돈의 기능을 담당했다. 그런데 돈의 기능은 무엇인가? 우선 옛날에 그랬고 역사적으로 나타난 원래의 돈의 기능은 그것으로써 재화와 서비스의 가치를 평가하고 그래서 채무와 채권을 계산하고 그 수지 균형을 확인할 수 있는 계산 단위였다.

생산된 재화(상품)들과 관련해서는, 한 재화의 가치는 그 재화의 생산에 들어간 노동의 수고와 연결되어 있다고 말할 수 있을 것이다. 어떤 사람이 1 킬로그램의 밀을 생산하기 위해서 1 킬로그램의 오트밀을 생산하는 데 든 것보다 두 배의 노동을 하거나 두 배로 많은 노예들에게 일을 시켰다면 1 킬로그램 당 밀의 가치는 오트밀의 두 배에 달하도록 계산해야 한다.

채무와 채권에 관한 회계 기록

채무와 채권에 관한 회계 기록은 인간이 경제생활을 꾸리기 시작한 시대까지 거슬러 올라갈 정도로 오래됐다. 그 이유는 간단한데, 모든 경제적 생산은 시간을 필요로 하고, 이 시간을 중개하기 위해서 생산자는 보관 장소나 그것을 기록해 둘 누군가를 필요로 한다. 그때 특정 '단위'로 계산되어야 할 채무가 발생한다. 그와 반대로 아무런 대가를 받지 않고 우선 물건을 공급하는 사람은 '청구권'(이것을 재산이라고 말할 수도 있다)을 갖는다. 채무와 채권에 관한 기록은 돌 위에 쐐기문자로 파두거나 혹은 버드나무 조각을 긁어서 기록할 수 있다. 그 기술이나 방법은 커다란 의미가 없다.

그러한 신용 시스템의 유용성은 아주 명백하다. 즉, 그가 가질 수 없는 구매력을 채무자에게 빌려준다는 것이다. 채무를 질 가능성 없이는 그의 축적이 곧 그의 구매력의 한계로서, 그 안에서 그는 자신의 계획을 성취해야 한다. 흉년이나 운명의 타격으로 맞게 된 곤궁한 시기에 채무를 짐으로써 굶주림으로 죽을 수밖에 없는 어려움을 넘겼다. 채무가 존재하지 않는 경제는 지금까지 결코 없었다. 그것은 그 자체로서 부정적인 것이 아니며 반대로 채무가 없다면 추진할 수 없는 경제적 프로젝트를 가능하게 해 준다.

그럼에도 오랜 고대에 이미 채무 시스템이 낳은 부정적 현상이 나타났는데, 바로 지나친 채무이다. 이자가 붙어 채무가 머리 위까지 신속하게 불어나면 그 채무자는 기껏 생존을 위한 소비에 급급할 뿐 많은 수익을 얻을 투자에 돈을 쓸 수 없게 된다. 주민의 대부분이 채무 노예 신분이 되거나 스스로 노예로 전락하는 것을 막기 위해 고대의 공동체들은 가끔씩 채무를 감면해 주었다.

마찬가지로 대단히 일찍이 특수한 종류의 채무가 나타났는데, 국가가 자기 백성들에게 부과한 세금 채무였다. 고대 수메르 사람들은 일찍이 세겔^{Schekel}이라는 기준 단위로 계산된 세금을 통해 국가의 재정을 충당했다.

지불수단으로서의 상징

그래서 돈은 무엇보다 채무를 지는 것을 가능하게 하고 추가로 구매력을 창출하기 위한 단순한 계산 단위이다. 돈은 재화, 노동 서비스, 그리고 세금의 가치를 하나의 공통의 크기로 측정한다. 우리는 그것을 통화^{通貨}라고 부른다. 세겔부터, 굴덴^{Gulden} 그리고 유로에 이르기까지 그 상상은 제한이 없다.

그러나 분명히 그것만이 돈의 유일한 기능은 아니다. 우리는 채무를 지거나 채권을 쌓아 두기도 할 뿐만 아니라 돈으로써 지불하기도 하기 때문이다. 우리가 과일가게에서 사과를 사고 돈을 지불하면 채무를 지는 것이 아니라 그 가게 주인이 우리 돈을 갖기 때문에 우리는 서로 대등하다. 아무리 늦어도 처음으로 동전이 사용된 것으로 증명된 7세기 이래 돈은 더 이상 채무와 재산을 계산하는 측정 단위에 지나지 않고 '지불수단'이기도 했다.

지불수단으로 쓰이게 되면서 통화 단위의 특정 숫자를 가리키고 그것을 물건의 판매자에게 줄 수 있는 어떤 물품이 필요해졌다. 이 물품이 크지 않고 무겁지 않을수록 더욱 좋았다. 한때 암소를 지불수단으로 사용한 부족이 있었으나 너무 실용적이지 않았다. 특정 무게의 금괴나 은괴 역시 아주 오래전부터 지불수단으로 채택됐다. 그러나 그것들도 수고스러웠다. 적은 양에는 극도로 정확한 저울이 있어야 했고 양이 많으면 그것을 사기 위해 무거운 금은을 힘들게 가지고 가야 했다. 그래서 그저 상징물로 지불하는, 그러니까 그 물질의 가치가 그것으로써 구매하려고 하는 재화의 가치보다 아주 낮은 대체 물품이 나타나게 됐다.

상징물을 가지고 지불을 하기 위한 중요한 조건은, 판매자가 이 상징물을 받는 대신 자기 물건을 우리에게 기꺼이 넘겨줄 자세가 되어 있어야만 한다. 그는 이 상징물로 그것과 같은 가치를 지닌 어떤 것을 구매할 수 있을 때에만 그렇게 할 것이다. 그런 상징물로서 귀금속조각, 지폐, 혹은 특정 하드플레이트상의 디지털 가상 화폐 등이 등장했다. 상대가 그것을 받아들이면 우리에게는 구매력이 생긴다.

컬러프린트에서 찍은 지폐

엘리 게르네라이히라는 어떤 여성이 컬러프린트 앞에 앉아서 꽃과 숫자가 그려진 화려한 지폐를 만든다고 상상해 보자. 그녀는 자기 화폐를 예컨대 '엘리젠'이라고 부르면 된다. 그녀가 정원에서 가꾼 채소와 서로 주고받는 서비스를 '엘리젠'으로 값을 매기고 그 지폐를 받는 데 동의하는 몇 사람을 찾아낸다면, 엘리는 그들 중 누군가에게 그녀의 지폐를 공급할 수 있다. 그 사람이 그 지폐로 제3자의 정원에서 난 가지와 감자를 공급받으면 그는 다음 급료를 받을 때까지 곤궁의 시기를 넘길 수 있다. 이어서 그는 채소를 배달한 사람에게 망가진 수도관을 수리해 주고 그 대가로 엘리의 지폐를 다시 받아서 그것을 그녀에게 돌려주고 거기에 이자로 약간의 딸기를 덤으로 줄 수 있다. 또는 엘리가 자기 지폐를 가지고 시장을 보러 갈 수도 있고 앵두 외에 다른 수확물을 공급받을 수도 있다고 하자.

이때 엘리의 문제는 앵두, 가지 혹은 감자를 엘리젠이라는 화폐를 받고 공급할 사람들을 찾기가 어렵다는 점이고 엘리젠 자체를 빌릴 사람을 찾는 것은 더욱 어렵다는 점이다. 이와 똑같이 다른 사람이 각자 모두 자기 프린트 앞에 앉아서 '5엘리젠' 혹은 '10엘리젠'이라고 쓴 꽃과 숫자가 그려진 지폐를 인쇄할 수 있다고 치자. 그렇다면 그들은 채무를 져야 할 필요 없이 같은 목적을 달성할 수 있을 것이다. 그러나 이 지폐가 돈으로서의 입지를 갖기는 어려워 보인다. 그 발행 비용이 낮기 때문이 아니라 다른 사람이 그것을 받아들여야 할 근거가 없기 때문이다.

사실 환(換)어음 역시 비슷한 방식에 따라 작동하고 있다. 그럼에도 환어음이 토대를 두고 있는 통화는 대체로 거의 유일한 계산 단위로서, 사람들은 노동 성과를 내는 데 들어간 시간 혹은 비슷한 것들을 이 통화로 계산하는 데 동의한다. 누구에게도 이 통화를 인쇄할 권리를 부여하지 않는 데에는 충분한 이유가 있다. 우선 첫째로 그 권리를 가진 사람은 합당한 대가도 지불하지 않으면서 다른 사람의 성과를 취하는 유일한 사람으로서 간단하게 지폐를 인쇄하는 특권적 지위에 서게 될 것이기 때문이다. 둘째로 그 화폐를 사용하는 사람들 역시 아기를 돌보거나 정원의 흙을 뒤집어 줄 여유 시간을 갖게 될 때 화폐를 인쇄하고 싶은 유혹에 빠져 언젠가는 아마도 훨씬 더 많은 화폐를 유통시킬 것이기 때문이다. 고유의 통화를 갖고 있는 환어음은 더 장기간에 걸쳐 존속할 수 있겠지만 아마도 대체로 작은 범주에서만 그럴 것이다. 이때 참여자들이 개인적으로 서로 아는 사이라면 최상이다. 아마도 누군가 그 통화로 다른 사람에 대해 너무 많은 청구권을 형성하지 않도록 주시하게 될 것인데, 왜냐하면 그 통화가 몇 년이 지나 화폐로서의 가치를 잃게 될지 아닐지 결코 알 수 없기 때문이다.

마찬가지로 순전히 개인적으로 생산한 통화가 비트코인^{Bitcoins}이다. 그것으로써 인터넷상에서 지불이 이루어졌다. 그럼에도 비트코인은 결코 모든 판매자들로부터 지불수단으로 받아들여지지 않았다. 게다가 비트코인으로 거액을 모은다는 것이 그다지 권할 만한 일이 아니라는 사실을 그 사이에 참여자들이 이 시스템에서 배우게 됐다. 다른 통화로 계산된 비트코인의 가치가 극도로 기복이 심해서 그 소유자에게 그것이 부여해 준 실질 구매력 역시 그랬기 때문이다.

국가의 화폐

국가가 유통시키고 세금 채무를 갚을 때 거둬들이는 화폐는 일반적으로 이들 국가의 권위 영역에 속하는 것으로 받아들여진다. 그뿐만 아니라 판매자는 이 화폐를 신뢰할 수 있는데, 그가 어떤 경우에든 그곳으로 그 가치 상징을 보낼 수 있는 적어도 하나의 주소, 즉 국가가 있다는 사실 때문이다. 단지 완전히 해체되거나 파괴된 국가 제도에서만 한 국가의 화폐는 경제에서 수용력을 상실하는 경우에 처한다. 유럽에서 국가 발행 화폐는 처음에는 동전이었고, 그것이 특정 통화로서 통용됐다. 동전은 귀금속으로 제작했는데, 이때 귀금속의 가치는 그 동전이 표시하고 있는 가치보다 대체로 더 낮았다.

가치 단위로서 화폐는 채무를 형성하고, 추가적 구매력을 갖는 것을 허락해 준다. 지불수단으로서 화폐는 그 소유자가 채무를 지지 않고 구매력을 갖고 있다는 상징을 준다. 이렇게 함으로써 상품의 구매자가 판매자에게 대가를 지불할 수 없는 상황에 처할 위험으로부터 판매자를 해방시킨다. 그래서 말할 것도 없이 구매하는 것이 빌리는 것보다 언제나 더 쉽다. 그리고 지불수단의 결여는 한 나라의 경제 활동에 커다란 영향을 줄 수 있다. 바로 그런 위험이 2015년 그리스에서 나타났다. 적어도 신용카드나 현금카드를 쓸 수 없는 일부 주민들(옛 그리스에서 적지 않은 사람들이 그랬다)은 저축을 갖고 있었지만 갑자기 더 이상 아무것도 구매할 수 없었다.

지불수단으로서 채무 증서

동전 화폐의 발명 후에도 동전은 결코 유일한 지불수단은 아니었다. 한 가지 이유는 동전이 아주 많은 양을 사용하기 어렵다는 것이다. 다른 이유는 원격지 거래에서 지불수단이 되기가 어렵고 기껏 특정 지역 안에서만 통용되기 때문이었다. 많은 양의 귀금속을 운반하는 것을 피하기 위해 경제 주체들은 확실히 혁신적으로, 지불수단으로 사용될 수 있는 그들만의 상징을 유통시키게 됐다. 예를 들면 채무 증서가 이런 목적에서 등장한 것인데, 채무자가 번영하고 있고 존중을 받고 있으며 채무를 갚지 못하는 일이 거의 있을 수 없는 일인 경우에 그랬다.

피렌체의 한 화가는 16세기 초 메디치가에 속한 한 인물의 초상화를 그려 달라는 부탁을 받았다. 그는 그 대가로 미리 문서 하나를 받았는데, 거기에는 일을 마친 후에 그에게 100 황금 동전을 주겠다고 쓰여 있었고 그는 이 서류를 지불수단으로 충분히 사용할 수 있겠다고 예상했다. 그는 간이식당에 그 서류를 넘겨주고 1년 동안 따뜻한 저녁 식사를 대접받았다. 그리고 그 간이식당은 그것으로 식품 공급자에게 대금을 지불할 수 있었을 것이다. 오래전에 있었던 기업의 거래 어음 또한 지불수단으로 유통됐다. 그럼에도 채무자가 기대와 달리 파산하거나 그가 발행한 많은 어음이 유통된다면 그것이 경제 운영에 두드러지게 해를 끼칠 수 있었다.

이미 고대 아테네, 그 이후에는 14세기부터 저축은행들 역시 있었다. 자기 고유의 채무 증서를 발급했고 이것으로 지불이 이루어졌다. 기본적으로 이 은행들은 엘리 게르네라이히가 했던 일을 한 셈인데, 그들은 증서를 인쇄했고 그것을 상인이나 다른 사업하는 사람들에게 주어 그들이 기업적 프로젝트에 필요한 더 많은 구매력을 갖도록 해 주었다. 엘리의 경우와 달리 이 시스템은 작동을 했는데, 그 증서가 일반적으로 받아들여졌기 때문이다. 그렇게 된 것은 은행들이 신용 제공자로서 스스로를 보증했고 요청이 있을 경우 증서 위에 쓰인 숫자에 상응하는 가치를 은이나 금의 형태로 줄 수 있었기 때문이었다. 그들은 다른 귀금속을 사용할 수도 있었는데, 그들에게 귀금속을 맡긴 사람이 그 대신 돈으로 사용할 수 있는 은행권을 받았기 때문이다.

참수당한 은행가

이 시스템의 작동을 위한 유일한 전제는 은행가의 신망에 흠이 생겨서는 안 된다는 것이었다. 왜냐하면 고객들이 실제로 현금을 갖는 것이 좋겠다는 생각에서 귀금속을 사용하기 시작하면 고대의 은행들 역시 2015년 초여름 그리스 은행들이 그랬던 것과 비슷한 처지에 놓이게 됐기 때문이다. 당시 그리스 은행들이 은행 창구에 현금으로 보유하고 있는 것보다 훨씬 더 많은 전자 화폐를 사람들에게 발행한 것처럼 옛 은행가들은 그들의 금고에 금괴로 축적한 것보다 더 많은 은행권을 인쇄했다. 해당 은행가들에게 그것은 대체로 상당히 나쁜 결과를 미쳤다. 그들은 은행이 파산한 후 개인적으로도 파산했거나 남은 생애를 빚더미 속에서 보내야만 했다. 카탈루냐의 관청은 1321년에 법을 만들어 공포하기까지 했는데, 그 법에 따르면 고객의 요구를 더 이상 충족시키지 못하는 모든 은행가는 공개적으로 재판을 받아야 할 뿐 아니라 자기 은행 앞에서 참수당해야 했다.

경제적으로 보면 그것은 무의미한 일이었다. 은행 금고에 들어 있는 금은 지불수단으로 기능하는 발행된 은행권의 속성을 전혀 아무것도 갖고 있지 않았기 때문이다. 은행권은 소유자에게 재화나 서비스를 얻을 수 있는 특정 구매력을 갖추어 준다. 이 업무는 은행이 수천 톤의 금을 지하 창고에 쌓아 두고 있든 혹은 그저 시궁쥐가 거기를 돌아다니든 전혀 아무런 관계없이 수행할 수 있다. 그러나 은행권은 결국 은행 개인의 채무 증서이기 때문에 자연히 지불 능력에 따라서 그것을 받아들이기도 하고 거부하기도 한다. 지불 능력은 위기의 경우에 귀금속이 결정한다. 그래서 가치 있는 화폐는 은이나 금으로 덧씌워야 한다는 잘못된 시각이 생겼고 그것이 지난 수 세기 동안이나 유지됐다.

금본위제

은행의 파산은 유통되고 있는 지불수단의 상당 부분이 가치를 상실하는 결과를 가져왔고 언제나 경제적 혼란으로 이어졌기 때문에 19세기 후반에 대부분의 산업국가들에서 은행권을 발행하고 유통할 권리를 시중 은행으로부터 탈취했다. 지금은 국가 또는 국가가 특별히 신뢰해 은행권 발행의 독점권을 맡긴 발권은행만이 그 권리를 행사할 수 있다. 이때부터 동전만이 아니라 지폐 또한 국가화폐였다.

이 시대에 즈음해 오늘날에도 유지하고 있는 기본적인 금융 구조가 나타났다. 영업 은행들이 그것을 구성하고 있는데, 영업 은행들은 저축을 받아들이고 신용 대출을 해 주거나, 채권과 채무 서류를 작성하고 이체를 수행한다. 그리고 어떤 사람의 채권을 늘려 주는 대신 다른 어떤 사람의 채권을 줄여 주고 대금 지불을 처리한다. 누군가 요구하기만 하면 영업 은행은 곧바로 채권을 지폐로 지불해야 한다. 그래서 항상 충분한 돈을 은행 창구에 보유하고 있는지 주의를 기울여야 하는데, 영업 은행은 지폐를 자체적으로 인쇄할 수 없기 때문이다. 이때부터 발권은행은 지폐를 가지고 경제를 뒷받침하는 역할을 맡아 왔는데, 영업 은행에 은행권을 제공하는 구실을 하거나 이 밖에도 '최종 신용 대여자'로서, 즉 은행의 긴급 신용 제공자로서 유동성 문제의 결과로 생기는 은행의 파산을 막도록 노력해야만 한다.

19세기에 나타난 통화 시스템은 이른바 금본위제라는 점에서 오늘의 통화 시스템과 달랐다. 금본위제의 토대가 된 이론은, 안정적인 통화는 그 중앙은행의 창고에 쌓아 둔 금의 가치에 해당하는 만큼의 지불수단만을 유통시키는 것을 전제로 해야 한다는 것이었다. 이런 목적을 위해 한 통화 단위의 고정 교환율이 금으로 정해져 있었고 사람들이 언제든 1파운드, 1스털링, 혹은 1달러를 특정한 양의 금으로 교환할 수 있어야 했다.

공식적으로 미국 달러는 중단된 적도 있었지만 1971년에 이르기까지 금본위 고정 교환율에 연결되어 있었다. 그럼에도 불구하고 일반 시민들은 오랫동안 자신이 가진 달러를 더 이상 금으로 교환할 수는 없었다. 다른 중앙은행들이 이 권리를 보유하고 있었다. 이론적으로는 그런 요구에 맞춰 미국의 발권은행(연방준비이사회[FED])은 1971년 초까지도 35달러당 1온스의 순금을 떼어놓아야만 했다. 물론 모든 사람이 그들이 그렇게 할 수 없다는 것을 알고 있었다. 제2차 세계대전 후 30년 동안 미국의 중앙은행이 보유하고 있는 금보다 비교할 수 없을 만큼 많은 달러화가 유통되고 있었기 때문이다. 드골$^{Charles\ De\ Gaulle}$의 주도로 프랑스 발권은행이 실제로 그들이 가진 달러화에 해당하는 금을 보려고 했을 때, 당시 미국 대통령 닉슨$^{Richard\ Nixon}$은 금본위제를 망설임 없이 폐기했다.

디플레이션과 위기

그럼에도 제1차 세계대전 시기와 1920년대까지 발권은행들은 금의 연동을 상당히 철저하게 지켰다. 경제성장과 여타 경제적 수요들을 충당하는 데 부족함이 없는 지불수단을 가짐으로써 경제를 뒷받침하자는 의도에서가 아니라 다른 무엇보다 금본위 고정 교환율을 위기에 빠뜨리려서는 안 된다는 사실에 주의를 기울였기 때문이었다. 당시 경제는 그래서 인플레이션을 겪지 않았는데, 그것은 긍정적인 측면이었다. 그 대신 더 잦은 지불수단 부족 현상과 떨어지는 물가와 싸워야 했는데, 그것이 경제적으로 훨씬 더 해로운 영향을 미쳤다.

1873년과 1879년 사이 영국의 물가 수준은 18퍼센트 떨어졌고 1886년까지 다시 한 번 19퍼센트 가량 하락했다. 미국에서도 1870년에서 1890년까지 물가지수가 지속적으로 떨어졌다. 소비자에게 이것은 좋은 세상인 것처럼 보였으나 경제적으로는 하락하는 물가가 위기를 강화했다. 물가 하락으로 생산의 가치는 낮아졌으나 채무의 가치는 낮아지지 않았기 때문이다. 이와 함께 과도 채무의 위험이 커졌고 그런 환경에서 기업들이 지속적이거나 조금씩 오르는 가격 상황에서 당해야 했던 것보다 더 많이 파산했다.

고정 환율

더 큰 문제는 금본위제가 정치적 변혁 가능성을 크게 제한한다는 것이었다. 개별 통화들이 금에 확고하게 연결되어 있기 때문에 그들의 상호관계 역시 변하지 않았다. 그래서 산업국가들 사이에서는 적어도 가치 상승이나 하락이 거의 없었다. 그 상황은 다양한 국가들이 공통의 통화를 사용하는 오늘의 유로 지역에서 나타난 현상과 비교할 수 있다. 그 당시에도 이미 비슷한 문제가 있었다. 제1차 세계대전 전에 이미 다양한 나라들이 밀접한 거래 관계를 맺고 있었기 때문이다. 게다가 자본 유통은 자유로웠고 통제되지 않았다. 산업혁명이 시작된 나라 영국은 여전히 가장 강력한 산업국가였을 뿐 아니라 식민지 대국이었다. 미국과 독일은 신속한 상승세를 타고 있었다. 그에 반해 프랑스와 다른 여타 유럽 나라들의 경제구조는 대단히 농업적이라는 인상을 주고 있었다.

서로 다른 발전 단계와 그에 따른 서로 다른 발전 속도를 보이는 나라들이 서로 거래를 추진하면, 일반적으로 불균형으로 이어지기 쉽다. 더 많이 생산하는 사람은 자기 생산품의 경쟁력이 더 좋기 때문에 과잉생산을 시도하는데, 다른 생산자는 적자를 보게 된다. 임금이 그 나라에서 다른 나라에서보다 덜 오른다면 그것으로 이미 충분하다. 임금 압박은 더 값싸게 그래서 더 많이 수출하면서 더 적게 수입하게 만든다. 낮은 임금이 소비를 제한하기 때문이다. 그런 나라들에서는 그래서 과도한 수출을 시도하고 다른 나라는 채무를 지게 된다. 현재 유로 지역에서 우리가 보고 있는 바로 그런 현상으로 나타난다.

환율에 융통성이 있다면 과잉 생산 국가의 통화는 가치가 상승하고 적자 국가의 통화 가치는 하락한다. 그렇게 해서 과잉 생산 국가 혹은 임금 압박 국가의 수출은 비싸지고 그들의 수입품은 값이 싸진다. 결국 균형에 이를 수 있다. 고정 환율 혹은 단일 통화의 경우에는 이러한 흐름이 막혀 버린다. 독일이 유로를 도입한 이래 그 결과로 유럽중앙은행에 따르면 11년 동안 4퍼센트 이상의 무역수지 흑자를 달성했고 8년 동안은 무려 6퍼센트를 넘었다. 독일은 매년 다른 나라들에서 사오는 것보다 더 많은 물건을 외국에 팔았다. 다른 나라들은 이에 상응해 부분적으로는 이중의 적자를 계속 기록했다. 유럽 통화들 사이에서 가치 상승이나 하락이 가능했다면 그런 극단적 관계는 없었을 것이다. 그와 반대로 독일 마르크화의 대외 가치는 올랐다.

이론적으로 금본위제 조건 아래에서 불균형은 금의 유동으로 없어져야만 한다. 그렇지만 자유로운 자본 유통이 금이 국고를 떠나지 못하도록 막았다. 적자를 금으로 지불하는 대신, 적자 국가들은 현재와 비슷하게 신용 대출을 받았다.

민주주의 없는 금본위제

그럼에도 불구하고 금본위제가 작동한 것은 각국이 고정환율과 금 등 가성의 방어가 각 중앙은행의 최대 목표라는 인식에서 출발했기 때문일 뿐이다. 그래서 엄청난 거래적자에 대한 대응이 자본을 끌어 모으기 위한 드라마 같은 이자 상승이었던 것이다. 기본적으로 개별 국가들은 이런 시스템에서 통화에 대한 최고 결정권을 잃어버렸다. 그들은 자국의 경기 상황에 알맞는 이자 정책을 펼 수 없었고 그 대신 국제 자본수지의 불균형에 대응하는데 급급했다. 이 상황에서 높은 이자는 기업들의 파산과 치솟는 실업 등 심각한 경제위기를 야기하는 것을 의미했는데도 불구하고 말이다. 때로 무역수지의 확실한 균형으로 이어지기도 했지만 그 대가는 실로 값비싼 것이었다. 당시 대부분 적자 국가들은 관세 장벽을 통해 자국 산업을 보호하려는 의도로 보호주의 조치를 강화했고, 환율을 방어할 수 있었다.

미국의 경제학자 배리 아이컨그린$^{Barry\ Eichengreen}$은 다음과 같은 주장을 대표한다. 즉, 수 세기 동안 불변의 고정 환율을 가진 금본위제가 유지된 것은 대부분 산업국가들에 민주적 정치 구조가 없었고 보편적 자유선거권도 없었기 때문이었다는 주장 말이다. 경제사가 칼 폴라니에게 금본위제의 역할은 다른 무엇보다 자본 소유자들의 이익을 돕고 노동자들에게 부담을 지우는 정책을 밀어붙이는 데 있을 뿐이었다. 노동조합들의 저항을 꺾고 좌파 정당들을 정부에서 밀어내기 위해서 언제나 "통화의 위기"를 다시 꺼내들곤 했는데, 이때 한결같이 "부풀어 오른 임금과 적자 예산"에 채무의 원인을 돌렸다고 폴라니는 지적했다.[82]

"통화의 위기"

폴라니는 1930년대 프랑스 레옹 블룸$^{Leon\ Blum}$이 이끄는 국민전선 정부의 짧은 시기를 언급했다. 이때 정부는 케인스주의적 수단들을 동원해 경제를 활성화하려고 시도했으나 금의 대외 유출 금지를 강제하지 않는다는 조건을 받아들였다. 신용으로 재정을 대는 국가 세출로 더 많은 수요를 창출할 정부의 활동 공간은 그 후 곧바로 나타난 자본 도피에 의해 사라지고 말았다. 그보다 앞서 1920년대에도 프랑스는 대대적인 자본 이탈과 명백한 프랑화 위기를 해소하기 위해서 재산세 도입을 두고 논쟁을 벌였다. 세금 프로젝트는 가까스로 매장되지 않았고 프랑스 통화의 대외 가치 역시 회복됐다.

폴라니는 충분한 근거로 금본위제의 폐지 없이는 대통령 루스벨트가 경제위기에 맞서 싸운 무기였던 미국의 '뉴딜' 정책은 결코 가능하지 않았을 것이라고 확신했다. "1930년대 [적당한 시기에 금본위제를 폐지해] 월가의 왕위를 찬탈한 것이 유럽 대륙 방식의 사회적 파국에서 미국을 구했다."[83]

현금 없는 신용

금본위제는 정부의 손을 묶어 두는 대신 은행들이 우선으로 금융 영업에 재정을 지원하기 위해 신용 대출을 확대할 수단과 방법을 찾는 것을 전혀 막지 않는다. 이때 금융 영업의 재정 지원에는 현금이 불필요하기 때문에 발권은행의 지폐 독점 역시 이를 방해하지 않는다.

20세기 1920년대, 정확하게는 1929년에 등장한 증권 거품은 은행신용의 확대가 불러왔고 그것으로 증폭된 것이었다. 신용 확대와 함께 증권시장은 붐을 일으켰고 증권을 사는 사람들의 구매력 증대가 점점 필요해지자 이런 구매력을 폭증시킬 믿을 수 없는 마약으로 사용된 것이 은행의 재정 신용 대출이었다. 말할 것도 없이 소득 분배 역시 한몫을 했다. 부자가 점점 더 많은 돈을 벌고 일반 생산직 노동자와 사무직 노동자가 더 적은 돈을 버는 사회에서는 주식이 훨씬 더 많이 필요하고, 중형 자동차는 더 적게 필요하다. 그렇지만 제대로 된 거대 시장을 위해서는 그 돈만으로 결코 충분하지 않다. 그래서 은행들의 신용 창출로 점점 배가되는 구매력이 필요하며, 은행들은 증권거래소에서 활발하게 움직이는 부자들을 더 부유하게 만드는 데 이바지한다.

이런 흐름을 막기 위해 미국과 영국에서 신용은행과 투자은행의 제도적 분리가 나타났다. 이는 1929년 금융파산의 결과 중 하나이다. 독일에서는 사실 이에 상응하는 법규들이 없었다. 그러나 독일 금융 부문에 아주 중요한 두 개의 이정표는 1945년 이후에 생긴 저축은행들과 조합은행들이었다. 이들은 고전적인 신용은행으로서 증권 영업에서 아예 손을 뗐다. 그 외에 도이체방크, 드레스드너^{Dresdner}, 상업은행^{Kommerzbank} 등이 있는데, 이들은 크게 보면 기업 주식을 소유하고 있지만 그것을 거래하지는 않는다. 오늘의 투자은행이 수행하는 대부분의 다른 영업들은 어쨌든 금지되어 있었다.

브레턴우즈 시스템

전후 시대에 국제적인 차원에서 금본위제가 브레턴우즈$^{Bretton\ Woods}$ 시스템에 의해 해체됐다. 이 시스템은 달러를 국제적인 기축통화로 하여 만들어졌다. 이로써 미국의 통화가 실질적으로 금의 역할을 맡았다. 달러 자체가 사실 공식적으로 고정환율로써 금에 연동되어 있었지만 이 시스템은 처음부터 미 연방준비이사회가 국제 지불수단인 달러를 보유 중인 금의 양을 훨씬 넘어설 만큼 대량으로 공급할 때에만 작동했다. 기축통화란 아무런 상응하는 대가 없이 외국에서 판매될 수 있다는 엄청난 유리함을 의미하기 때문에 연방준비이사회가 이타적으로 행동하는 일은 전혀 없었다. 앞서 엘리 게르네라이히의 예에서 우리는 특정 통화를 인쇄할 권리를 가진 사람이 어떻게 특권을 누리게 되는지를 보았다. 연방준비이사회와 미국의 영업 은행들은 이제 전 세계를 위해 통화를 "인쇄"하게 된 것이다. 그래서 케인스는 한 국가의 통화가 아니라 가상의 통화, 예컨대 '방코르Bancor'라는 이름의 통화에 기축통화의 지위를 부여할 것을 권고했다. 그러나 그것은 미국에게 거의 유리할 게 없었고, 케인스의 제안은 미국인들에 의해 무산됐다.

달러를 기준으로 다른 모든 통화들의 환율이 정해졌으나 그것은 바뀔 수 있는 것이었다. 이어 국제통화기금이 설립되어, 국제수지 적자 국가들을 위한 위기 극복 신용자금을 확보하고, 동시에 무엇보다 그 나라들의 경제정책을 감독해 그 적자를 되도록 환율의 변동 없이 제거하기 위해서 활동했다.

이 시스템 안에서도 곧바로 몇 나라들의 적자와 다른 나라들의 흑자, 즉 불균형이 등장했다. 자본 이동이 엄격하게 규제되는 한, 주로 그 이유로 실물경제적 불균형이 등장했고 후에 거기에 더해 투기적 자본 유통이 나타났고 브레턴우즈 시스템마저 불안정해졌다. 1971년, 변동환율에 유리하게 브레턴우즈 시스템을 포기했다.

전자 화폐의 승리

금융 부문의 엄격한 법적 규제는 유로 시장들에 의해 처음으로 철폐됐다. 이 유로 시장들은 1950년대 후반에 이미 국제무역 지구로서 스스로 금융 거래를 안정화하기 시작했다. 물론 유로 시장들에서는 당시 아직 존재하지도 않았던 유로화를 가지고 거래하지 않았으며 일반적으로 외국 통화, 그러니까 자국 금융 지역의 최고 결정권이 미치지 않는 통화들과 거래하고 있었다. 각국 정부들은 자국 은행들에게 그곳에서 활동하는 것을 금지할 수 있었으나 여러 다른 이유들로 그렇게 하지 않았다.

유로 시장들과 엄격한 규제를 받는 국가의 은행 영업 역시 전자 시스템이 점점 더 지불수단으로서의 입지를 굳히고 있다. 대부분의 산업국가들에서 1970년대 급료 지불이 월급봉투에서 계좌 이체로 바뀌었다. 이때부터 디지털 기입이 점차 지불수단으로서 전진하기 시작했다. 은행으로서 그것은 커다란 장점이었다. 전자 화폐의 승리는 은행들이 발권은행의 현금 독점에 의해 상당히 제한되어 왔던 화폐 창출에 대한 권리를 거의 완벽하게 되찾는다는 것을 의미했기 때문이다. 이 외에도 컴퓨터의 도입과 디지털화는 현재 투자은행들이 하는 대부분의 터무니없는 영업 아이디어와 금융 구성을 위한 전제 조건이었다.

마우스 클릭으로 백만장자

사립 은행들은 현금과 달리 자기 힘으로 전자 화폐를 만들 수 있다. 이것은 다른 모든 경제참여 주체들의 우위에 있는 그들의 대단한 특권이다. 그들의 신용 대여를 위해 은행들은 저축 자금이나 중앙은행의 신용을 필요로 하지 않는다. 전자 화폐는 은행 직원이 한 지로^{GIRO} 계좌에 원하는 액수만큼 대출해 주기만 하면 눈 깜짝할 사이에 등장한다. 그러니까 이 돈은 무^{無}에서, 그저 대출해 주는 것을 통해서 등장한다.[84]

한 거대한 은행이 막스 파울베어라는 예의 바른 고객에게 100만 유로의 신용 대출을 해 주고 싶다고 생각해 보자. 막스의 계좌에 그 금액이 나타나는 순간 해당 은행의 책임자는 수지의 흑자 면에 "고객에 대한 채권"으로 나타난 100만 유로를 보게 될 것이다. 은행은 무슨 돈으로 그 채권을 만들 수 있었는가? 은행은 자체적으로 자금을 마련했는데, 막스의 계좌 상태가 100만 유로 높아진 그 순간에 은행 책임자는 은행 적자 면에 100만 유로로 올라간 "고객에 대한 채무"를 보게 될 것이기 때문이다. 우리가 계좌에 갖고 있는 돈은 우리 대부분이 모르고 있지만 법적으로 보면 우리가 은행에 '빌려준' 돈이다. 그러나 이것이 바로 오늘날의 금융 시스템의 특징이다.

그래서 수지 균형을 맞추는 기술로 모든 은행들은 마우스 클릭을 통해 간단히 돈을 창출할 수 있다. 법적으로 그들의 신용 대출은 법이 정한 자기자본 비율 이하의 액수가 되도록 주의하기만 하면 된다. 이 비율은 특별히 의미가 없다. 신용 대출자가 훌륭한 신용 등급을 갖고 있다면, 자기자본 1유로당 62.5 유로의 신용을 창출할 수 있다. 신용 대출자가 국가라면 전혀 한계가 없다. 맨 처음에는 실물경제 신용 대여를 법정 자기자본 이하로 제한했고 특히 최고 신용 등급을 받기가 어려울 수밖에 없는 소기업과 창업자에게는 제한이 심했다. 이에 반해 금융 영업을 위해 만들어진 혁신적인 금융 상품들은 전부 자기자본으로 인정

받을 수 있었다.[85] 또는 현저한 위험의 감소를 통해 자기자본 이하 의무를 축소하는 파생 상품이 여기에 이용됐다. 이 덕분에 신용보증 보험들이 붐을 맞았다. 투자은행 부문에서 활동하는 오늘날의 거대 금융기관들은 약간의 상상력과 창의성을 동원해 무제한의 돈을 만들어 내고 있다. 이런 방식으로 그들은 금융 부문의 제어되지 않는 성장과 증대하는 재산 및 채무 거품에 돈을 마련해 준다.

끝으로 덧붙이자면, 은행들은 특정 규모의 투자를 위해 중앙은행의 자기 계좌에 정해진 최소 예금을 넣어 두어야 한다. 단, 이 신용 대출 규정은 자기자본 규정보다 오히려 느슨한데, 대출에 필요한 자금은 언제든지 중앙은행에서 빌릴 수 있기 때문이다. 은행들은 이를 위해 셀 수 없이 많은 금융 증권을 담보로 제공할 수 있다.

돈을 찍을 특허

어떤 사업이 승승장구하여 엄청난 이익을 올리면 우리는 그 사람이 "돈을 찍어 낼 특허"를 가졌다고 말하곤 한다. 사립 은행들은 말 그대로 이런 특허를 갖고 있는데, 그들은 어떤 권한도 없으면서 자력으로 어떻게든 전자 화폐를 "찍어 낼 수" 있다. 찍어 낼 수 없는 것은 현금일 뿐이다. 그건 문제가 안 된다. 현금의 역할이 점점 더 줄어들고 있고 갑자기 모든 사람이 현금을 갖고자 하는 그리스에서 일어난 상황은 전적으로 예외에 지나지 않는다.

자, 이제 다시 행운아인 우리의 막스 파울베레와 그의 신용 대출 100만 유로에 대해서 이야기해 보자. 무엇이 일어났고 왜 그 금액이 계좌로 입금됐는가? 일반적으로 사람들은 특별한 계획이 있을 때 신용 대출을 받으려고 한다. 자기 계좌에 돈이 있었다면 별로 할 말이 없다. 그러나 파울베레가 자기 이름을 걸고 신용 대출을 받아 일등석 비행기를 타고 몰디브에서 개인 요트를 즐기는 최고급 휴가를 보낸다고 해 보자. 그것을 위해 그가 100만 유로를 현금으로 꺼내는 일은 거의 없다. 대신 그는 그 돈을 그의 여정 일체를 예약해 주는 여행사로 이체한다. 이 여행사는 그와 같은 은행에 계좌를 갖고 있어 은행 수지에는 전혀 변동이 없다. 다만 은행이 거래하는 고객이 막스가 아니라 여행사로 바뀌었을 뿐이다. 은행이 크면 클수록 여행사 역시 그들의 고객일 가능성이 더 높아진다.

그와 달리 100만 유로의 돈이 한 계좌에서 다른 은행으로 간다면 막스의 은행은 그들의 수지에서 100만 유로를 잃는다. 물론 자기 은행에서 다른 은행으로, 혹은 반대로 수많은 이체가 이루어지는 그날 업무가 종결될 때에야 그렇게 된다. 마지막에 액수가 틀리더라도 그게 반드시 문제가 되는 것은 아니다. 그러면 막스의 은행은 국제 은행 시장에서 필요한 액수만큼 신용 대출을 받는다. 자기 고객의 계좌에 있는 돈과 유일한 차이는 이 신용에 대해 약간의 이자를 내야 한다는 것뿐이다.

은행의 구원자 유럽중앙은행

막스의 은행에게 더 어려운 일은 그들의 명성이 좋지 않다든가, 그 나라 전체 은행 시스템의 명성이 나쁜 것, 그리고 여행사가 외국에 있을 경우이다. 그럴 경우 전송 오류를 일으킨 금액을 국제 은행 시장에서 빌려

충당하기가 어렵다. 외국 은행들이 막스 파울베레의 은행에 신용을 줄 마음이 내키지 않기 때문이다. 그러나 그것 역시 큰 사고는 아니다. 왜냐하면 그런 어려움에 처한 은행들을 돕기 위하여 유럽 중앙은행의 은행장 마리오 드라기$^{Mario\ Draghi}$가 존재하기 때문이다.

유럽중앙은행은 금융위기 이래 국제 은행 시장에서 더 이상 자금을 빌릴 수 없거나 사설 은행에서 빌린 자금에 대해 훨씬 더 높은 이자를 물어야만 하는 유럽 은행들에게 수십조 유로의 신용 대출을 해 주고 있다. 유럽중앙은행은, 아무것도 없는 것에서 돈을 창조해 낸 것이 아니라 안전이 보장되는 경우에만 은행에 자금을 준다고 주장한다. 실제로 은행들은 유럽중앙은행에서 신용을 얻으려면 증권을 담보로 제공해야 한다. 그러나 그런 증권에 대한 기준이 점차 낮아졌고 그 사이에 국가 채무에서 패키지 부동산 신용 대출에 이르기까지 거의 모든 것을 받아들이고 있다.

유럽중앙은행이 없다면 해당 은행들은 무제한 돈을 찍어 낼 그들의 권한을 박탈당했을 것이다. 그들은 누군가 새로운 돈을 그들에게 맡길 때에만 추가 신용을 제공할 수 있었을 것이다. 여기에다 유럽중앙은행은 모든 가능한 금융 증권 및 불가능한 금융 증권 또한 담보로 대신 받아 줄 뿐만 아니라 자신이 사들이기도 함으로써 이 새로운 돈 역시 관리해 준다. 은행이 판매자일 경우 은행은 그 돈을 직접 그들의 중앙은행 계좌에서 받고, 금융 펀드나 기업이 판매자일 경우 은행은 그 돈을 자기 은행에 있는 그들 계좌의 잔고에서 받는다. 이런 방법으로 매달 600억 유로라는 엄청난 돈을 은행들이 사용하도록 제공했다.

이론적으로는 이렇게 함으로써 유럽 전역의 모든 은행들은 그들의 신용 대출을 확대할 충분한 가능성을 갖는다. 그들은 실제로 그렇게 하지만 그것이 의미를 가질 수 있는 실물경제에서만은 그렇게 하지 않는다. 특히 위기 국가들에서는 그렇게 하지 않아서 실물경제는 새로운 신용을 얻거나 이전의 신용을 연장하는 것에서 변함없이 커다란 어려움에 부딪친다. 이에 대해 목소리를 높여 불평을 터뜨리지만 그 이유는 아주 명백하다. 이제 우리는 왜 막스 파울베레가 100만 유로의 신용을 아마 전혀 받지 못하게 되고 몰디브에서 보낼 그의 휴가가 무산되고 마는지 분명히 이해할 지점에 와 있다. 은행은 그가 이 대출을 언젠가 갚을 수 있으리라고 다소 확실하게 믿지 않기 때문이다.

거품 대 중간 계층의 신용

모든 소기업들과 중산층이 신용 대출을 갚을 수 없는 것은 물론 아니다. 그러나 영업 계획이 그대로 실현되지 않을 혁신 상품과 기술들에 투자할 때 그 위험은 작지 않다. 그들이 충분한 담보물을 결여하고 있다면 은행으로부터 단 한 푼의 유로화도 얻지 못할 것이다. 은행이 실제로 자기 힘으로 돈을 만들어 내더라도 신용이 의심스러워지면 은행은 그 신용을 자기자본에서 제외해야 하기 때문이다. 그렇게 되면 그리스에 대해서는 침묵하더라도 스페인, 포르투갈, 이탈리아 등에서 기승을 부린 경제위기의 상황이 덮치게 되고 그러면 아마도 자기 은행 수지에 의심스러운 많은 신용을 감추고 있는 은행가는 소기업들에게도 언젠가 그런 바람이 불 것이라고 우선 계산할 것이다. 그래서 은행가는 차라리 곧바로 지갑을 닫아 버린다.

게다가 중산층 사람들은 거대 은행에서 비교적 소액을 필요로 한다는 점이 단점으로 작용한다. 수십억 유로의 금융 영업에서 이루어지는 수입 지출의 관계가 훨씬 더 유익하다. 여기에다 은행들은 다음 파산이 도래한다 하더라도 어차피 그것은 누구에게나 마찬가지로 올 것이라고 믿을 수 있다. 그러면 그들은 다시 국가에 의해 구원을 받을 것이고 어차피 그것은 지나갈 일이다. 강력한 미국 은행 시티그룹^{Citigroup}의 회장이 2007년 7월까지도 그렇게 생각했듯이, 음악이 연주되는 한 사람들은 춤을 춰야만 한다고 그들은 생각한다.

왜 오늘의 은행들이 거의 무제한으로 돈과 신용을 창출하고 무엇보다 금융시장들에 나타나는 새로운 거품들과 점차 증대하는 거품들에 재정을 대는지, 그리고 합리적인 투자들에는 똑같이 재정을 대지 않는지 그 근거들이 여기에 있다. 실물경제에 대한 신용의 공급이 상대적으로 개선되지 않고 있기 때문에 유럽중앙은행의 정책이 여러 측면에서 비판을 받고 있다. 유럽중앙은행이 2008년의 대파탄 후에 그리고 유럽의 국제 은행 시장의 파산 후에 수십억 유로를 가지고 뛰어들지 않았다면 그 사이에 거의 모든 부동산 시장들에 실제로 나타난 거품들은 아마도 나타나지 않았을 것이라는 주장은 정당하다. 하지만 남유럽의 실물경제는 오히려 더 어두운 전망을 갖게 되지 않았겠는가. 신용위기가 아니라 신용의 완벽한 붕괴 그리고 그와 함께 나타난 더 엄청난 파산과 더 높은 실업률 수치를 경험하게 되지 않았겠는가.

사이프러스의 고통

더구나 은행들의 파산은 지불 거래를 크게 방해한다. 오늘날 우리가 일상적으로 물건을 사고 집세를 지불하는 돈의 80퍼센트 이상이 전자 화폐라는 바로 그 사실 때문에, 이런 거래가 아무런 문제없이 이루어지는 것은 은행들의 안정성에 달려 있다. 사이프러스 사람들은 지금까지 유럽에서 유일하게 전자 화폐가 법적으로는 은행에 맡긴 우리의 신용을 의미한다는 것을 경험해야만 했다. 달리 말하면 은행이 파산하면 그 돈이 날아가 버린다는 것이다. 사이프러스에서 건실한 기업들조차 직원에게 급료를 지불할 수 없었는데, 그들의 보유 계좌들이 파산한 은행의 청산에 투입됐기 때문이다. 그런 사건이 가져온 걱정만으로도 전체 국민경제를 궤도에서 벗어나게 하기에 충분하다.

 은행이 가진 불굴의 권력은 여기에 근거한다. 예컨대 결제의 수행과 기업들에 대한 신용 제공과 같이 결정적으로 중요한 국민경제적 기능을 우리가 이 기관의 손에 맡겼고, 이 기관이 야만적인 금융 투기에 탐닉함으로써 커다란 수익을 얻도록 우리가 허락했으며, 끝으로 양측 모두에게 하나의 같은 원자재 즉 전자 화폐가 필요해졌기 때문에 우리는 강탈당하고 있다. 우리는 알 수 없는 투기장을 지원하는 셈이다. 그들이 비록 냉정하고 불충분하기는 하지만 기업적 투자에 재정을 대고 우리가 슈퍼마켓에서 대금을 지불할 수 있도록 돌봐주기 때문이다. 앞에서 인용한 마르틴 헬비히의 예로 돌아가 다시 말하면 화학 기업이 우리의 강과 숲에 해독(害毒)을 끼치는 데도 같은 독성 약품을 이용해 우리 삶에 결정적으로 중요한 의약품을 소량이나마 만들어 내기 때문에 우리는 화학 기업을 위해 돈을 지불하고 있는 것이다.

물론 계속 그렇게 하도록 내버려 둘 수도 있다. 그와 반대로 우리는 어떻게 하면 수원水源을 해치는 독성 물질을 재구성하여 더 많은 약품을 생산할지, 어떻게 하면 기업이 우리의 환경을 오염시키면서 가장 많은 이익을 낼 기회를 더 이상 갖지 못하도록 할지에 대해 생각해 볼 수 있다.

화폐는 공공재

은행의 핵심 과제는 구매력을 제공하는 것이다. 우리의 복지를 더 높이고 동시에 그것을 자연스러운 일로 만드는 혁신적인 경제 발전을 이룩할 길을 닦기 위해서 그래야 한다. 지나치게 많거나 모자라지도 않아야 한다. 이 과제를 완수할 은행 시스템은 어떠해야 할까?

우리는 위에서 돈은 아무런 비용이 들지 않기 때문에 돈이 부족하지는 않다고 지적했다. 사람들이 모든 것을 살 수 있을 경우에도 그렇다. 돈을 만들 특허를 가진 사람은 다른 모든 경제 참여 주체들에 대해 엄청난 특권을 갖는다. 하지만 돈을 손쉽게 만들어 낼 수 있더라도 돈은 겨우 충당할 만큼만 있어야 한다. 한 경제가 너무 많은 돈을 투입해서 수요가 공급보다 신속하게 커지면 가격이 오른다. 그와 반대로 신용 제공이 막혀서 중요한 투자들의 재원을 마련할 수 없게 된다면, 그것은 위기를 낳는다. 끝으로 누가 신용 대출을 받고 무엇을 위해서 받느냐가 결정적으로 중요하다. 돈이 유용한 기술들과 혁신적인 생산품으로 흘러가면 거기에 상응한 무언가 창출된다. 그것이 소비의 확대로 흘러가면, 경제를 위기 속으로 휘감을 수 있고 너무 많은 돈을 투입할 경우 인플레이션의 위험이 나타난다. 지불 능력이 부족한 사람에게 많은 신용이 가면 미국의 서브프라임 모기지론처럼 언젠가 무너질 부채 피라미드가 등장한다.

이런 속성을 가진 재화를 가지고 경제를 뒷받침하는 일을 사익을 추구하는 기업들에게 맡기는 것이 과연 온당한 일인가? 전혀 아니다. 바로 그런 이유로 19세기에 현금을 인쇄할 권리를 은행들로부터 박탈했다. 돈의 창출은 공적인 과제라는 것이 그 뒤에 숨어 있는 명제다. 당시 국가에 우호적이지 않았던 자유주의 학파의 경제학자들 역시 이 명제를 지지했다.

자금 중개자로서 은행?

그래서 많은 사람들은 합리적인 규제의 중심 목표는, 어떻게든 시민들이 은행이란 저축자들의 돈을 모아서 그것을 기업들에 다시 넘겨주는 단순한 중개자인 것처럼 믿게 만드는 데 있다고 보았다. 그러나 규제는 그것을 훨씬 뛰어넘어 무無에서 신용을 창출할 가능성을 은행으로부터 탈취하는 데까지 나가야한다. 그렇게 되면 은행들은 이전에 저축자들로부터 받아 둔 것만을 다시 넘겨줄 수 있다.

의문은 그것이 의미가 있느냐는 것이다. 신용은 경제로 들어가는 추가 구매력이다. 절약은 누군가가 자신의 구매력을 사용하지 않는 것을 의미한다. 그래서 안정적 화폐 시스템은 신용 대출이 절약을 뒤따르는 것을 전제로 하는가? 전혀 아니다. 신용을 통해 경제적으로 의미 있는 투자에 재정을 투입했다면 그것으로써 가능해진 추가 생산을 통해서 화폐의 상응 가치가 등장한다. 저축이 생산에 앞서가야 할 근거는 없다. 국민경제적으로 저축은 투자에 의해 '등장한다'. 왜냐하면 투자 재화를 위해 지출되는 돈은 더 이상 소비를 위해 지출될 수 없기 때문이다. 누구도 소비를 위해서 은행에 돈을 맡길 필요는 없다.

때로 우리는 소비 절약을 통해서 결과적으로 투자를 지원한 사람들에 대해서는 전혀 언급하지 않는다. 그러나 거의 모든 산업국가들에서 산업화는 임금 소득자들의 의도하지 않은 소비 절약을 통해서 재정 지원을 받았다. 예컨대 19세기 잉글랜드에서도 20세기 한국에서도 민주적인 수단만을 동원한 것은 아니지만 항상 국가는 장기적인 저임금을 유지하기 위해서 노력했다. 은행에 의해 추가로 만들어진 구매력(이른바 신용 대출)과 마찬가지로, 그렇게 해서 얻은 높은 수익을 통해서도 엄청난 규모의 투자액이 형성될 수 있었다.

동일한 동력이 물론 반대 방향으로 영향을 미칠 수 있다. 낮은 투자가 소득을 낮추고 마침내 절약의 수준을 아래로 끌어당긴다. 그해 말에는 한 국민경제에서 대외무역을 제외하면 저축과 투자는 항상 동일하다. 그러나 결정적인 것은 그해 '동안'의 동력이다. 그 동력이 저축과 투자가 마찬가지로 높거나 혹은 마찬가지로 낮았는지를 규정하기 때문이다. 그리고 한 국민경제에서 투자 성과뿐만 아니라 절약 역시 높으면 높을수록 누군가 이전에 자기 저축 계좌에 돈을 저축했는지 여부와 상관없이 의미 있는 투자를 위한 구매력이 그만큼 더 많아진다는 주장도 있다.

노동을 통한 자본의 등장

이와 관련하여 다른 시각에서 보면 다음 명제가 얼마나 불합리한 것인지를 알 수 있다. 즉, 성과 없는 자본소득이 사람들에게 절약과 소비 자제의 동기를 유발하고 그래서 경제에 충분한 자본을 제공할 수 있도록 국민경제적으로 반드시 필요하다는 주장 말이다. 자본 형성이 비자발적인 소비 자제를 통해서, 그러니까 일하는 사람들의 저임금을 통해서 얻은 수익에 있다고 본다는 점에서, 위의 주장이 얼마나 터무니없는 것인지는 명백하다. 그리고 은행이 무無에서 구매력을 창조해 투자 재정을 댐으로써 자본이 등장한다고 할지라도, 신용 상환 후에 새로 형성한 자본 중에서 배당과 여타 분배의 형태로 주어지는 청구권이 성과도 내지 않은 사람에게 돌아가는 것이 정당하다고 보기는 매우 어렵다. 은행이 창출한 구매력의 상응 가치는 새로 형성한 자본의 경우에는 새로운 생산에서 등장하며, 그와 함께 가게 운영자, 엔지니어, 그리고 보조 노동자에 이르기까지 노동을 수행한 사람들의 노동에서 등장한다.

이미 우리가 이 책의 1부에서 확인한 바대로, 자본은 노동의 결과이지 개인의 절약의 결과가 아니다. 추가적 자본 형성의 전제는 은행이 창출한 구매력으로서, 이것이 비로소 투자프로젝트를 전적으로 가능케 한다. 그럼에도 오늘날 그러한 구매력은 은행들이 높은 보증을 요구하기 때문에 이미 자본을 가진 사람들만을 위해서 존재한다. 오늘의 시스템에서 이것이 자본소유를 배타적으로 만든다. 자본은 자본을 가진 사람에게 주어질 뿐 그가 절약하면서 궁핍하게 일만 하는 삶을 살기 때문에 주는 것은 아니다.

완전화폐 이론

화폐 제도로 돌아가 보자. 전에는 현금을 필요로 하던 일을 오늘날 대부분 전자 화폐로 대체하고 있다. 심지어 현금을 완전히 없애자는 논의조차 있다. 은행들이 단순히 화폐 중개자가 되기를 바라는 사람은 옛날에 현금을 인쇄할 권리를 빼앗았던 것에 덧붙여 전자 화폐를 자력으로 생산할 권리를 은행들로부터 박탈해야 한다고 주장한다.

 기술적으로는 어렵지 않다. 시민들과 기업들 등 우리 모두 우리의 지로 계좌를 더 이상 어떤 사설 은행에도 개설하지 말고 직접 중앙은행으로 옮기는 것이다. 그렇게 하면 지로 계좌에 있는 돈이 사설 은행의 신용자금이 되지는 않을 것이다. 어느 은행이 파산한다 하더라도 우리의 저축금이 영향을 받을 뿐이고 이자와 무관한 지로 계좌에 들어 있는 돈에는 영향을 끼칠 수 없을 것이다. 그때야 은행들이 실제로 중개자일 따름이고 영업을 위해 우리의 돈을 필요로 한다는 사실이 확연해지면 저축자로서 우리는 갑자기 다시 뜨거운 구애를 받게 될 것이고 그러면 무이자 저축 통장의 시대는 끝이 날 것이다. 마침내 우리는 지로 계좌의 더 안전한 돈을 사설 은행의 저축계좌로 옮기게 될 것이다.

 그렇게 된다면 은행의 신용은 절약을 통해서만 등장하게 된다. 돈을 무에서 창출할 권리를 갖게 된 유일한 기관은 중앙은행이 될 것이다. 완전화폐 이론가로 불리는 경제학자들 그룹이 이 모델을 대표하고 있다. 그들 대부분은 그렇게 해서 중앙은행이 추가 자금을 유통시키고 그것을 국가에 주면 국가는 그 돈으로 의미 있는 일을 재정적으로 뒷받침할 것을 권고한다. 돈을 인쇄할 특권은 비용을 들이지 않거나 혹은 거의 비용을 들이지 않고 수익을 내는 사람에게 주어져야 한다. 그것은 더 이상 은행이 아니라 국가가 될 것이다. 이것이 완전화폐 학파의 권고가 가장 공감을 일으키는 측면인데, 다시 한 번 되돌아가 보자.

얼핏보면 이 개념은 상당히 믿을 만하다. 모든 사람이 안전한 계좌에 접근할 수 있기 때문에 오늘의 상황보다 개선될 것이다. 하지만 좀 자세히 살펴보면 문제가 없지 않다. 은행들이 저축금만을 대출해 줄 수 있다면 실물경제의 신용 대출이 현재보다 더 나쁜 상태에 빠질 것이라고 많은 사람이 우려하고 있다. 어떤 경우에도 수익 지향적인 은행들은 신용 대출을 받는 사람에게 추가 비용을 물려서 저축자에게 지불하는 이자를 더 높일 것이다. 그리고 또한 자금 여력이 많지않아 신용 대출 대상의 선발 역시 더 엄격해질 것이다. 그것은 더 많은 투자 프로젝트들이 오늘날에 비해 더 많이 거절당한다는 것을 의미한다. 위험이 높은 혁신들은 그런 상황에서 재정 조달에 오히려 더 나쁜 전망을 갖게 될 것이고 이미 존재하는 콘체른보다 파산 가능성이 항상 더 큰 소기업들 역시 비슷한 상황에 처할 것이다.

은행 파산과 국가의 보증

그런 조건에서 사설 은행들이 다시 파산에 이르게 될 것이라는 주장 또한 전혀 설득력이 없다. 은행이 파산하더라도 변함없이 오직 은행에 쌓인 저축금에만 영향을 미칠 것이다. 은행이 납득할 수 없는 조치를 취하면 그것이 법적으로 정당하든 그렇지 않든 사람들은 저축금을 되찾아 지로 계좌로 옮기기 시작할 것이다. 그것만으로도 위에서 서술한 제도에서 한 은행을 지불 불능 상태로 만들기에 충분할 것이다. 저축 계좌에서 지로 계좌로의 이런 단순한 이동만으로도 모든 사람들이 갑자기 현금을 갖고자 한 2015년 6월 그리스의 은행 파산과 동일한 효과를 갖는 것이다. 정상 환경에서 (그리스는 전혀 정상적인 환경에 있지 않았지만) 중앙은행은 증대하는 현금 수요에 응하여 더 많은 현금을 인쇄하게 되듯이, 완전화폐 시스템에서는 중앙은행은 저축금에서 인출해 파산 은행으로 더 많은 신용을 주어 균형을 맞추어 줄 수밖에 없을 것이다. 중앙은행이 그렇게 하지 않는다면, 그 해당 은행은 파산하고 저축자들은 그들의 돈을 잃어버린다.

왜 많은 사람들은 그런 제도 안에서 중앙은행에 있는 계좌에 자기 돈을 안전하게 둘 수 있는데도 불안한 저축 계좌에 돈을 넣어두게 될까? 2만 유로를 저축한 사람이 첫해에 3퍼센트 이자로 600유로를 벌었다고 하자. 괜찮은 액수의 이자이지만 긴급 상황에 인출할 가능성을 포기할 정도로 충분히 높지는 않다. 물론 저축금의 이자가 좀 더 높이 오를 수도 있을 것이다. 그러나 그렇다고 해서 그 저축금이 기업에 신용 대출을 제공할 정도로 증대하겠는가? 소액 저축자가 절약한 돈을 상실하게 될 은행의 파산이 일어나면 수백만의 은행 고객들은 곧 그들의 컴퓨터에 앉거나 혹은 은행 지점으로 달려가 사설 은행에 있는 그들의 저축 계좌에서 전액을 출금할 것이다. 그런 파산을 막을 유일한 가능성은, 오늘날 10만 유로까지 그렇게 하고 있듯이, 법적인 저축 보증이 될 것이다. 그러나 국가가 법을 통해 사설 기관의 채무를 보증한다면 시장경제에 어떤 영향을 미칠까? 더구나, 완전히 파산한 은행들의 수명을 저축의 법적 보증을 근거로 하여 중앙은행의 신용 물 대기로 연장하려는 유혹이 적어도 오늘날 그런 것처럼 대단히 높아질 것이라고 가정해 볼 수 있다.

금융 연금술사의 개입

아마도 더욱 중요한 것은, 우리가 기억하는 바대로, 중앙은행의 현금 독점조차도 은행들이 1929년까지 신용 대출을 통해 엄청난 증권 붐에 재정을 대는 일을 막지 못했다는 사실이다. 오늘의 기준으로 보면 당시에 전자 화폐가 없었음에도 그랬다. 은행들 역시 전자 화폐를 전혀 필요로 하지 않았다. 완전화폐 시스템의 틀 안에서도 수령자가 해당 금액을 지로 계좌가 아니라 정기예금 계좌로 받는다면 한 은행이 무에서 돈을 창출하는 일이 가능할 것이다. 입금 증서는 그다음에 금융 영업을 위해 사용될 수 있다.

오늘날 셀 수 없을 정도로 다양한 파생 상품들을 이용할 수 있는 은행들이 더 많은 신용자금을, 그것도 다른 무엇보다 투기적 용도를 위해서, 무에서 창출해 내고 유통시킬 방법을 찾아내지 못하리라고 믿는 것은 아마도 순진한 생각일 것이다. 오늘날 특별한 파생 상품들을 동원해 자기자본 규정을 쓸데 없는 것으로 만들어 버리는 것처럼, 완전화폐 시스템에서는 일단의 금융 연금술사들이 새로운 조건 아래에서도 과도한 금융 영업에 재정을 댈 새로운 파생 상품 구성을 짜내는 업무에 매달리게 될 것 같다. 그리고 그 방법을 찾아낼 것이다.

완전화폐 이론가들의 생각은 옳은 방향으로 가고 있기는 하나 충분히 나가지 못하고 있다. 유령을 성수와 간절한 기도를 통해 일시적으로 축소시키거나 구석으로 몰아붙이는 것만으로는 부족하다. 병 속에 다시 가두어야 한다. 그리고 코르크 마개를 씌워서 두 번 다시 활동할 수 없도록 해야 한다. 좀 덜 형이상학적으로 표현하면, 국민경제에 치명적인 결과를 미칠 것이기에 기업들이 파산을 맞아서는 안 되는 분야, 동시에 국가의 책임보증이 있을 때에만 살아남을 수 있는 분야는 개인의 수중에 들어가거나 개인이 손을 잡을 수 없도록 해야 한다.

공적 재화는 시장에 나오지 않는다

화폐는 '공적 재화'이다. 공공재는 시장에 등장하지 않는다. 좀 더 정확히 말하면 그것을 위해 작동하는 시장은 없다. 나쁜 자동차를 만드는 콘체른은 언젠가 시장에서 사라진다. 나쁜 금융 상품을 생산하는 콘체른은 오히려 점차 강력해지고 언젠가 미국 재무부 장관 자리를 차지한다. 그것이 차이점이다. 경제의 재정적 뒷받침은 수익 지향적인 개인 기업의 과제 영역에 속하는 것이 아니라, 공공의 의뢰를 받아서 일하고 엄격한 규정에 의해 통제받는 공동의 복지 지향적인 기관의 수중에 속해야 한다. 수도 공급, 병원, 근거리 교통, 그리고 다른 많은 공공 서비스 부문들이 기본적으로 비슷하게 이와 관련이 있다. 사유화할 수는 있겠지만, 그 이후 해당 부문들이 정상적으로 작동하지 않는다 하더라도 놀랄 일이 아니다.

하지만 사설 공급업체의 반대가 곧 국립이라고 할 수는 없다. 사설과 비슷한 영업 모델을 가진 공공 은행이 있었고 다른 분야에도 마치 사설 수익 사냥꾼처럼 행동하는 국가 소유의 기업들이 있었으며 현재도 있다. 금융 분야의 지역은행들•과 철도 분야의 도이체반$^{Deutsche Bahn}$을 예로 들 수 있을 것이다. 도이체반이나 지역은행들도 처음부터 그렇지는 않았다. 도이체반이 여전히 연방철도^{Bundesbahn}로 불리던 때에는 작은 장소에도 기차역이 있었고 직원들은 파업할 이유가 없었다. 지역은행들이 여전히 저축은행의 어음 교환 센터였고, 공적이거나 사적인 투자 프로젝트의 더 큰 규모의 금융 조달에 책임감을 느끼고 있었을 때, 경제의 발전에 중요하게 이바지했다. 언제부터인가 이 두 분야에서 규정들이 느슨해졌고 최대의 수익 달성이 기업의 최고 목표가 됐다. 그리고는 공적 과업과 공동의 복지 지향성이 사라져 버렸다.

3-6-3 규칙

저축은행들과 조합은행들의 영업 모델은 전체적으로 합리적인 금융 부문에 잘 어울린다. 이 은행들은 지역 경제에 재정을 대고 소액 저축자들에게 안전한 저축 가능성을 제공한다. 전에 이 모델을 3-6-3 모델이라고 불렀다. 이 은행들은 오전에 3퍼센트의 이자로 저축금을 받고 정오에 6퍼센트로 신용 대출을 한 다음 이 영업 외에 다른 할 일이 없기

• Landesbanken, 독일 연방의 각 주(州)들을 위해 모든 은행 업무를 수행하는 신용 기관인 동시에 해당 지역에서 일반 은행이 하는 업무를 맡는다. 저축은행이 중소기업과 대중 영업을 주로 하는 반면 지역은행은 대기업, 자산가들, 기관 투자자들을 주로 영업파트너로 삼는다. 그러나 1960년대 말 이래 지속적으로 지역은행들의 연합 움직임이 나타났고 그와 함께 점차 일반 영업 은행 내지 보통 은행으로 시장에 등장했다.

때문에 은행간부들이 오후 3시경에 골프를 치러 갔다. 기본적으로 이런 단순한 모델이 합리적인 은행이 어떻게 작동하는지, 그리고 반드시 골프를 쳐야 하는 것은 물론 아니지만 오후에 어떤 일정이 잡혀 있는지를 잘 서술해 준다.

그럼에도 불구하고 저축은행들과 조합은행들도 전체 금융 시스템의 잘못된 발전을 막지는 못하고 있다. 그들 역시 고객에게 불투명한 금융 상품을 팔기도 한다. 이 은행들에서도 청년 기업가들은 신용 대출의 기회를 잡기 어렵다. 그리고 이곳에서도 소기업들이나 계좌 입금액 초과 대출자들에게 부과하는 대출 이자는 6퍼센트 선을 분명히 넘어 서지만 새로운 저축에 대해 현재 저축자들은 더 이상 이자를 받지 못한다. 이런 결함은 전체 금융 부문의 새로운 체계와 변화된 활동 여지를 통해서만 제거될 수 있다.

작은 것이 아름답다

그래서 목표는 작게 쪼개진, 공동의 복지를 지향하는 금융 부문을 갖추는 것인데, 이 금융 부문 역시 비용을 충당할 수 있어야 하지만 수익 지향적이지 않아야 하고 공적 재화인 화폐를 사회적으로 필요한 우선순위에 맞게 경제가 발전할 수 있는 일에 투입해야 한다. 여기에서 제안한 금융 질서의 핵심 주체는 "공동번영은행들Gemeinwohlbanken"이다. 공동번영은행들은 우선 소규모 지역은행들로서, 제한된 작은 지역 안에서만 영업을 하며 그래서 기업들과 지역 사정을 잘 알고 있어야 한다. 그밖에도 어음 교환 센터로서, 그리고 거대한 사적 혹은 공적 투자 프로젝트의 재정 충당자로서의 역할을 감당하는 소수의 거대 기관들도 있어야 한다. 또한 그 기관들은 전국적인 영업 범위를 가져야 할 것이다. 공동번영은행은 공동번영 지향적이지 않은 금융기관들과의 영업 관계를 일반적으로 거절해야 한다. 마지막으로 공동번영은행들의 최종 신용 제공자로서 중앙은행이 공동번영 금융 부문에 소속되어야 한다. 중앙은행은 공동번영은행에 지불 가능성과 현금 잔고를 유지해 주고 이에 더해 국가 금융 담당자로서 활동하며 무엇보다 안정적인 가격을 비롯하여 높은 액수의 투자와 완전 고용을 달성하는 안정적이고 혁신적인 경제를 목표로 해야 한다.

은행과 은행의 영업 범위를 작은 단위로 쪼개는 것은 가장 중요한 의미를 갖는다. 연쇄반응을 예방하고자 한다면 그 고리들을 끊어야만 한다. 그것은 기본적으로 여러 나라들에서 은행들을 규제해 안정을 이루려고 시도하는 것보다 전망이 아주 밝다. 역사가 보여 주는 바에 따르면, 합리적인 규제를 방해하는 확실한 방법은 여러 다양한 나라들이 하나로 통일을 이루도록 규정하는 데 있다. 최소의 공통분모는 하이에크가 이미 알고 있었던 바대로 언제나 더 연약한 것이다. 그래서 유럽연합의 역내 금융시장은 처음부터 거대 은행들의 이익에 맞춘 탈규제 프로젝트였다. 마찬가지 이유로 유럽은 지난 대위기의 결과로 나타난 새로운 규제 문제와 관련해 적어도 몇 가지 점에서 새로운 강화의 길로 들어선 미국보다 더 나쁜 상황에 있다. 합리적인 규정을 갖고자 한다면 우선 그 규정을 한 나라에 전면 도입하는 것이 최선이다. 그것이 가장 좋은 해결책이라는 것이 증명됐기 때문에 다른 나라들에서 그것을 따라 한다면 언젠가 유럽 전체에 합리적인 금융 제도를 건설할 수 있을 것이다. 이와 반대로 처음부터 유럽연합 차원의 합의를 도출할 규정을 만들려고 한다면 그 목표에 도달하지 못할 것이다.

필수적인 자본 이동의 통제

공동번영 지향적인 화폐 질서는 다른 통화와의 교환에서 엄격한 자본 유통의 통제가 효력을 발휘하기만 하면 유지될 수 있다. 금본위제가 어떻게 정치의 활동 공간을 제한했으며 결국 국제적 기준에서 거대 자금을 움직이는 사람들의 이익에 따르는 것을 정치의 의무로 삼게 됐는지를 우리는 보았다. 금본위제가 없더라도 자유로운 자본 유통은 통화의 가치를 실물경제의 발전에서 완전히 독립시켜, 해당 국가의 정책이 거대 자금 운용자들을 만족시키는지 아닌지에 따라서 위로 혹은 아래로 출렁이게 한다는 것을 의미한다. 노벨 경제학상 수상자 조지프 스티글리츠는 전 지구에 걸친 자본의 자유롭고 신속한 유통은 기본적으로 최소한의 실효적 수익도 생산하지 않는다고 지적했다. 유일한 "수익"이라고는 노동자들의 지위가 명백하게 하락하는 것인데, 자본 이탈의 위협을 이용해 낮은 자본세와 마찬가지로 임금 하락을 압박할 수 있을 것이기 때문이라고 스티글리츠는 보았다.

이에 대한 사례는 많다. 프랑스의 대통령 미테랑François Mitterrand 은 1980년대 초 심각한 경제위기를 맞아 케인스주의적 정책을 추진하려고 했고 그런 도구들을 채택함으로써 프랑스 경제가 다른 많은 나라들과 달리 부정적이지 않은 경제성장 수치를 증명하는 데 성공했지만 프랑화에 대한 투기로 마침내 실패하고 말았다. 그는 급격한 평가절하를 받아들이고 유럽 통화 시스템에서 탈퇴하거나 혹은 자신의 수요 증진 정책을 포기하거나 둘 중 하나를 선택해야만 했다. 미테랑은 후자를 결정했다.

수년 전부터 전 세계적으로 나타난 엄청난 자본 이동은 세계 무역의 재정 공급과 아무런 관련이 없고 오히려 예컨대 금리 차이가 불러온 것이었다. 높은 이자가 붙는 통화들은 운반무역을 통해 해당 국가들의 수출 가격을 높여 경제에 위해를 가하는 평가절상의 압박을 받는다. 갑작스러운 방향 전환은 다시 거꾸로 극단적인 환율 하락, 신용 부족, 그리고 은행 파산으로 이어지며 그 다음에 정말 거대한 위기가 찾아온다.

전문 기술 관료들의 대처와 유로—독재

환율을 더 이상 투기에 맡기지 않겠다는 것이 유럽에서 유로를 도입한 근거의 하나다. 그러나 초국적 공통 화폐라는 생각은 지켜지지 않았다. 공동번영 지향의 화폐 질서는 공동체를 전제로 하는데, 이 공동체는 그 화폐에 최고권을 갖고 있으며 그 사용을 자유롭게 결정할 수 있어야 한다. 달리 말하면, 통화는 민주적으로 구성된 한 공간에 제한되어야 한다. 유로 지역은 민주적으로 구성되지 못했고 민주적 제도들을 한 번도 활용하지 못했다. 위기 상황에서 유럽의 여러 나라들이 유럽연합집행위원회, 유럽중앙은행, 그리고 국제통화기금 출신의 전문 기술 관료들의 잘못된 대처로 무력해졌고, 위기를 심화하고 불평등을 크게 확대시킨 정책을 강요당했다. 이들의 대처는 해당 국가들의 주민들에 의해 어떤 방법으로도 통제받지 않기 때문에 혹은 멀리 떨어져 있기 때문에 각국의 선출된 정부보다 훨씬 더 주민들에 대한 어떤 고려도 없었다. 일반적으로 우리는 그런 관계를 독재라고 부른다.

그리스에만 해당하는 것이 아니다. 스페인, 포르투갈, 아일랜드 공화국도 마찬가지이고 이탈리아와 프랑스조차 오래전부터 진정한 정치적 창조력을 위한 공간을 더 이상 갖고 있지 않다. 2015년 초여름의 사건은 다른 무엇보다 신자유주의에 우선권을 부여한 정부가 다시 선출되면 곧바로 다른 모든 유럽 국가들에서도 반복될 수 있다. 유로 지역의 안정화를 위한 실제적인 계획들은 더욱 강력한 탈脫민주화로 넘어가고 있다. 미래에 브뤼셀의 전문 기술 관료들은 심각한 위기 상황이 없더라도 국가 예산 및 세금 정책, 심지어 개별 유럽 국가들의 임금 결정에까지 개입할 가능성을 보유하고 있다.

"행동의 자유가 제한되다······."

신자유주의적 근본주의자 프리드리히 아우구스트 폰 하이에크는 일찍이 민주주의적 창조 역량의 제한을 초국적 통화의 위대한 전진으로 보았다. 그는 자신의 에세이 『개인주의와 경제 질서Individualism and Economic Order』에서 "공통 통화로의 통일과 함께 각국 중앙은행이 갖고 있는 행동의 자유는 고정 금화 아래에 있는 것만큼이나 최소한으로 제한될 것인데, 아마도 더 제한적일 수도 있다······"라고 썼다. 실제로 19세기에는 여전히 적자를 줄이기 위해 관세와 다른 보호주의적 조치들을 사용할 수 있었으나 현재 유럽연합 내에서 그것들은 완전히 제거되어 있다. 국가의 개입 없이 무역 및 자본 이동의 자유를 누리는 단일 통화는 민주주의를 마침내 불가능하게 만든다.

그래서 많은 이들이 유로 지역을 민주화해야 한다고 요구한다. 그러나 성공을 약속하는 프로젝트가 될 수 있을 것으로 보이는 것은 아직 없다. 유럽에서 민주적 정당성을 확보한 작동 가능한 초국적 제도들을 정착시키려는 지금까지의 모든 시도들은 실패한 것으로 볼 수 있다. 브뤼셀의 로비스트 그룹은 간단히 말해 유럽 남녀 시민들에게서 너무 멀리 떨어져 있고 감독이 불가능하다. 사람들은 그곳에서 움직이고 있는 사람들을 거의 모르고 그들의 언어를 사용하지도 않는다. 겨우 30퍼센트의 유럽 시민이 뽑은 유럽의회는 결코 민주적 권위를 획득할 수 없다.

탈산업화와 잃어버린 세대

더 좋은 생각은 민주주의 국가들에게 자국 통화를 돌려주고 다른 통화와의 교환에서 자본 이동의 통제를 도입하는 것이다. 이것은 무역에 재정을 지원하고 투기에는 지원하지 않는다는 것을 의미한다. 그런 조건에서 환율은 실질적인 실물경제적 불균형에서만 여전히 압박을 받을 것이다. 그럼에도 평가절상이나 평가절하의 형태로 상황에 대처할 가능성은 있다. 그러나 그러한 출구를 전혀 허락하지 않는 유로화의 제재보다 확실히 나을 것이다.

그 반대는 탈산업화, 대량 실업, 그리고 이탈리아를 포함한 유럽 남부에 나타나는 극도로 높은 40퍼센트 내지 60퍼센트의 청년 실업률 등 오늘날 상황의 지속이다. 임금의 하락, 경제 성과의 정체, 증대하는 빈곤,

그리고 최고 숙련 노동력의 이주 등 역시 계속될 것이다. 국민경제가 지속적으로 과도 평가된 통화의 족쇄를 풀고 언젠가 다시 딛고 걸을 다리를 얻을 기회를 갖기를 바란다면 프랑스에서처럼 결국 강력한 우파가 나타나 민족주의적 방법으로 문제를 풀려 하더라도 놀라지 말아야 한다. 그러나 그렇게 되면 유로만이 아니라 유럽조차 종말을 맞을 것이다.

유럽 통화 시스템으로서 케인스의 방코르 계획

현재 운용하는 유럽 통화 시스템은 케인스가 전에 브레턴우즈 시스템을 위한 하나의 구상으로 발전시킨 방코르 계획Bancor-Plan에 연결될 수 있다. 그런 시스템 안에서 유로는 다른 모든 통화들이 거기에 따라서 하나의 고정환율 혹은 수요에 따라서는 변동환율로 확정되는 기축통화가 될 것이다. 각국 중앙은행들은 이들 환율에 따라 교환을 보장한다. 자본 이동의 통제는 실질 무역업에 토대를 두고 있지 않은 자본의 운동을 막는다.

생산성과 임금이 서로 다른 방향으로 발전한다면, 그런 시스템 안에서도 장기 적자와 과잉이 일어날 수 있다. 그것도 상당히 가능성이 있다. 더구나 유럽 국가들은 다양한 문화와 심성을 가졌을 뿐만 아니라 노동조합 조직의 다양한 시스템과 노동 및 임금 투쟁에서 서로 다른 전통을 갖고 있다. 유로 도입 이래 수년의 역사는 이런 다양성이 하나의 공동 통화의 압박을 통해 사라지지 않았다는 것, 그리고 그랬다면 전혀 이득이 아니었으리라는 사실을 보여 준다.

현재 운용하는 고정환율 통화 시스템에서는 단기적으로 그리고 일정

한계 안에서 과도 흑자와 적자에 재정을 제공하는 하나의 기구가 필요하다. 원래 케인스가 계획했던 국제통화기금과 유사한 기구 같은 것이 그것이다. 이 과제를 유럽중앙은행이 맡을 수 있을 것이다. 수지균형에서 너무 많이 그리고 장기적으로 벗어난 경우에는, 케인스가 권고한 바와 같이, 과도 흑자를 낸 나라들은 물론이고 적자를 낸 나라들 역시 벌과금을 내야만 한다. 이 벌과금은 불균형의 정도에 따라 높아진다. 그렇지만 해당 국가가 자기 통화를 평가절상하거나 평가절하하는 일은 피해야 한다. 그런 제도는 환율 안정성이 충분한 자국 화폐에 대한 주권과 결합될 수 있을 것이다.

그런 역내 지향적인 금융 부문이 독일처럼 수출 주도적인 경제의 전망을 황폐하게 할 것이라고 생각하는 사람은 전후 시기를 자세히 살펴보기 바란다. 수출 기업들의 재정 지원을 위해 싱가포르, 파나마, 혹은 미국 델라웨어의 은행대표자들 누구도 필요하지 않다. 수출 지향 경제는 어차피 마찬가지로 대규모 수입을 달성하려고 노력할 것이기 때문에 외국과의 확대되는 자본 이동 또한 필요하지 않은데, 균형 잡힌 무역수지란 수출과 수입이 지속적으로 균형을 유지한다는 것을 의미하기 때문이다. 오늘날의 대부분의 경제학자들과 달리 프라이부르크 학파의 수장 발터 오이켄은 "적어도 동일 가격 재화의 수입을 가능하게 하지 않는다면 모든 수출은 재화의 제공을 해친다"고 알고 있었다.[86] 그래서 수입을 증가시키는 것은 독일 같은 과도 흑자 국가의 자국 이익에 부합할 것이다.

금융 안전 보증

모든 종류의 금융 영업들과 금융 증권들은 금융 안전보증TÜV*을 받아야 하며 이 안전보증서는 실물경제에 유용함이 증명된 것에 한해 발급되어야 한다. 다른 모든 것들은 금지해야 한다. 그 증서 발급은 일종의 품질 검사 재단 같은 공공성을 가진 기관이 결정해야 하며, 이 재단의 전문가들에게 최고 은행가들 이상의 급료를 주어 은행 업무에서 얻을 매혹적 이익을 바라고 부패하지 않도록 대비해야 한다. 그것이 불합리하지 않은 것은, 공동번영은행에서는 누구도 지금의 저축은행 은행장 이상의 돈을 벌지는 않기 때문이다. 부끄럽지 않은 수익을 내지 못하는 금융 시스템의 임직원에게 더 이상 수백만 유로의 급료를 줄 수는 없다. 낡은 생각이고 구식이며 전적으로 재미없는 이야기로 들릴지 모르지만, 우리가 필요로 하는 것은 흥분에 휩싸인 게임 카지노가 아니라 안정적이고 흔들리지 않는 은행들이다.

결정적인 것은 신용 확보의 우선순위에 대한 최고 결정권을 사회가 그 자신의 손에 장악하고 있어야 한다는 것이다. 민주주의의 과제는 어느 분야, 어떤 기술, 어떤 혁신에 유리하게 재정을 지원할 것인가를 결정하는 것이다. '시장'에 대한 불신에 반대하며 어찌 그럴 수 있냐고 손으로 마구 머리를 칠 사람에게는 일본, 한국, 중국 같은 나라들의 역사를 잘 공부해 볼 것을 권고한다. 성과가 좋은 경제들은 중요한 신용 결정들을 은행에 맡기지 않았고 일정한 규정 안에서 정했으며, 그렇게 하지 않자 대체로 성공의 단계도 끝이 났다.

• TÜV, 독일에서 기술적 테스트를 거쳐 안전검사에 합격한 제품에 부착해 안전 보증의 표식으로 사용한다.

성공적인 신용 통제

1980년대 초까지 일본에서는 무역 및 산업부에 대기업들이 어디에 중점을 두고 생산성 발전을 이루어야 하는지를 상당히 정확하게 규정한 일종의 계획경제가 존재했을 뿐 아니라 은행들에게 신용의 한계와 특별히 재정 지원을 해야 할 분야를 미리 정해 주는 중앙은행을 통한 직접적인 신용 독려 또한 존재했다. 그래서 수출 경제와 중간 주도산업을 의도적으로 지원했다. 한국에서도 1960년대 1970년대에 이 모델을 그대로 따라했으며 비슷한 성공을 거두었다. 1993년 세계은행은 극동 아시아의 경제 기적에 관한 한 연구에서 "신용 지도를 목적으로 한 국가 개입이 다른 경제 강국들과의 투쟁에서 아주 중요한 역할을 했다"라는 결론에 도달했다.[87] 하지만 지금 동남아시아 나라들 그리고 일본 또한 이미 오래전 이 모델을 포기했다. 이와 반대로 중국에서는 국립 개발은행들이 오늘날까지도 특별히 지원할 기술과 경제 분야의 선정에 핵심적인 역할을 하고 있다.

언젠가 우리가 친환경 에너지와 친환경 순환 과정을 갖추고자 한다면, 이런 목적에 가까이 다가가게 할 혁신적인 기술들의 연구와 사용을 위해 특별히 선택한 대규모 수단을 마련하는 일에 대하여 많은 논의를 해야 한다. 그리고 우리가 경쟁이 심하고 유동적인 경제를 유지한다고 하더라도, 은행들에게 최소 비중을 미리 정해 줌으로써 그 범위 안에서 기업 창업자들에게 신용 대출을 주고 나아가 소기업 내지 중기업에게도 일정 수준의 신용이 흘러가도록 촉구해야 한다. 시장에 맡겨두면 그것이 저절로 이루어지지 않는다는 것을 시장이 충분히 증명했다. 누가 신용을 받고 누가 그렇지 않아야 하는지 최종적인 결정은 물론 지역은행에서 이루어져야 하는데, 이 은행은 그 지역 기업에 대해 잘 알고 있는 진정한 지역은행이 되어야 하며, 멀리 떨어져 있는 중앙은행이나 종합적이지도 않은 기준에 따라 기업들의 등급을 매기는 어느 특정 알고리즘에 그 결정을 넘겨주면 안 된다.

90퍼센트의 신용 실패 비율

많은 창업 기업들 그리고 혁신적 기업들에 재정을 지원하는 것은 말할 것도 없이 신용 추락이 많으리라는 것을 의미한다. 실리콘밸리의 벤처자본 시장은 스타트업 중 90퍼센트의 실패 비율을 보이고 있다. 재정 지원을 받은 열 개 중 아홉 개 기업은 성공적이지 않을 것으로 전망한다. 혁신적인 프로젝트의 경우, 누가 아홉 개의 실패 회사에 들고 누가 성공적인 하나의 기업이 될 것인지를 미리 아는 사람은 아무도 없다는 것이 문제다. 그곳에서의 계산은 파산하지 않은 한 회사가 10년 안에 투자자에게 자기 투자금의 20배를 보상한다는 것이다. 그렇게 해서 투자자는 실패율을 감안하더라도 자신이 투입한 자본을 두 배로 늘린다. 디지털 영업 모델의 특수성 때문에 이런 계산이 실제로도 흔히 실현된다. 다른 분야에서는 그 계산이 터무니없는 계산일 수 있으며 더구나 은행 신용은 10년 안에 20배로 되돌려 받을 수는 없다. 다른 한편 90퍼센트의 실패율은 혁신적 프로젝트에서조차 지나치게 높은 수치이다. 신용 실패 비율을 50퍼센트로 잡아 보자. 그러면 10년의 운용 기간에 신용 펀드는 7퍼센트의 이자만 받아도 (상환하지 않더라도) 이미 비용을 충당할 수 있게 될 것이다.

더욱 중요한 것은, 제안한 모델에서 은행들이 더 많은 투자 신용에 서명해야만 한다고 하더라도 사라진 금융 신용이나 부동산 거품 재원 같은 특히 불합리한 금융 지원이 없어진다는 사실 때문에 그 위험을 상쇄하고도 남을 정도의 효과를 갖게 될 것이다. 신용을 통한 활성화가 부동산 경기에 도움이 된다고 하더라도, 부동산 경제로의 신용 공급은 붐이 확실하게 시작되기도 전에 이미 한계에 달하고 말 것이기 때문이다. 또는 여기에서 은행은 가격에 연동된 집세를 받는 한 가구 주택들이나 주거 시설들에 재정을 지원할 수 있을 것이다. 결과적으로 낮은 수익에 만족하는 은행들은 신용 대출이 사라지는 것을 감당할 수 있을 것이다. 우리가 좀 더 혁신적이고 생산적인 경제를 가질 수 있다면 이런 대가는 우리에게 가치 있는 일이 될 것이다.

실패 위험의 혁신

항상 기억해야 할 것은 화폐는 전혀 비용이 들지 않는다는 사실이다. 돈은 구매력이고 한 사회는 구매력을 투입해야 할 곳과 하지 않을 곳을 최종적으로 결정할 수 있다. 실패로 끝난 신용은 추가 구매력이 그 상응 가치를 창출하지는 않았지만 유통됐다는 것을 의미한다. 투자는 사회적 번영을 증대시키지 않는다. 투자가 대규모로 일어났다 하더라도 그 결과 인플레이션을 유발할 수 있다. 그러나 은행들은 이자를 붙여서 받는 신용의 상환으로써 이전보다 더 많은 구매력을 은행에 창출해 주는 성공적인 재정 공급을 하므로 파산할지도 모르는 회사에 재정을 공급하는 위험을 감수할 완벽한 여지가 생긴다.

그러한 모델은 은행의 영업 부문에는 손실을 감안한 영업 부문이 존재할 수 있다는 것을 의미한다. 옛 연방철도가 이익을 내지 못하는 구간이더라도 작은 지역까지 연결했던 것과 비슷하다. 아주 훌륭한 경영은 그런 영업의 손실을 전체적으로 관리하는 일이 될 것이다. 한 은행이 해야 할 일은 현재보다 훨씬 광범위한 틀 안에서이기는 하지만 신용을 제공할 때 최대한 좋은 선택을 하도록 조심하는 것이다. 모든 아이디어에 재정 지원을 받는 금융 시스템은 없지만 비교할 수 없을 정도로 많은 혁신적인 프로젝트들이 기회를 갖는 상황에 도달해야만 한다. 개별 사안을 보면 개별 은행이 선택에서 실수를 저질러 어려움을 겪는 일이 언제나 일어날 수 있다. 이때 그런 은행이 국가의 도움으로 안정을 되찾는다면 우리는 투자은행의 욕심 사나운 재정 경쟁을 위해서가 아니라 우리 경제의 혁신력을 위해 세금을 투입하게 될 것이다. 그것은 주목할 만한 차이이다. 게다가 공동번영은행들이 수익을 남긴다면 당연히 그 수익은 모든 사람의 것이다.

국가 재정 공급자로서 중앙은행

우리는 이전 장에서 한 경제의 혁신 가능성은 혁신적인 젊은 기업가의 창업에 재정을 공급하는 것뿐 아니라 적어도 같은 정도로 공적 연구 및 개발 성과에 좌우된다는 것을 살펴보았다. 청년 기업이 시장에 내놓은 많은 혁신들은 그 전에 공공 연구 기관들에서 발전했다. 그러나 성공적인 공공 연구는 대학과 연구 기관들이 저임금 지대로 전락하지 않아야 한다는 것을 전제로 한다. 연구원들이 2년마다 계약 연장을 걱정해야 하는 상황은 창의성을 북돋을 수 없다. 따라서 혁신적인 경제의 기본 조건은 좋은, 그리고 안정적인 재정 원천을 동원할 수 있는 국가이다. 세금은 사회 예산에는 물론이고 공적 관리에 이르기까지 국가 세출에 재정을 공급해야 하지만, 경제 관련 연구와 공공 투자를 위한 추가 구매력의 창출에도 제공되어야 한다.

중앙은행은 다른 은행과 달리 신용을 제공할 가능성을 가져야 할 뿐만 아니라 신용 없이도 화폐를 유통시킬 수 있다. 중앙은행은 이런 권리를 확정된 규칙에 따라서 일정 규모로 국가의 재정 공급에 유리하게 사용해야 할 것이다. 여기에서 기본적으로 똑같은 역할이 실물경제적 신용을 위해서도 수행되어야 한다. 국가가 중앙은행의 자금으로 우리의 번영을 향상시킬 투자에 재정을 공급하면, 그 투자는 그에 상응하는 가치를 창출하고, 그러면 인플레이션의 위협도 없을 것이다. 신용 대출과 달리 중앙은행의 직접적인 자금 창출은 채무가 아니며 이자 역시 지불하지 않아도 된다. 그것은 단순히 더 많은 돈이 유통되는 것이다. 경제위기에조차 그것은 의미 있는 것으로, 공공의 수중에 들어가는 그 돈은 단지 은행들만을 살찌우는 유럽중앙은행의 수백 배 어려운 신용과 달리 곧바로 수요로서 실물경제로 들어올 것이기 때문이다.

무료 점심

아무도 돈을 지불하지 않는 것에 대해 국가가 돈을 받는다는 상상은 얼핏 보기에 이상할 수 있다. "무료 점심 같은 것은 없다"고 설교하는 국민경제학은, 대가를 지불하지 않는 경제는 없다고 외치고 싶을 것이다. 모든 경제적 재화는 그렇다. 그러나 돈은 그렇지 않다. 돈은 비용이 들지 않기 때문에, 그것을 공급하는 사람은 누군가 그에게 구매력을 양도하지 않았더라도 재화를 요구할 수 있게 된다. 옛날 왕이나 영주들은 그들이 동전에 새겨 넣도록 명한 숫자보다 분명히 낮은 물질 가치를 가진 동전을 유통시켜서 그런 구매력을 행사했다. 경제가 정체된 상황에서 영주가 동전을 주조할 자신의 특권을 활용해 점점 더 많은 동전을 만들어 그에 대응한 경우에는 곧바로 언제나 문제가 생겼다. 그러면 그 동전들은 우선 국제무역에서, 그리고 그 나라 안에서도 구매력을 상실한다. 그 화폐가 어느 정도 안정을 되찾더라도 새로운 화폐의 창출은 대단히 어려워진다.

 중앙은행이 경제위기 상황에 호황기와 동일한 양의 자금을 경제에 마구 공급하거나 국가가 추가 생산과 추가 이득을 가져오지 못하는 분야에 자금을 사용한다면 위험해질 수 있다. 정치 지배자들 자신이 자기 주머니를 채우거나 전함을 구매할 수도 있겠지만 그런 남용을 법령을 통해 지금보다 더 잘 감독하거나 막아 낼 수 있을 것이다. 사실 중앙은행은 현재 국가에 신용을 줄 수 없으나 사설 은행들은 그렇게 함으로써 아주 많은 이익을 남기는 영업을 하고 있는데, 무에서 창출한 돈에 대해 그들은 국가에 넉넉한 이자를 요구하고 있다. 해당 국가의 지불 능력을 믿는 한, 부패한 정치 엘리트들과 전함에 엄청난 재정이 공급된다. 시장은 그 어떤 것도 막아 내지 않았다.

게임 머니 대신 채권

언제나 오직 대량으로 공급하는 중앙은행의 새로운 자금 외에, 연방 채권 같은 것으로 저축자들에게 직접 투자 가능성을 제공하는 국가의 투자는 물론 의미가 있을 것이다. 시민들에게 적당한 이자로 안정적인 투자 가능성을 제공하는 것이 될 것이고 민주주의를 위해서는 국가 채무에 대응해 지금처럼 국가 차관을 늘리는 것보다 훨씬 더 좋은 방안이 될 것이다. 국가 차관을 늘린 경우 투자은행들이 이에 개입해 이미 많은 돈을 벌었고 이자율을 높임으로서 달갑지 않은 정부들을 압박할 권리를 가졌다. 국제 금융시장에 투기 자본으로 행세하는 금융 사기꾼들 외에 국가가 채무자라는 명함은 누구에게도 필요하지 않다. 다른 증권들과 마찬가지로 거래 가능한 국가 채권 역시 넘쳐 날 정도로 많다. 국가가 외국에 더 이상의 채무를 지지 않을 수 있다면 국가의 대외 의존도를 낮출 뿐만 아니라 자국 경제의 가능성을 벗어나서 채무의 수렁에 빠질 위험 또한 줄이게 될 것이다. 둘 모두 하나의 진보이다.

아직 중요한 의문이 남아 있다. 현재의 화폐 질서로부터 위에서 개관한 화폐 질서로의 이행은 어떻게 해야 이루어 낼 수 있는가? 어떻게 해야 오늘의 카지노와 투기판이 공동번영 지향적인 은행들로 바뀔 수 있을까?

얼핏 보기보다는 대단히 간단하다. 각 은행들이 자유롭게 스스로 공동번영은행으로 재조직하고 공동번영 지향적 은행들의 규정을 따르기만 하면 된다. 다음 장에서 공동번영회사Gemeinwohlgesellschaft들의 법적 형태들을 제안하려고 한다. 현재의 조건에서 공적인 법적 기구들은 조합적인 기구들과 마찬가지로 이 모델에 합치하는 것이며 이에 반해 주식회사는 그렇지 않다.

시장경제적 규정들

사설 은행으로 남아 있으면서 계속 수익 지향적으로 일하고자 하는 모든 은행들은 자유 시장에 나가야 한다. 이 말은 그들의 자본 소유자에 대해 국가가 더 이상 책임을 지지 않는다는 것이며 그 투자자들을 위한 법적으로 보장된 투자 보험은 없다는 것을 의미한다. 사설 은행들은 더 이상 발권은행의 신용을 받을 수 없으며, 전자 화폐를 창출할 권리 또한 박탈된다. 그 은행들이 신용을 제공하고 싶다면 그 은행들에 최소 투자 기간을 정해 맡긴 저축자금을 동원하거나 채권을 시장에 내놓아 판매해야만 한다. 그들의 영업에 대해서는 그 소유자들의 재산이 책임을 진다. 누군가 그들에게 자기 돈을 맡기고 싶다면 그렇게 할 수 있지만 법률의 테두리 안에서만 할 수 있다.

이 규정들은 특별히 불리하다고 할 수 없으며 단지 시장경제적일 따름이다. 사설 은행들은 일반적인 경제에서 다른 모든 기업들에게 유효한 것과 비슷한 영업 조건들 안에서 그들의 영업을 은행 부문에서 수행하게 된다. 이런 환경에서 살아남는 사설 은행들이 있을 것이다. 전에 미국과 잉글랜드에, 완전한 책임을 지는 파트너십으로 조직됐고 그에 따라서 너무 거창한 사업을 하지 않고 주식의 발행이나 신용 제공 등 금융 영업의 특정 분야에서만 활동하는 투자은행들이 있었다. 그렇게 해서 누가 살아남든 국가는 그를 전혀 방해하지 않는다.

아이슬란드 모델

그런 조건들에서 살아남을 능력이 없는 모든 은행들, 도이체방크 같은 대부분의 거대 은행들은 파산 후에 재조직되거나 정화되거나 소규모로 바뀌어야 한다. 여기에서 아이슬란드 모델을 제안한다. 작은 나라 아이슬란드는 금융위기 후에 유럽의 다른 모든 나라들과 달리 이 모델을 채택했고 그렇게 함으로써 공적 채무를 최소한으로 줄였다. 이 모델에 따르면, 은행은 '좋은 은행'과 '나쁜 은행'으로 나뉜다. 좋은 은행에서는 모든 지로 계좌들, 저축금, 여타 입금, 그리고 가치가 있는 신용들과 채권을 받고 나쁜 은행으로는 부도난 신용과 의심스러운 금융 증권 등이 들어간다.

나쁜 은행이 갖고 있던 부도 신용과 금융 증권 등의 변제를 위해서 우선 옛 은행의 주식 보유자들이 책임을 졌고, 그다음으로 자기자본이나 마찬가지 기관의 소유자들이, 마지막으로 은행 대출 보유자들이 책임을 떠안았다. 그렇게 해서 손실이 전가됐다. 은행 대출과 다른 금융 도구들에 대해서는 해외 재산에도 책임을 지웠다. 이는 국제 금융 회사들과 펀드들이 그런 도구들을 선호했고, 그들의 배후에 전 세계적 자금 엘리트들이 세계의 세금 오아시스에 자금을 숨겨 두었기 때문이었다.

기본적으로 이 모델은 중간층의 재산을 보호하고 지난 수십 년 동안 이루어진 금융 부문의 잘못된 발전에 대해 상류 계층의 재산이 그 대가를 지불하도록 한다는 것을 의미한다. 상류 계층만이 그 잘못된 발전에서 유익을 얻었다는 사실만으로 그것은 이미 정당하다. 그것은 부자들의 재산이 책임 금액을 훨씬 넘는다는 사실을 토대로 시작됐다. 적어도 전체 금융 재산의 50퍼센트, 해외 재산을 포함하면 80퍼센트 이상이 오늘날 최상위 부자 1퍼센트에게 속한다.[88] 인구의 99퍼센트가 가진 금융 재산, 모든 생명 보험과 연금 저축 등을 포함한 금융 재산을 보호하기 위해서 오늘날 금융 시스템의 신용, 증권, 여타 채권 등은 가치를 유지해야 한다. 지난 수십 년 동안 이 분야에서 불투명한 영업을 하고도 책임을 지지 않은 탓에, 보장받은 소액 금융의 비중은 80퍼센트 훨씬 아래에 머물렀다.

'좋은' 은행에서 새로운 공동번영은행들이 등장할 것이다. 그 이행을 위해 공적 기구들이 담당해야 할 비용은 없다. 더 많은 나라들이 공동번영 지향적인 은행 부문에 포함된다면, 그만큼 더 좋아지는 것은 물론이다. 이론적으로 여기에 제안한 모델을 독일 같은 한 나라가, 혹은 유럽 소수 국가들이 먼저 도입할 수 있을 것이다. 이 길을 가는 모든 나라들에게 그것은 경제적 혁신력과 효율성에 분명한 이득을 줄 뿐만 아니라 민주주의에도 도움을 줄 것이다. 주권적 화폐 질서만이 국가의 주권 또한 허락한다. 그리고 주권 국가만이 민주적으로 유지될 수 있다.

9

소유권을 다시 생각하라

아리스토텔레스에서 기본법에 이르기까지, 소유권 이론

"땅뙈기에 울타리를 치고 거기 들어가 '이건 내 땅이야'라고 말하자 순진하게 그를 믿은 사람들을 만났던 첫 번째 사람이 부르주아 사회의 실질적인 창설자였다. 만약 그가 울타리의 막대기를 뽑고 땅의 경계를 없애 버린 다음 자기 동료들을 향해 '여러분, 나 같은 거짓말쟁이의 말을 믿지 마시오! 대지의 과일은 모든 사람의 것이고 그 대지는 누구에게도 속하지 않는다는 사실을 여러분이 잊어버린다면 그대들은 패배할 것이오!'라고 외쳤다면, 그랬다면 그 많은 범죄, 전쟁, 살상, 그 곤궁과 빈곤, 그리고 그 많은 끔찍한 일들이 인간이란 종種에게 일어나지 않았을 것이다."[89]

장 자크 루소 Jean-Jacques Rousseau는 『인간 불평등 기원론』에서 이런 절실한

외침을 토해 냈지만, 사적 소유권의 반대자는 아니었다. 우리가 애써 가꾼 딸기 밭에서 다른 사람이 딸기를 채취해 가지 않는 사회, 자기 말을 타고 자기 할머니가 물려준 보석을 가질 수 있는 사회에서 사는 것이 더 좋은 삶이라는 것을 이 위대한 프랑스 철학자도 알고 있었다. 그러나 그는 일상적으로 사용하는 물건들의 소유와 토지와 대지의 소유 사이의 차이 또한 잘 이해하고 있었다. 토지는 루소의 시대에 국민경제의 가장 중요한 자원이었다. 많은 토지를 처분할 수 있는 사람은 이 자원에 대해 명령할 수 있는 지위에 있었기 때문에 다른 사람에게 일을 시킬 권리를 가졌다. 그 사람은 자기 성과도 내지 않고 그것으로 높은 이익을 거둘 수 있었다. 이익을 목표로 다른 사람에게 부담을 지우는 이런 종류의 소유가 루소에게는 눈엣가시였다.

적정 규모의 소득

이러한 시각에서 보면 루소는 서양 사상의 오랜 전통 안에 있었다. 아리스토텔레스는 이미 사적 소유의 정당성을 기본적으로 옹호했으나 다만 그것이 안전과 개인성의 발달에 이바지하는 한에서만 그랬다. 이와 관련하여 아리스토텔레스에게는 그것을 넘어서면 좋은 사람이 되기를 포기하는 소유의 기본 질서가 있었다. 경제적 기술의 진정한 과제는 소득의 적정 규모와 소유의 적당한 방법을 규정하는 것이라고 그는 보았다. 이에 반해 재화를 다른 무엇보다 화폐 가치에 따라서 평가하고 자기 경제생활의 목표를 가능한 한 자기 재산의 무제한의 증대에 두는 사람을 이 그리스의 철학자는 프랑스 계몽주의자 루소와 다름없이 상당히 불쌍한 존재로 여겼다.

루소는 프랑스혁명을 경험하지는 않았지만 아마도 지지했을 것임에 틀림없다. 토지 소유의 문제, 소유권자의 권리, 소유권의 자유에 대한 국가 개입의 정당성과 부당성 등이 바스티유로의 행진 이후 수년간 정치적 대립의 중심에 있었다. 1789년 8월 프랑스 국민의회는 「인간과 시민의 권리 선언」을 발표했다. 여기에서 자유의 권리, 소유의 권리, 안전을 도모할 권리, 그리고 저항할 권리가 "자연적이고 침해할 수 없는 인권"으로 정의됐다. 소유권에 대해서는 17조에 특별 조항을 두었는데, 소유권은 "정당한 침해"란 있을 수 없는 누구도 탈취할 수 없는 "불가침의 거룩한 권리"로 규정했다.

봉건적 족쇄로부터의 토지 소유의 해방은 프랑스혁명의 첫 번째 조치 중 하나였다. 토지 소유권의 해방이란 앞으로 누구나 자유롭게 토지를 사고팔거나 혹은 저당을 잡힐 수 있다는 것을 말했다. 봉건적 권리를 더 이상 주장할 수 없게 되었고 특별한 봉건적 예속 또한 사라졌으며, 그리고 예속 농민에게 지워졌던 책임도 모두 사라졌고 그들은 이제 자유 농민이 되었다. 그럼에도 봉건적 공물은 사라지지 않았고 대부분 토지 임대료로 바뀌었다. 겨우 교회 재산만은 국가에 의해 몰수됐고 후에 가장 높은 값을 부르는 사람에게 팔렸다.

사용권과 남용

처음으로 프랑스 국민의회의 법들은 후에 나폴레옹 법전 544조에서 규정한 소유권 개념이 의미하는 바대로 토지와 대지의 소유를 가능하게 만들었다. 나폴레옹 법전은 어떤 사물을 완전히 무제한으로 사용하고 처분할 권리로 소유권을 정의했다. 이것은 소유권을 행사해서 고리대, 독점의 형성, 그리고 투기에 내놓거나 그것을 파괴하는 등 소유권을 남용할 수 있는 권리를 명백히 포함하고 있었다.

그러한 사적 소유는 이미 오래전부터 있었다. 중세의 중간기에도 모든 사람은 암탉 한 마리나 도끼 한 자루를 살 수 있었고 그렇게 함으로써 그 사람의 소유가 되면 다른 사람이 그것을 탈취할 수 없었다. 그리고 그 농부가 암탉을 두들겨 패거나 도끼를 호수에 던져 버리더라도 그것은 그의 자유였다. 그러나 그 당시에 생산에 결정적인 자원인 토지에 대해서만은 다른 규칙이 적용됐다.

역사적으로는 로마인들이 최초로 토지와 대지를 사람이 옮길 수 있는 물건이나 노예처럼 마음대로 사고팔 수 있는 것으로 보았다. 소유권은 이미 그들에게 일단의 권리들로서 정의됐다. 여기에서 중요한 사실은, "사물을 가진 소유권자가 마음대로 처분"하고 "다른 사람은 어떤 개입도 할 수 없다"는 것이다. 소유권자는 자신의 소유물을 사용하고, 팔고, 저당 잡히고, 또한 물려줄 수도 있다. 이때 그에게 개입할 권리를 갖는 사람은 아무도 없으며 국가 역시 그럴 수 없다. 로마인들은 오늘날 아메리카의 신보수주의자들[Neocons]처럼 세금 징수에서만은 처음부터 그 소유권에 대한 부당한 개입을 용인했다. 오늘의 부르주아적 권리는 여러 가지 점에서 고대 로마의 권리로 되돌아간 것이다. 더욱 관심을 끄는 것은 로마인들에게 소유란 지배와 같은 말로서, 주인[dominus]에서 지배[dominium]란 말이 나왔다. 소유자는 지배자였다.

새로운 주인

바로 그렇게 지배자로서, 모든 예속과 조건으로부터 해방된 토지 소유자들이 혁명 이후 프랑스에 등장했다. 농민들의 희망과 완전히 반대로 새로운 소유의 자유는 다른 무엇보다 이른바 토지 소유의 대대적인 집중으로 이어졌다. 실제로 프랑스 농민들은 그들의 토지와 대지를 당시 봉건 영주들로부터 탈취해서 자기들의 소유로 만들 권리를 처음으로 가졌다. 그러나 그렇게 하기 위해서는 그들이 연 수확량의 20배에 달하는 해방금을 지불해야만 했다. 그래서 대부분 농부들에게 새로운 소유의 자유는 종이 위에서나 가능한 일이었다. 왜냐하면 그들을 소유자로 만들어 줄 돈을 모을 기회가 그들에게 없었기 때문이다.

1792년과 1793년, 거대 생산자들과 상인들은 가격을 높이기 위해 엄청난 생필품 사재기에 나섰고 이것이 도시들의 굶주림과 반역을 불러일으켰다. 이렇게 되자 국민의회에서 생명권 혹은 소유의 불가침성 중 무엇을 더 높이 평가해야 할 것인지를 두고 토론이 시작됐다. 지롱드당은 소유권을 방어했고 반면 자코뱅당은 식품에 대해 국가가 가격 상한제를 실시할 것과 그 공급을 강제할 것을 요구했고 사적 소유의 남용으로부터 사회를 보호할 법의 제정을 촉구했다. 몇 사람은 여기에서 더 나아갔고 소유의 평등, 토지의 재분배, 그리고 자신의 수요를 충족시키는 데 필요한 것 이상의 소유를 전면적으로 금지할 것을 요구했다.

당시 프랑스 정치가들이 서로 다투던 문제들은 오늘날까지 여전히 현실적인 문제들이다. 즉, 소유권이 국가의 개입에 우선해서 보호해야 할 불가침의 인권인가? 반대로 자유 국가는 거대 소유자들의 야만성에 맞서 시민의 자유를 방어해야 할 의무가 있는가? 어떤 경우에 소유권은 개인성 발달의 미룰 수 없는 수단이고 어떤 경우에 그것은 피에르 조제프 프루동$^{Pierre-Joseph\ Proudhon}$이 『소유란 무엇인가』라는 책에서 생각한 것처럼 "일하지 않고 생산할 권리"[90]를 의미하는가? 어떤 소유가 정당하고 어떤 것이 그렇지 않은가? 그리고 어떻게 해서 어떤 사람이 다른 사람보다 그토록 더 많은 것을 갖는가?

자연권으로서 소유권

소유할 권리를 국가의 모든 법령으로부터 독립적인 것으로, 인간이 태어나면서 타고난 인권으로 정의하는 사상에 이른 최초의 사람들 중 한 사람은 잉글랜드의 철학자 존 로크이다. 로크는 17세기에 살았고 정치적 자유주의의 아버지들 중 한 사람이라고 할 수 있다. 그의 출발점은, 각 사람은 자신의 육체에 대해서, 그러므로 또한 자신의 능력과 자신의 노력에 대해서도 자연적인 소유권을 갖고 있다는 명제이다. 이 권리는 노동 결과에 대한 소유에서 '자연스럽게' 발현된다. 말하자면 이렇게 된다. 어떤 사람이 누구의 땅도 아닌 황무지에서 한 뙈기의 땅을 일구고 수고와 힘든 노동으로 그 땅을 경작한다면 그는 이 땅을 자기 소유라고 부르고 그 수확물을 즐길 권리를 갖는다는 것이다.

정당한 소유권은 그래서 노동으로부터 나온다. 자유주의자에게조차 이 말은 공감을 불러일으키고 혁명적으로 들린다. 로크의 생존 시대까지 유럽에서 대부분 사람들은 그가 소유하지도 않았고 그 수확물을 즐길 수도 없는 남의 땅에서 일을 했다. 마치 오늘날 대다수가 그에게 속하지 않고 그 수확물은 다른 사람의 주머니로 들어가는 기업에서 일하는 것과 같이 말이다. 로크의 시대에 이미 명백해진 것은, 귀족의 거대한 장원 같은 대소유물은 그 소유자들 혹은 그들의 선조들이 아무도 없는 땅을 개인의 노동으로 소유하게 된 과정을 통해 등장하지 않았다는 사실이었다. 그렇다면 로크는 자기 이론을 동원해 귀족의 소유권을 탈취하고 그 땅을 농민들에게 넘겨주자고 요구했을까?

저 너머 주인 없는 땅으로 가라!

그는 그렇게 하지 않았다. 그 대신 그는 당시의 소유 관계를 특별히 교묘하게 정당화한, "저 너머 주인 없는 땅으로 가라!"라는 교훈의 오래된 판본을 제공했다. 아마 옛 서독 출신의 많은 자본주의 비판가들 역시 이 교훈을 기억하고 싶을지 모르겠다. 소유권이 노동에서 생긴다는 이론은 로크의 경우 그가 '자연 상태'라고 부른 상황에는 확실히 유효하다. 그러나 이 자연 상태는 돈의 도입과 함께 사라졌다. 돈을 가짐으로써 사람들은 스스로 이룩할 수 있는 것보다 훨씬 더 많은 소유를 획득할 수 있는 가능성을 갖는데, 임금을 지불한 노동자들을 통해 소유를 증대시킬 수 있기 때문이다. 더 많은 것을 가진 사람은 그만큼 더 많은 사람에게 일을 시킬 수 있고 그래서 자신의 재산을 신속하게 증대시킬 수 있다.

로크에 따르면 이런 소유조차 정당한데, 왜냐하면 이 질서와 그것에 결합되어 있는 불평등이 불리하게 작용하는 사람도 자유롭게 아직 소유자가 없는 황무지가 있는 다른 세계로 이주할 수 있고 그곳을 자기 손으로 일구어 자기 땅으로 바꿀 수 있기 때문이다. 누구도 다른 사람이 가진 땅을 경작할 수는 없지만 그럼에도 그렇게 하는 사람은 자유의사에 따라 그렇게 한 것이라고 봄으로써 로크는 기존 질서를 인정한 셈이다. 이렇게 하여 계몽주의자 휘호 흐로티위스Hugo Grotius가 아직 풀지 못했던 문제를 풀었다고 믿었던 로크의 증명은, 계약들은 거기에 동의한 사람들만을 구속한다는 명제로 내달렸다. 그래서 소유 질서를 정당화하기 위해서는, 소유 질서에 토대를 둔 '소유'와 '비非소유' 관련 계약들은 모든 사람에 의해, 심지어 그 계약으로 최대로 불리한 상황에 처하는 사람들에 의해서조차 자유의사에 따라 체결됐다는 사실을 보여 주어야만 했다.

소유자가 없는 황무지는 아마도 당시 다른 어디보다 인디언으로부터 빼앗은 땅을 이주 정착민들에게 분배해 준 아메리카에 있었다. 자신의 노동으로 소유권이 등장한다는 것은 그곳에서는 생활 경험을 통해 진실로 받아들여졌다. 여기에 더해 로크의 이론이 북아메리카 대륙에서 그토록 인기를 누린 또 하나의 이유가 있었다. 그의 이론은 인디언의 추방을 정당화하여 환영을 받았다. 어떤 사람이 약간의 땅을 체계적으로 개간함으로써 비로소 소유권이 발생했다면 다른 대륙의 원주민들과 마찬가지로 인디언들 역시 그 경작 토지에 대해 결코 소유권을 갖지 못했다. 그래서 그들이 살아 왔고 그들에게 식량을 주던 토지와 대지로부터 그들을 내쫓는 것은 거룩한 인권의 침해가 전혀 아니었다.

소유자 없는 황무지가 사라지다

이미 19세기 초에 이르면 미국에 있는 모든 땅이 누군가에 의해 소유됐고 이 지구상 다른 모든 지역에서도 마찬가지였다. 이때부터 로크의 기존 소유 질서의 정당화 및 그 불평등의 정당화는 실효성을 잃었다. 이제 더 이상 땅을 갖지 못한 농부들과 노동자들이 자본 없이 건너갈 수 있는 "저 너머"는 없었고 대신 그들의 노동은 최저임금을 받고 팔려 나갔다.

로크 이론의 결과를 엄격하게 받아들이면, 그런 조건에서조차 자신의 노동의 결과로 획득한 소유권은 여전히 자연법적인 정당성을 주장할 수 있다. 원래 인권의 근거를 제시하고자 했다는 점에서는 전적으로 그럴 수 있는데, 당시의 인권은 결코 사회적 권리를 주장한 것이 아니었고 오히려 개인의 생활 영역이 국가의 개입이나 왕권의 야만성으로부터 보호되어야 한다는 것이었다. 그와 달리 현실에서는, 국가의 권위와 법의 제정에 앞서는 인권으로 이해되는 소유에 관한 이론은 전혀 소유자 자신의 노동 성과를 토대로 하여 형성되지 않은 재산을 보호하고 방어하기 위한 지렛대로 사용됐다.

소유의 자유 대 민주주의

이미 19세기에 소유권의 불가침성과 계약의 자유를 근거로 의회의 손이 묶여 버렸고 민주적 결정은 무력하게 됐다. 미국 대법원은 장엄한 재판 과정을 거쳐 소유권 제한 법률들이 경제 소유자들의 자유권을 침해하는 것으로 보는 판사들의 견해에 따라 아메리카 연방 주들과 연방 정부의 그러한 법률들을 제거해 버렸다.

이런 방법으로 무효가 된 법적 조치들로는, 육류 가격을 올리려는 도살장 독점 반대, 철도독점의 염치없는 남용에 제한을 가하고 철도 임금 협상을 규정하려는 수많은 연방 주들의 시도 등이 있다. 노동조합의 조합원이라는 이유로 노동자들에게 기업들이 불이익을 주는 것을 금지한 연방 법률들도 아무런 은총을 받지 못했다. 판사들은 조합 결성을 계약 자유에 대한 불법적 개입으로 보았다. 제빵사들의 노동시간을 최대 10시간으로 제한한 규정이나 여성의 최저임금법 역시 같은 이유로 폐기되고 말았다.

개인의 소유와 경제의 소유

20세기에 들어와서야 처음으로 경제적 소유에 관한 이해가 변하고 그와 함께 법적 처리가 바뀌기 시작했다. 이전의 불가침의 조건들이 '소유권의 보호'와 '사회적 관계'의 기본 원칙이라는 명제를 통해 해체됐다. "소유권은 그 사용에서 동시에 일반인들의 복지에 이바지해야 할 의무를 진다." 독일 연방공화국의 기본법[헌법]은 이렇게 천명하고 있다.

1979년에 정한 한 결정문에서 독일 연방헌법재판소는 개인적으로 사용하는 소유권에 관한 문제인지 아니면 거대 경제 소유권에 관한 문제인지에 따라서 결정되는 다양한 수준의 보호할 만한 가치를 아주 분명하게 인정했다. 기업에서의 공동결정권 문제에 관한 판단에서 판사들은 이렇게 판결했다. "소유의 기능이 개인의 사적인 자유를 보장하는 요소와 관련되는 한 그것은 특별히 명백하게 보호받아야 한다. ······이와 반대로 소유 대상의 사회적 관계와 사회적 기능이 크면 클수록 입법자들은 그 내용 및 제한 규정을 그만큼 더 확실히 정해야 한다."

그래서 개인의 자유권으로서의 사적인 소유와 그 보호, 그리고 더 많은 사람들의 자유권에 영향을 미치는 '사회적 관계 속에 있는 소유 대상들', 이 둘 사이에는 차이가 있다. 소유권은 때로 그것을 침해하는 것을 받아들여야만 한다. 그럴 경우에 기본법에 따라 국가는 원래의 소유권에 제재를 가할 의무가 있다.

보호받는 권력

그럼에도 불구하고 최근의 역사에서 그 반대의 경우가 자주 있었고 법적 처리 또한 무엇보다 경제 권력자들을 위해 다시 강화되고 있다. 소유권 및 국내시장의 자유에 기초하여 최근 20년 동안 유럽 사법재판소는 개별 회원 국가들에서 사회적 법률들을 셀 수 없이 여러 번에 걸쳐 제거해 버렸다. 독일에서도 경제 소유자들의 자유가 힘을 받고 있다.

당시 독일 자유민주당[FDP] 출신 경제부 장관 라이너 브뤼더레[Rainer Brüderle]가 2009년 경제에서 벌어지고 있던 대대적인 집중 과정을 제한하기 위해 카르텔 금지법을 제안했을 때, 판사들은 간단히 말해 그것이 헌법에 합치하지 않는다고 설명하는 평결을 서둘러 내놓았다. "주식 보유자들의 '기업에 관한 결정 권한'을 제한하는 국가의 조치들은", 그들이 내세운 근거에 따르면, "기본법 제14조에 대한 개입으로 이해된다".[91] 경제적 권력 형성의 권리가 헌법적으로 보장된 기본권인가? 기본법의 아버지들과 질서자유주의 학파의 경제학자들이 무덤에서 분노할 일이다. 카르텔 금지법 프로젝트는 어쨌든 서랍 속으로 신속하게 사라져 버리고 말았다.

정당한 기대 수익?

근래에 소유권의 보호에 관한 이야기는 대부분 노동자들 혹은 민주주의에 반하는 콘체른의 야만성 보호를 화제로 삼고 있다. 루프트한자 조종사들의 파업은 임금을 두고 벌이는 것이 아니라 2015년 가을에 그랬듯이 기업의 전략에 반대해서 투쟁한다는 이유를 근거로 금지됐다. 한 기업의 기업 전략에 대해 직원들은 어떤 경우에도 개입하지 말아야 했는데, 위의 경우 그 기업 전략이란 임금 비용을 저하시키기 위해 저가 자매 항공사를 건립하는 것이었는데도 그랬다.

유럽연합-캐나다 무역협정과 환태평양무역협정 같은 자유무역협정과 함께 경제적 소유권이 국가의 입법에서 무조건 가장 중요한 위치에 놓이게 됐다. 이 조약들에서 소유권의 보호 가치가 다시 한 번 소유자의 정당한 기대 수익으로까지 확장됐기 때문이다. 기대 수익에 악영향을 미치는 모든 법률들은 이로써 '몰수'당했고 실제로 허락되지 않았다. 이것은 환경 및 소비자 보호 규정들의 심화와 해고로부터의 보호 강화 혹은 최저임금의 명백한 상향 조정 등에도 적용됐다. 실제로 국가는 관련 법을 무조건 제거하지는 않았지만 그러나 불평하는 기업들에게 값비싼 배상을 해 주어야 했다. 예상되는 결과는, 어떤 정부에서든 국가가 그런 종류의 값비싼 법들을 제정할 수 없게 될 것이며, 그래야만 한다는 사실이다.

임금 덤핑 위에 인권?

법원이 자유의 권리를 근거로 규제 법률들을 제거할 수 있다 하더라도 전제로 해야 할 것은 각 국가의 틀을 넘어서 독립적으로 존재하는 보편적 권리는 지켜져야 한다는 것이다. 생명권, 자유권, 존엄권, 안전권이 여기에 속한다. 그러나 X라는 도시에서 이익을 내는 한 기업이 Y라는 도시에서 좀 더 값싼 노동자들을 다시 모으기 위해서 X라는 도시의 회사를 폐쇄하는 것이 실제로 보편적 인권인가? 혹은 주식 보유자들에게 배당금을 높여 주기 위해 그 기업에 점점 더 많은 부채를 지우는 것은 괜찮은 일인가? 또는 한 국가가 해고 보호를 강화하거나 환경 보호 조건을 까다롭게 하는 것을 막는 것은 어떤가?

진실은, 우리가 소유권이란 말에서 이해하는 그 소유권이란 무엇보다 우리의 법에 의해서 정의되기 때문에, 이미 국가에 우선하는 권리는 아니라는 것이다. 보호받을 가치가 있는 대상은 우선 법의 제정자를 통해서 확정되는데, 그 제정자 자신이 끊임없이 변한다. 우리 조상들이 완전히 불합리하다고 보았지만 오늘날에는 법적으로 보호받는 "정신적 소유"의 형태들이 있다. 19세기에는 기술적 발명에 대한 특허가 의미가 있는지 없는지를 두고 논쟁을 벌였으나(독일 상공회의소는 당시 특허에 분명하게 반대했다), 오늘날에는 마이크로 유기체 혹은 유전자 배열을 특허로 등록할 수 있다. 그런 것들의 소유권법 자체가 법안 심의와 법률을 통해 등장하고 있다. 살아 있는 자연을 특정 기업의 상업적 소유로 만드는 것을 명백하게 금지하는 것 역시 말할 것도 없이 좋은 법으로 생각해 볼 수 있다.

금융 부문에서도 비슷한 생각이 유효하다. 미국의 은행들이 '증권거래소가 아닌 영업 점포에서' 쌍방이 맺은 파생 상품 영업은 오랜 기간 법적으로 소송을 제기할 수 없었다. 오늘날에는 소송의 제기가 가능한데, 그래서 그것이 소유권을 둘러싼 분쟁의 대상이 되고 있다. 그런 법적 다툼을 지나치다고 보는 사람이라면 그들로부터 법적 보호를 간단히 다시 제거해버릴 수도 있을 것이다. 소유권이란 무엇이고 무엇이 소유의 대상이 되는지는 그래서 대단히 논란거리이고 그에 대한 이해 또한 관련 법과 마찬가지로 언제나 변화한다.

협약으로서 소유권

충분한 근거에서 소유권은 1950년의 인권과 기본적 자유의 보호에 관한 유럽 협정에서 단지 부속 조항으로 덧붙여졌다. 1966년 유엔의 인권 협정에서는 아예 그것이 빠졌다. 이미 18세기에 스코틀랜드의 철학자이자 애덤 스미스의 친구인 데이비드 흄 David Hume 은 로크의 '자연법적' 소유권의 정당화에 대한 반대 개념을 대표했다. 흄에게 소유권은 사회적 협약의 결과일 뿐이었다. 그것은 사회적 상호 갈등과 대립의 틀 안에서 등장했고 모든 시대에 바뀔 수 있는 것이었다. 흄에게 자연법이란 없으며 사회의 형성 과업에 지나지 않았다.

이 스코틀랜드인은 소유 질서란 공공의 복지를 지원하는 것이 되도록 형성해야 한다는 사실을 옹호했다. 흄은 결코 특별한 반역적 사상가가 아니었고 그래서 성장하고 있는 소유 관계가 가능한 한 폭넓게 존중되어야 한다고 이해했다. 그럼에도 그의 제안, 즉, 누가 무엇을 자기 소유라고 정당하게 주장하고 그것을 어떻게 증대시킬 수 있는지는 법률의 결과이어야 한다는 제안은 옳았다. 세법이 그런 법률에 속한다. 재산세를 많이 내야 하는 나라에 사는 재산 소유자들은 10년 후에는 재산세가 없는 나라에서보다 더 적은 재산을 갖게 될 것이다. 그래서 이미 세법은 소유권과 전혀 충돌할 수 없으며 그 일부이다.

성과 동기로서 소유권

그래서 결정적인 질문은 어떤 소유 질서가 우리의 번영을 높이고 어떤 소유권이 그것을 해치는가이다. 자신의 노력을 통해서 얻었고 한 인간의 사적 생활 영역을 형성하는 소유권은 기본권으로서 보장하고 보호해야 한다고 말하는 것은 당연하다. 제3자를 해치지 않는 한 이러한 소유권을 자유롭게 그리고 마음대로 누릴 수 있어야 한다.

 이때 중요하게 고려해야 할 첫 번째 사실은, 각 사람에게는 국가가 개입하지 말아야 할 사적 영역이 있다는 것이다. 그리고 다른 하나는, 인간은 자신의 노동의 결과들을 다른 사람이 자의적으로 탈취하지 못하도록 보호받고 있다는 사실을 믿지 못하면 곧바로 모든 성과 동기를 상실한다는 사례들이 아주 많다는 점이다. 애덤 스미스는 그것을 극적으로, 그러나 사실적으로 표현했다. "소유물을 얻을 수 없는 인간은 가능한 한 많이 먹고 가능한 한 적게 일하는 것 이외에 다른 관심을 가질 수 없다."[92]

 소유권은 그래서 사적 생활 영역을 보호해야 하지만 그렇다고 사회적 권력 지위를 보호해야 하는 것은 아니다. 그것은 노력, 창의성, 그리고 성과에 동기를 제공해야 하는 것이지 다른 사람에게 부담을 지움으로써 부자가 되는 도구는 아니다. 오늘날의 소유 질서가 이런 요구에 얼마나 부응하는지 살펴보기로 하자.

무책임한 소유: 자본주의의 핵심

자본주의가 역동적이고 대체 불가능하다는 주장에 가장 자주 등장하는 정당화의 근거는, 인간은 다른 무엇보다 개인적 소유에 최대의 관심을 갖는다는 사실이다. 다른 사람이 시비도 걸 수 없을 정도로 오직 한 사람에게 속한 것, 그 사람을 개인으로서 점차 유리하게 만드는 것, 그것을 위해서 책임이 따르는 위험을 감수할 수 있고 생을 마감할 때는 자기 자녀들에게 물려줄 수 있는 것, 바로 그것이 사람들이 끊임없이 노력하고, 혼신을 다해 챙기고 가장 적극적으로 분투해서 얻고자 하는 대상이다. 그래서 성공적으로 경영되는 기업을 갖고 싶은 사람은 어떤 조건에서도 사적 경제 소유에 의문을 제기해서는 안 될 것이다. 1989년까지 동유럽과 소련에서 우리가 보았듯이, 국가 혹은 집단주의의 다른 형태들이 개인적으로 책임감을 가지고 업무에 임하는 소유자들의 자리를 대체한다면 그것은 결국 불성실, 방탕한 경제, 그리고 기술적 정체로 이어졌다. 그런 상태로 되돌아가고 싶은 사람은 아무도 없을 것이다!

그렇다. 우리는 거기로 돌아가고 싶어 하지 않는다. 하지만, 현재의 기업 소유자만이 성공적인 기업 경영과 경제적 동력을 보장한다는 주장이 자본주의와 관련하여 그다지 설득력이 없다는 사실에는 아무런 변화가 없다. 설사 그 주장이 옳다고 하더라도, 자본주의는 이미 경제적으로 대단히 실패했다고 할 수 있다. 자본주의 시대에 들어와 낡은 봉건적 부담과 예속성으로부터의 해방이 이루어졌고 영업 자유의 보장에서 진전이 있었다는 것은 맞는 말이다. 그러나 자본주의의 새로운 발명은 자유로우면서 책임을 다하는 소유가 아니다. 그것은 고대 로마의 법이 이미 보장한 것이었다. 자본주의에서 나타난 창의적인 소유권적 발명은 제한적으로만 책임을 지는 소유로서, 우리가 유한책임회사와 주식회사에서 보는 바와 같은 그런 기이한 소유권의 구성이다. 이 구성은 한 기업의 소유자에게 그 기업에서 형성한 모든 수익을 완벽하게 자기 마음대로 사용하도록 보장하지만 그 기업이 안게 된 위험에 대해서는 처음에 투자한 자본금만큼만 책임을 지운다.

개인적 책임

주식회사라는 상위 개념 아래 통용되는 이러한 법률 형태는 정확하게 살펴보면 눈에 띄게 기괴한 것이다. 시장경제 안에서 살아가는 사람은 일반적으로 그가 맺은 모든 계약 의무들에 대해 자신의 전체 재산을 걸고 책임을 진다(담보 재산을 특정한 한계 안에서만 채무 상환에 사용하게 한 제한 담보는 현대에 이룩한 하나의 성취이다. 그러나 그것은 다른 문제로, 여기에서 논의하는 책임의 한계와 아무 관련이 없다). 내가 채무를 졌고 그것을 더 이상 상환하지 못한다고 해보자. 그러면 언젠가 법원의 차압 집행관이 와서 그 가치를 아는 사람이면 구입할 수도 있는 페르시아 양탄자나 오래된 아름다운 책상을 갖고 있는지 집의 구석 구석을 둘러볼 것이다. 그것이 내게는 아주 훌륭한 가치를 지닌 가보라 하더라도 그런 사항은 이때 거의 도움이 되지 않는다.

내가 개인 기업가로서 일하거나 다른 사람과 함께 개인회사를 설립하더라도 사정은 마찬가지이다. 볼프강이란 이름을 가진 아이디어가 풍부한 한 젊은이가 레스토랑 주인이 되려고 한다고 가정해 보자. 그는 적당한 공간을 임대해 가구를 사고 한 명의 요리사와 세 명의 웨이터를 고용한다. 이를 위해 그는 수년 동안 모은 자신의 저축을 긁어모으고 개업 초기의 지출을 충당하기 위해 은행 대출을 받는다. 그것도 삼촌으로부터 물려받은 개인 주택의 자랑스러운 주인이었기 때문에 받을 수 있었다. 사업이 휘청거리다가 우리의 볼프강이 쓰디쓴 종말을 맞았다. 그는 투자한 저축을 잃어버렸을 뿐만 아니라 자기 자동차에서 개인 주택까지 전 재산을 빌린 채무를 갚는 데 들였다. 그것으로도 충분하지 않아서 그는 신용 불량자가 됐고, 마침내 새로운 시작이 가능하게 될 때까지 은행을 위해 그 후 수년 동안이나 일해야만 했다.

그가 맞닥뜨린 위험은 대단히 높았다. 반대의 경우도 생각해 보자. 우리의 볼프강은 요리사와 함께 행운을 잡았으며 가게에는 손님이 많았고 그가 벌어들인 모든 것은 그의 것이었다. 요리사와 웨이터들은 그들의 급료를 받았지만 그는 주인으로서 아마도 그야말로 부자가 된다. 그는 수익을 내자 추가로 은행의 대출을 받았고 그것으로 제2, 제3, 제4의 레스토랑을 열 수 있었다. 이것들 역시 그에게 속하고 그가 번 모든 수익 역시 그의 것이다. 그리고 그의 성공은 그의 경영 능력이 낳은 결과이기도 하지만 그의 직원들의 성과 역시 그 이상으로 중요한 요소였다. 훌륭한 요리사와 친절한 웨이터 없이 레스토랑이 어떻게 운영되겠는가? 분명히 볼프강은 아이디어를 갖고 있었고 시장의 틈새를 찾아냈고 직원들을 선발해 그들과 함께 사업을 운영했다. 그리고 그는 이 모든 채무들에 책임을 진다. 그러나 그 성공의 서광이 끝나면 그는 곧바로 모든 것을 잃는다. 레스토랑뿐만 아니라 나머지 재산을 모두 잃는다. 그러면 볼프강이 놀이를 즐기는 성격이 아닌 이상, 채무를 지는 것과 관련해 무모한 게임을 벌이지 않도록 주의하게 될 것이다.

제한 위험, 무제한의 수익

위와 전혀 다르게, 볼프강이 실제로는 더 똑똑해서 자본회사를 세웠다고 하자. 그러면 그는 마찬가지 장점을 갖는다. 그의 레스토랑은 엄격하게 말하면 더 이상 그의 것이 아니고 그의 자본회사의 소유이다. 그럼에도 불구하고 그는 그 회사의 유일한 경영자로서 비용을 모두 제외한 나머지 즉, 그의 요리사와 웨이터들이 올린 수익 모두를 마음대로 처분할 수 있다. 그는 수익을 분배 받아서 그의 개인 재산을 늘릴 수 있고 그의 검소한 집을 바다와 요트가 가까이 있는 빌라로 바꿀 수 있다. 값비싼 그림들을 사고 사치스러운 생활을 누릴 수 있다. 그리고 언젠가 그의 레스토랑 체인점들이 파산을 하면 그는 아무것도(!) 잃지 않는다. 기껏 최초의 레스토랑을 열기 위해 그가 초기 사업 운영에 투입한 비교적 적은 액수, 그것만을 날려 버린다. 그러나 그는 그 사이에 물론 몇 배의 돈을 이미 돌려받았다. 그래서 그건 아주 멋진 사업이다.

주식회사, 유한회사 등을 포함하는 자본회사들에서는 기업에서 얻은 수익을 마음대로 처분하는 대신 파산의 경우 초기에 투자한 자본을 잃을 위험은 제한되어 있다. 그래서 그런 기업에서는 수익을 분배하려는 커다란 유혹이 있게 마련이다. 자본 투자자가 초기 투자를 한 번만 돌려받으면 기본적으로 더 이상 위험은 없다. 그에게 일어날 최악의 일이라고 해야 그에게 늘 새로운 수익을 주머니에 채워 주던 황금 당나귀를 잃어버리는 것에 지나지 않는다. 그 대신 주주나 회사의 파트너가 개인 계좌에 갖고 있는 것에는 그 후에 일어난 손실에 대해 더 이상 책임을 물리지 못한다. 손실은 공급자, 신용 제공자, 그리고 아마도 그다음 차례로 일반인들이 지게 될 것이다. 지난 금융위기에서 전 세계의 금융 엘리트들이 그들의 개인 재산으로 책임을 졌을 것으로 사람들은 상상할 수 있다. 최상위 1퍼센트의 부자들에게 각기 재산세보다 훨씬 더 강력한 책임을 물었다면, 해당 나라들은 수십억 유로의 부채로부터 보호받을 수 있었을 것이다.

오늘날 우리는 경제적 소유에 대한 제한적 책임에 너무나 익숙해져서 책임을 추궁하지 않고 아예 마음을 쓰지 않거나 의문을 제기하지 않을 정도이다. 그러나 자세히 들여다보면, 그것은 그 자체로서 모순이다. 그래서 애덤 스미스로부터 발터 오이켄에 이르기까지 일관되게 시장경제를 주장한 학자들로부터도 이런 권리 형태는 거부당해 왔다.

의회의 주식회사 허가 투표

자본회사가 기업을 위한 일반적으로 통용되는 법적 형태로 실현되기까지 실제로 상당히 오랜 시간이 걸렸다. 세계적으로 최초의 주식회사는 1602년에 설립된 네덜란드의 동인도회사이다. 그러나 이 회사는 전혀 정상적인 상업 기업이 아니었고 공적으로 보장된 무역 독점 회사였으며 식민지에서 거의 국가나 다름없는 무장 능력을 갖춘 반국가조직이었다. 동인도회사를 모델로 삼아 16, 17세기에 많은 주식회사들이 식민지 무역을 담당하기 위해 설립됐다. 그것들은 특수한 지위를 가졌고 그래서 특별한 법적 형태를 띠고 있었다.

일반적으로 주식회사는 19세기까지 실질적인 혹은 예상할 수 있는 "공적 목적"을 위해 허가됐다. 식민지와의 원거리 무역 외에 육로, 운하, 철도 등의 건설이 이런 공적 목적에 속하는 것이었다. 잉글랜드에서는 1844년까지 모든 주식회사의 인허가를 두고 의회가 개별적으로 투표를 했다. 미국에서도 입법부가 통제권을 보유하고 있었다. 의회는 특정 사업의 프로젝트, 예컨대 운하의 건설 같은 것을 위해 한 자본회사에 허가를 내주었다. 그것을 허가받은 기업은 다른 분야에서는 활동할 수 없었고 지정한 해가 지나면 허가는 정지됐다.

소유자들의 포기

19세기에 들어와서 처음으로 자본회사 설립이 일반적으로 허가됐다. 미국에서는 해당 법이 1811년에, 영국에서는 1844년에 의회에서 결의됐다. 독일에서도 주식회사가 19세기에 자유화됐고 1892년 유한회사의 법적 형태가 추가로 만들어졌다. 전설이 우리에게 사실로 믿게 하려는 바와 달리 소유주 기업가가 곧 자본주의에 전형적인 것은 아니었기 때문에, 이때 제한 책임을 지는 소유가 사용됐다.

우리가 이미 앞의 "강도 귀족"을 다룬 장에서 본 바대로, 산업화는 기업이 경제적으로 활동하기 위해서 필요로 하는 최소 자본을 점차 증대시켰다. 이처럼 신속하게 증대하는 자본 수요 때문에 외부에서 자본을 형성해야만 재정을 충당할 수 있게 됐다. 제3자의 자본을 끌어들이면서 완전히 책임을 지우기는 대단히 어려웠는데, 이런 조건에서 자본 투자자의 위험이 대단히 높았기 때문이다. 게다가 점차 규모가 커지는 기업들의 신용 기근이 나타났으며, 개인에게 책임을 지울 경우 회사가 파산하면 소유주를 완전히 그리고 그의 전 생애를 황폐하게 만들 수도 있는 위험이 따랐다.

카를차이스재단Carl-Zeiss-Stiftung(다음 절에서 좀 더 자세히 다루게 될 것이다)의 설립자 에른스트 아베Ernst Abbe는 19세기 후반에 이러한 요구에 대한 대응을 이렇게 기록했다. "산업 기업이 어느 정도 규모를 넘어서면 개인 소유주가 기업을 소유하는 것을 포기하고 거의 관습처럼 주식회사나 이와 비슷한 형태로 전환하는 것이 새로운 경제 발전에 거의 전형적인 현상이 됐다."[93]

투자자와 기업가의 분리

오늘날 미국에서 자본회사가 달성한 매출 총액이 무한 책임을 지는 소유주의 기업에 비해 다섯 배 정도 높은 것으로 나타났다. 독일에서도 자본회사의 가치 창조가 개인 기업의 그것보다 몇 배 더 높다. 자본회사는 자본주의의 전형적인 소유 형태인데, 투자자와 기업가의 분리가 이 질서에 전형적인 경제 형태이기 때문이다.

물론 모든 자본회사가 소유주가 아닌 사람이 경영하는 것은 아니다. 소규모 혹은 중간 크기의 분야에는 소유주가 경영하는 기업들이 많고 그들은 세금을 포함한 이 형태의 장점을 잘 활용하고 있다. 그럼에도 불구하고 제한적 책임은 대부분의 소기업에는 그다지 많은 유리함을 주지는 않는데, 왜냐하면 은행이 일반적으로 그들에게 자기 재산을 담보로 제공할 때에만 신용 대출을 해 주기 때문이다. 기업이 성장하고 처음에 얻은 신용을 모두 갚았을 때에야 비로소 소유주는 실패의 위험이 제한적인 상태에서 무제한의 수익 가능성을 보장하는 대단히 기이한 법적 구조로부터 유익을 얻을 수 있다.

노동을 다른 사람에게 맡기다

대기업들은 세계 어디에서나 거의 전적으로 주식회사라는 법적 형태를 띠고 있다. 그들 중 대부분 회사들에서 대주주들은 통제 기능만을 행사하는데, 그들은 주주총회에 참석하거나 감독이사회를 지배하고 있다. 그곳에서 그들은 기업 전략을 결정하고 경영진에게 방향과 목표를 제시하고 충분한 실적을 내지 못한 경영진을 교체한다. 기업 경영이라는 원래의 업무는 다른 사람에게 맡긴다.

독일에서 사랑받는 "가족 기업"이란 개념은 친인척과 가부장적 돌봄을 표현하는 말이다. 그러나 그런 이름으로 불리는 많은 회사들은 실제로는 가족이 경영하는 회사와 거리가 멀다. 가족 경영 회사의 예로 우리는 골목에 자리 잡은 이탈리아의 공방이나 작은 수공업체를 들 수 있다. 이와 달리, 대부분 한 가족이 소유하고 있는 독일 80대 기업의 이사회 임원들은 세 개의 예외를 제외하면 그 가족의 구성원이 아니다. 거대 가족 콘체른에서는 오히려 훨씬 더 많은 경우 소유주가 일반적으로 경영 일선에서 물러나 있다. 86위로 내려오면 처음으로 이사회의 임원들이나 경영진에 소유주의 가족 출신이 많다. 그러나 그다음부터는 그렇지 않은 것이 보통이다. 독일 경제의 '히든 챔피언', 즉 전 세계의 틈새시장들에서 중간 규모의 시장 지배적인 기업들에서조차 경영을 맡은 사람은 절반 이상이 기업의 소유주가 아니다.

가족 갈등은 기업의 위험

상속자들은 통제 기능만을 맡고 기업 경영은 전문 경영인에게 맡기는 것이 대체로 기업의 존속에 유리하다. 훌륭한 재능을 가진 수학자가 자기 자식에게 자신의 교수직을 물려주는 것이 상식에 어긋나듯이, 천재적인 기업 창업자가 자기 아이를 같은 능력을 가진 사람으로 키우는 것 역시 있을 법한 일이 아니다. 예외적인 경우가 없는 것은 아니지만, 몰락으로 이어진 부덴브로크가*의 경우와 비슷한 일이 훨씬 더 잦다. 기업이 크면 클수록 그만큼 경영에 요구되는 자질 역시 많다. 그것을 담당할 재능을 타고나지 않은 사람이 그것을 배울 수는 없다.

 그래서 기업이 그것을 돌볼 의지가 없는 상속자에게 넘어간다거나 혹은 각자 새로운 기업 경영자를 불러 앉히려고 싸우게 되면 문제이다. 무능력한 상속자나 가족의 다툼은 수백 또는 수천 명의 일자리

---

* Buddenbrooks, 한 기업가계의 몰락을 그린 토마스 만 Thomas Mann(1875~1955)의 『부덴브로크 가의 사람들』.

가 없어진다는 것을 의미한다. 비테너 가족 기업 연구소Wittener Institut für Familienunternehmen의 톰 뤼젠Tom A. Rüsen은 이렇게 확신했다. "가족 기업에서 모든 위기의 90퍼센트는 …… 시장 상황이나 경제적 경쟁에 그 원인이 있다기보다 가족 갈등에 원인이 있다."[94] 그중 80퍼센트는 후손들의 갈등이라고 그는 지적한다.

사익을 위한 통제

그런 상황이 주주총회나 감독이사회에서 자연스럽게 드러날 수 있다. 그러면 그 결과는 아주 나쁠 수 있다. 경영을 하지 않는다고 해서 소유주가 기업에 대한 그의 영향력을 자연히 상실한다는 것을 의미하지는 않는다. 반대로 소유주는 자본회사의 법적 형태에 근거해서 자신의 수백만 유로의 재산 그 자체가 그에게 허락하는 것 이상으로 거대 기업들에 영향력을 행사할 수 있다.

『한델스블라트』는 얼마 전 "새로운 독일"이란 한 머리기사에서 그와 같은 상황을 가족 왕조 출신의 대주주가 이전과 마찬가지로 독일의 콘체른들을 통제하고 있다고 전했다. 이 기사의 필자는, "닥스에 상장된 30대 콘체른 중 약 절반 정도에, 실제로 혼자서 콘체른의 운명을 결정하는 주주가 있다"고 확인했다. 바코브 컨설팅Barkow Consulting의 한 연구 역시 그것을 증명했다. 이 봉건-자본주의가 그 어두운 그림자를 갖고 있다는 것 역시 『한델스블라트』는 잘 말해 주고 있다. 그 모델이 기업에 유용한지 아니면 해가 되는지는 회사와 가족이 동일한 이해관계를 가졌는지 아닌지에 달려 있다고 이 신문은 지적했다. 만약, 그렇다면 회사는 잘 운영된다. 그러나 "만약 대주주가 순전히 개인적인 유익을 우선한다면 그것은 일종의 책임 회피이다".[95] 그렇다, 옛 봉건 영주들의 경우에도 그랬다.

다른 유럽 국가들에서도 특정 가계들이 산업의 중요 부분을 결정하고 있다. 스웨덴의 발렌베르크^{Wallenberg}라는 한 가계가 스웨덴 25대 콘체른의 거의 3분의 1을 지배해서 스웨덴 산업 시장 자본의 약 40퍼센트를 장악하고 있다. 그들은 절반이 자기 가계에 속한 회사 투자자들을 통해 지배력을 완벽하게 행사한다. 자본회사의 법적 형태는 소유주들에게 제한적 책임의 유리함을 제공할 뿐만 아니라 복잡한 구조들을 통해서 자기자본이 직접적으로 허용하는 것 이상으로 경제의 대부분을 지배할 수 있게 해 준다.

소유주 알라딘

오늘날 많은 기업들은 콘체른들, 익명의 주식 보유자들 혹은 투자회사 등의 소유다. 그 사이에 우리는 개인이나 가족이 아니라 헤지 펀드와 다른 금융 투자사들이 기업의 소유자로서, 기업을 마음대로 사고팔거나 혹은 분리하거나 합병할 수 있다는 사실에 익숙해졌다. 그것은 순전히 자본회사들의 법적 형태에 근거한 것이지 결코 당연한 일은 아니다.

오늘날 전부 합해서 닥스 상장 주식의 15퍼센트만이 개인의 소유로 나타났다. 70퍼센트는 이른바 "기관 투자자"가 소유하고 있는데, 그 뒤에 가계 왕조들의 재산이 숨어 있을 수 있다. 그래서 주식시장조차 전 세계 어디에서나 순전히 수익을 쫓는 금융 수단에 지나지 않을 수 있다. 거의 모든 닥스 상장 기업에 지분을 갖고 있는 대투자사는 미국의 자산 관리 회사 블랙록Black Rock으로서, 이 회사는 6,000명의 최고 기업 실적 평가사들과 알라딘Aladdin이란 이름의 데이터 분석 시스템의 도움으로 자사의 포트폴리오 결정을 끌어내고 있다.

이것이 이른바 혁신과 성공적인 기업 경영에 없어서는 안 된다고 하는 자본주의 시대의 책임감 강한 소유주들의 실체이다. 오래전에 이미 슘페터는 자본회사의 등장으로 "소유주의 형체 및 그와 결합된 특수한 소유주의 이해가 관심사에서 사라졌다"면서 안타까워했다.[96] 그래서 우리는 자본주의가 경제의 폭넓은 영역에서 오래전에 제거해 버린 소유주 기업가들의 대체 불가능성에 관한 가짜 주장을 정당화하는 것을 끝내야 한다.

증대하는 경제 권력의 집중

자본회사의 법적 구조는 하나의 중앙 통제 센터를 통해 콘체른의 형성과 수많은 기업의 지배를 가능케 했기 때문에 경제 권력의 집중이 점차 증대하는 데에도 역시 책임이 있다. 이런 효과가 없이는 오늘날의 경제 단위는 훨씬 더 작아졌을 것이고 경제 단위들 사이의 경쟁 역시 더 격화됐을 것이다. 산업 생산은 물론이고 많은 서비스 제공 역시 마찬가지로 상당한 사업 규모를 요한다는 것은 맞다. 그러나 오늘날 전 세계의 거대 기업들의 세력 범주는 기술적으로 필요한 규모를 훨씬 넘어서고 있다. 다른 무엇보다 주식회사라는 법적 형태가 주식 교환(순환 출자)의 가능성을 통해서 기업 집중을 더 유리하게 만든다. 한 개인 회사로서는 수십억 유로의 매출액을 내는 기업의 합병에 필요한 자본을 형성하기란 결코 쉽지 않을 것이다.

자본회사의 법적 형태를 근거로 소유 구조를 은폐하고 얼굴 없는 재단, 투자회사 혹은 페이퍼컴퍼니를 건설하는 것이 가능하기 때문에 세금 도피와 자금 세탁이 적지 않게 간단하게 이루어진다. 현재까지 "경제 법인"으로 이름만을 올리는 유럽 기업 등록 기관조차 다른 무엇보다 연방 정부의 방해로 무산되고 말았다. 그래서 경제적 권력관계가 말할 필요도 없이 더욱 오리무중이 됐고 알려지지 않고 있다. 그리고 그것은 산업, 금융, 서비스 등의 과두 체제의 이익에 부응하고 있다.

그러나 이 모든 것이 바람직한가? 그런 소유 관계가 모두의 번영을 높이는 역동적이고 혁신적인 경제의 실질적인 조건인가, 아니면 결정적인 방해의 원인인가? 거기에 대한 대안은 어떤 모습을 띠게 될 것인가? 우리는 마지막 절에서 이런 문제와 씨름해 보려고 한다.

독립적인 경제 소유: 혁신적, 사회적, 개인적

자본주의는 지배적인 경제 소유 형태와 관련해서도 자본주의가 약속하거나 혹은 대부분 사람이 자본주의에 관해 약속한 것을 지키지 않는다. 사적 경제란 말을, 사업을 할 때 한 개인이 사적으로 완벽하게 책임을 지는 소유 형태라고 이해한다면 오늘날 경제의 가치 창조 중에서 사적 경제 부분이 차지하는 비중은 상당히 작다고 할 수 있다. 대부분의 거대 기업이나 대기업들은 개인 기업이 아닌 자본회사들이다. 그리고 이 자본회사들을 개인이나 가계가 소유하고 있거나 다른 자본회사들이 소유하고 있다. 특수한 경우, 그리고 갈수록 더 많은 경우 기업과 기업의 지분 전체 혹은 대부분을 재단들이 소유한다.

재단 소유의 기업

어느 재단이든 재단은 규정이 있고 특정 목적을 위해 사용하는 일정한 재산을 갖고 있다. 그러나 재단에는 소유자가 없다. 완벽하게 재단의 수중에 들어 있는 기업은 그래서 밖으로 드러나는 소유자가 없는 기업이다. 그런 기업 또한 누군가에 의해 감독을 받는데 그 사람이 그 기업에 방향을 제시하고 그것을 이끌어 갈 직원들을 채용한다. 그 사람은 이전 소유자의 상속인인 경우가 많은데, 그는 재단이 그에게 이체해 주는 돈으로 살아간다. 이런 경우에 재단 구조는 낡은 봉건적 권력관계 및 소득 관계를 굳혀 버린다. 그렇지 않은 경우도 때로 있는데, 이에 대해서는 우리가 앞으로 좀 더 자세히 살펴보게 될 것이다. 중요한 사실은, 재단의 통제가 잘 이루어지든 엉망이든 소유 없이 작동하고 있다는 사실을 재단이 보여 주고 있다는 점이다.

엄청난 세력을 가진 거대 콘체른들이 오늘날 바로 재단의 수중에 있다. 이미 오래전부터 알프리트 크루프 폰 볼렌 운트 할바흐재단Alfried Krupp von Bohlen und Halbach Stiftung은 주식회사 티센크루프AG ThyssenKrupp의 25퍼센트를 소유하고 있고 로베르트보쉬재단Robert Bosch Stiftung은 보쉬콘체른Bosch Konzern의 92퍼센트 지분을 갖고 있다. 베르텔스만재단Bertelsmann Stiftung은 베르텔스만콘체른의 주요 주식 보유자로서 잘 알려져 있고 엘제 크뢰너 프레제니우스재단$^{Else\ Kröner-Fresenius-Stiftung}$은 유럽 의료기술 및 병원 콘체른 프레제니우스의 거의 3분의 1을 소유하고 있다.

그다지 잘 알려지지 않은 재단들에도 수십억 유로의 매출을 달성하는 기업들이 속해 있다. 체펠린재단$^{Zeppelin\ Stiftung}$은 독일에서 세 번째로 큰 자동차 공급사 ZF의 최대 주주이며, 세계 20대 자동차 공급사 중 하나인 유한회사 말레^{Mahle}는 말레재단$^{Mahle\ Stiftung}$에 속해 있다. 이 밖에도 1889년에 이미 예나에 현미경 작업장들을 세운 카를차이스재단, 자를란트^{Saarland}에서 철강 산업을 일으킨 자르광업재단$^{Montan\ Stiftung\ Saar}$, 거대 방위산업체를 소유하고 있는 딜재단$^{Diehl-Stiftung}$, 국제 기술 콘체른을 운영하는 쾨르버재단$^{Körber\ Stiftung}$ 등등이 있다. 상업 부문에서도 이 모델이 성행하고 있다. 남^{南}알디와 북^{北}알디는 오늘날 재단들에 속해 있으며 할인 매장 리들^{Lidl}과, 약국 체인 디엠^{dm}도 마찬가지로 재단의 소유이다.

사익과 공익

이들 재단의 일부는 "공익을 위하여"라는 상표를 붙이고 있고 실제로 몇몇 소수 창립자들은 공공의 번영에 관심을 가졌다. 그러나 이른바 공익 재단의 대다수는 기업의 수익을 일반인들에게 돌려주려는 이타적 관심에 기초해 설립되지 않았다. 오히려 공익 재단들로 들어가는 기업의 수익은 대부분 세금이 면제되고 무엇보다 다음 세대가 회사에 대한 통제권을 승계하려고 할 때 상속세를 물지 않는다는 꽤 괜찮은 '부수효과'를 갖는다는 점에서 관심을 끌었다.

그런 공익 재단의 창립에는 아주 간단한 계산이 작용한다. 대기업의 경우, 5 내지 10퍼센트 지분을 가졌을 경우 연 수익 1,000만 내지 1억(약 1,300억 원) 유로 사이를 오르락내리락한다. 그것은 지나치게 크지 않은 한 가계 왕조에게 평생 동안 사치스러운 라이프스타일을 보장해 주기에 충분하다. 대부분의 공익 기업운영 재단들은 기업 경영에 의결권을 행사하지 않아 책임을 지지 않거나 재단 자체를 아예 가계가 통제하도록 규정하고 있다. 그러한 구조에서 기업의 대부분을 공익 재단으로 넘기는 사람은 일석삼조의 효과를 얻을 수 있다. 우선 기업수익의 일부에 대해서 세금을 피할 수 있고, 가계가 그 기업에 대한 완벽한 통제권을 보유해 기업을 그들의 이익에 맞추어 명령할 수 있으며, 증여세를 거의 물지 않고 기업을 후손에게 양도하는 것을 보장해 준다. 이에 더해 재단이 기업의 돈벌이 자체에 도움이 되는 일들을 추진하고 지원한다면 그들의 구도가 완성된다.

베르텔스만재단은 기업에 이득이 되도록 재단 자금을 지출하는 이런 기교를 완벽하게 구사했다. 예를 들면 베르텔스만의 리즈몬재단 $^{Liz\ Mohns\ Stiftung}$은 지자체 관리의 사유화를 위한 계획을 구상해 냈고 기업의 자매회사 아르바토^{Arvato}가 그 일을 맡아서 처리했다.* 만약 여론에 영향을 미치기 위해 캠페인, 싱크탱크, 그리고 다른 서비스로 자금을 투입하기만 '한다면' 그 자본은 목적을 달성하고 말 것이다. 오늘날 최상위 1퍼센트 부자들의 관심이 대부분의 나라들에서 정치의 주요 의제를 결정하고

---

* 아르바토는 2005년 개인이나 회사의 경제 관련 정보들을 그들의 사업 파트너들에게 넘겨주는 사업을 하는 인포스코어^{Infoscore}를 사들인 후 정보 서비스 기업으로 활동했는데, 고객에 대해 부정확한 신용 평가를 제공하는가 하면 2015년에는 고객의 동의 없이 정보를 제공했다.

있기 때문에 이들 나라에서 누가 캠페인에 능력을 발휘할지 누가 그렇지 못할지가 물론 이와 관련이 있다.

상속에 사용

많은 소유자들이 공적 유용성의 지위를 얻으려고 하지도 않으면서 그들의 지분을 재단들로 넘긴다. 그 또한 상속의 경우 세금에서 유리하다. 그러나 대부분 주요 목표는 세금 절약이 아니다. 그보다 후에 상속자들에 의해 기업이 갈기갈기 찢어지거나 해체되어 매각되는 것을 막는 것에 목적이 있다. 그럼에도 그들은 경제 봉건주의의 유리함을 그대로 누리고자 한다. 그래서 그러한 재단의 정관은 기업의 수익이 상속세대로 흘러가도록 규정하고 있다. 상업 콘체른 남알디에 속해 있는 지프만재단Siepmann-Stiftung은 바이에른의 재단 설명서에서 이렇게 적고 있다. "재단의 목표는 재단의 재산과 여기에서 나오는 수익을 재단 설립자의 의지에 맞추어 재단의 수익자에게 맞는 사업을 수행하는 데 계속해서 또는 한꺼번에 사용하도록 관리하는 것이다." '수익자'란 바로 알디의 창업자 카를 알브레히트Karl Albrecht의 상속자들이다.

이런 만큼 재단의 숫자가 증가하는 것이 최대 수익의 관점에서 기업을 경영한다는 자본주의적 경영 철학의 극복을 의미하는 것은 물론 아니며 성과 없는 자본 소득의 종말 역시 전혀 아니다. 그 목표는 대부분 그와 완전히 정반대로서, 이 소득과 기업에 대한 권력을 세금을 가장 적게 물면서 다음 세대에게 확실하게 물려주는 것이다.

아베가 차이스 재단을 설립하다

우리가 앞에서 언급한 대로 몇몇 소수의 재단들은 다른 방법으로 설립됐고 그 설립자가 다른 목적을 추구했다. 그중 하나는 독일에서 가장 오래된 기업 경영 재단인 카를 차이스재단이다. 이 재단의 설립과 재단 정관의 확립에 가장 크게 이바지한 물리학자 에른스트 아베는 1866년에 예나에 있는 소유자 카를 차이스$^{Carl\ Zeiss}$의 정밀 엔지니어링-현미경 작업장에 들어갔다. 아베의 기술적 성과는 당시까지 달성하기 어려운 정밀성을 가진 현미경의 새로운 세대의 구조로 구성되어 있었고 그것이 기업의 신속한 성장을 가져왔다. 카를 차이스는 1876년 자신의 가장 능력 있는 설계자 아베를 회사의 지분 소유자로 만들었다. 12년 후 기업의 설립자가 죽었을 때, 에른스트 아베와 차이스의 상속자들은 물론 부자였다.

그다음 해에 아베는 카를차이스재단을 설립하고 그의 지분과 다른 회사원들의 지분(이에 대해서는 높은 양도 수수료와 함께)을 재단에 맡겼다. 기업 운영자로서 차이스재단을 만들고 그 규정에 기업 운영의 우선순위와 기업 내에서 노동자 관련 구조 형성에 관한 자세한 규정 등을 마련함으로써 아베는 당시로서는 성공적이고 동시에 사회적 책임을 다하는 기업의 하나를 창조했다.

"공공재"로서 수익

아베의 생각은 놀랍게도 현대 기업 관련 법규의 기본 내용이 어떠해야 하는가라는 우리의 논의에도 여전히 현실적이다. 당시 주식회사의 설립 추세에서 자극을 받은 아베는 빠른 기업 성장과 결합해 있는 "기업의 탈개인화"(그는 그렇게 불렀다)와 관련하여 그런 상황 이후와 그것을 넘어서는 법적 형태를 두고 고심했다. 조합은 물론이고 주식회사 또한 그가 보기에는 합당한 것이 아니었다. 왜냐하면, "그 하나 [조합]은 회사의 미래가 일시적이고 단명한 그리고 부분적으로는 우연히 함께 일하게 된 직원들의 이해에 따라 좌우될 것이고 다른 하나[주식회사]는 많은 돈을 가진 사람의 지배를 받게 될 것이기" 때문이었다.[97] 그는 둘 모두 잘못된 것으로 보았다.

아베는 기업이 성공하는 경우, 지금 현장에서 일하거나 이전에 일하던 노동자들, 회사 경영을 맡은 사무직 노동자들의 경영 능력, 전문 노동자들의 지식과 역량, 그리고 끝으로 보편적 연구 성과의 결과들은 물론이고 수 세기에 걸쳐 축적된 사회적 인식과 경험 등이 모두 결합하여 만들어 낸 것이라고 보았다. 그래서 그는 한 기업의 수익은 "엄격하게 도덕성이란 사상에 충분히 부합하는 소유 개념, 즉 '공공재'로 보고 다루어야 한다"고 확신했고 나아가 창업자와 기업 경영자의 소득은 "개인적인 활동에 대한 적절한 임금 수준"으로 제한되어야 한다고 주장했다.[98]

아베의 눈에는 기업의 수익은 전 직원들이 처분할 수 있는 것이었다. 그리고 그것은 이를 넘어서 그들의 연구로 광학 산업에 커다란 유익을 준 예나대학 자연과학부에 돌아가야 하는 것이었다. 그래서 그는 그 기업을 한 재단으로 넘기고 그렇게 함으로써, "이 제3의 경제부문을 기업의 운영자와 같은 그런 기구로" 만들기로 결정했다.[99]

카를차이스재단의 설립으로 창업자의 상속자들은 기업에서 모든 영향력을 상실했고 기업 수익에서 성과 없는 소득을 전혀 요구할 수 없게 됐다. 동시에 재단과 함께 기업의 위험과 기업의 통제 역시 국가 같은 것은 아니지만 독립적인 기구에 주어졌다. 그럼에도 재단의 정관은 예나 대학뿐만 아니라 그 도시의 다른 많은 사회 기관들이 그 수익에서 이익을 얻을 수 있도록 하는 규정을 마련했다. 그래서 카를차이스재단은 예나 시에서 대학 건물의 신축 외에 진화 박물관, 해부학 연구소, 많은 의료 기관, 그리고 거대한 공공 도서관을 갖춘 시민의 휴식 공간 등에 재정을 지원했다.

활력을 주는 재단 정관

아베에 의해서 만들어진 카를차이스재단의 정관에는 우리의 관심을 자극하고 확실히 기업의 성공에 이바지하게 될 일련의 규정들이 있다. 재단 정관 40조는 기업의 목표를 가능한 한 높은 이익이 아니라 "전 경제의 성과의 향상에 두었고, 그렇게 함으로써 그곳에서 함께 일하는 모든 사람들이 기업가로서 재단을 이해하고 장기 지속적 전망을 갖는 것이 가능하도록 의도했다".[100] 재단 정관을 통해 기업은 유보금의 형성, 내부 금융 지원, 그리고 분명한 채무 한계의 채택 등에 관해 규정했다. 공공의 유익을 위한 분배 역시 전체 수익에 맞추어 제한했고 그 주주들에게 일반 주식회사보다 명백히 더 낮은 배당금을 분배했다. 이 모델은 경제위기 상황에서, 특히 세계 경제위기 동안 기업을 보호해 주었다. 카를차이스회사는 위기를 맞은 당시 그들의 유보금 덕분에 비교적 해를 입지 않았고 직원들을 거의 줄이지 않고 버틸 수 있었다.

기업 내부의 발명은 정관에 따라 본질적으로 연구 목적이나 학문적 실험에 이바지할 뿐 특허 등록을 할 수 없게 했다. 재단이 현미경 산업 이외의 기업에 뛰어들거나 그런 기업에 참여하는 것도 배제했다. 흥미로운 것은, 경영진의 급료를 기업 내 모든 평균 임금의 10배로 제한했다. 경영진은 기업에서 일하는 모든 노동자들의 임금 수준을 올리는 데 성공할 때에만 더 높은 임금을 받을 수 있도록 규정했다. 이에서 나아가 노동시간의 제한, 휴가 및 연금 요구권 등에 관한 일련의 규정이 있었는데, 적어도 당시로서는 혁명적인 것이었다.

성공적인 기업

아베는 스스로를 좌파로 이해하지 않았고 한 차례도 사회민주주의에 공감하지도 않았다. 그의 목적은 단순히 성공적인 기업이 그 수익을 봉건적 유형에 따라서가 아니라 정당하게 분배하도록 하는 데 있었다. 그의 생애 동안 이미 이 모델은 최선으로 작동했다. 1875년 겨우 60명의 직원을 두었던 카를차이스 공장은 1905년 아베가 죽음을 맞았을 시점에 1,400명이 넘는 직원을 가졌다. 그 후 수십 년 동안 냉전의 결과로 분리될 수밖에 없었을 때까지 이 기업은 계속해서 발전했다. 외부 소유주의 부재나 소득 격차의 비교적 좁은 폭 모두 기업의 성공을 방해하지 못했으며 오히려 그 반대였다.

폭스바겐 역시 제2차 세계대전 후 그들의 재도약을 공적인 권리 수탁과 강력한 공동결정권을 둔 소유주 없는 기업으로 시작했다. 1960년에야 처음으로 이 자동차 제조사는 주식회사로 전환됐고 니더작센 주에 남겨진 의결저지권*을 예외로 하면 사기업이 됐다. 이 전환이 이루어지지 않았다 해도 폭스바겐이 오늘날 나쁜 자동차를 만들게 됐으리라고 예단할 근거는 없다.

우리는 위에서 오늘날 경제에서 재단 기업의 증대하는 역할과 특히 에른스트 아베에 관해 자세히 살펴보았다. 왜냐하면 두 사례들은 경제적 소유의 구성과 기업의 법제와 관련한 토론에서 자주 손쉬운 결론에 이르고 마는 사적 경제와 국가경제 사이의 비생산적인 대안이 아니더라도 다른 많은 가능성들이 있다는 것을 보여 주기 때문이다. 사적 소유주 기업가가 오늘날 우리 자본주의 경제의 주도자가 아니며, 또한 상업적 기업을 국가 소유로 넘기는 것이 혁신적, 생산적, 그리고 동시에 정의로운 경제의 열쇠가 되는 것도 아니다.

자본의 중립화

제2차 세계대전 직후 알프레드 베버$^{Alfred\ Weber}$를 비롯한 몇몇 서독 경제학자들은 카를차이스재단을 현대 민주주의에 적합한 경제 소유의 조직화를 위한 일반적 모델로 삼을 수 있는가라는 문제를 두고 토론을 벌였다. 후에 체코의 오타 시크$^{Ota\ Šik}$와 자유당^{FDP}의 일부 인사들까지 참여한 이 논쟁은 '자본의 중립화^{Kapitalneutralisierung}'라는 표제어 아래 진행됐다. 오타 시크에게 자본의 중립화란 "끊임없이 새로 형성되는 화폐 및 생산자본을 가져갈 수 없는 재산으로 만들어 버리는 것"이었고,[101] 총체로서

• Sperrminorität, 의결저지권은 소수자가 특정 사안의 의결을 방해할 수 있는 권리이다. 실질적 다수의 찬성이 필요한 경우에 이 권리를 인정하고 있다.

의 기업에 귀속시켜 누구도 사고팔거나 유산으로 주거나 혹은 자기 멋대로 파괴할 수 없도록 하는 것을 의미했다. 이 자본은 그 소유권이 상당히 '중립화'됐다는 일반적인 의미에서, 더 이상 소유의 대상이 아니라는 것이다.

이 배경에는 기업이란 자동차나 자기 집과 완전히 다른 것이라는 에른스트 아베가 이미 정형화한 기본 사고가 깔려 있다. 기업은 어떤 하나의 '물건'이 아니라 조직체로서, 많은 사람들의 노동 성과와 지식에 힘입어 성장하고 이 사람들의 운명과 나아가 전 지역의 전망까지 그 존속에 달려 있는 것이다. 일반적으로 사용하는 물건들의 경우 소유자의 욕망과 기분에 따라 그것을 사고팔거나 유산으로 물려주거나 혹은 선물로 주거나 부숴 버리도록 내버려 둘 수 있으며 그것은 자유권에 속한다. 반대로 대기업에 대해서는 그런 권리를 개인이 대표하기 어렵다. 만약 다양한 종류의 공적인 자금을 활용해서 이익을 취하는 대기업에 대해서도 그런 소유자의 권리를 주장한다면 그것이야말로 터무니없는 일이다.

기업의 자체 성장

기업들의 성장, 그리고 그와 함께 증대하는 기업들의 자본은 주로 수익의 재투자와 신용을 통한 추가 구매력에 힘입어 증가한다. 외부의 자본 투자는 신속한 성장기와 위기 상황에서 일어날 수 있다. 그러나 대기업의 경우 대체로 전체 자본의 최소 부분만이 외부로부터의 자본 투자로 형성된다. 나머지는 기업 안에서 그곳에서 성취한 노동으로부터 그리고 부분적으로는 국가의 다양한 도움에 의해 형성된다.

'자본의 중립화' 요구는 이 새롭게 형성된 자본에 대한 요구이다. 오늘날의 법에 따르면 그것은 자동으로 외부 자본 투자자의 소유가 되고 있다. 그 대신 '자본의 중립화'는 이 새로 형성한 자본이 원래 기업의 소유가 되어야 하고 반대로 외부 투자자에게는(신용 제공자도 마찬가지로) 높은 위험을 고려하여 다소 높게 책정한 이자와 함께 그들이 투자한 자본을 되돌려 주는 것에 그쳐야 한다고 주장한다. 이러한 규정은 제한적 책임에 대한 논리적 대응이라고 할 수 있다.

신新봉건주의 없는 기업 활동의 자유

우리의 현대적 경제 질서 모델은 이 제안들과 연결되어 있다. 그러나 우리는 다시 한 번 기본적 과제, 생산적이고 혁신적이며 동시에 정의로운 경제 질서는 무엇을 성취해야 하는가라는 문제를 다루어야 한다. 그것은 간단히 다음과 같이 종합할 수 있을 것 같다. 즉, 기업적 혁신은 보장되어야 하나, 동시에 오늘날 경제 소유의 신新봉건적 결과들 – 성과 없는 소득과 기업에 대한 통제의 세습 가능성 – 은 사라져야 한다. 이것은 구체적으로는, 좋은 결과를 가져올 아이디어를 가진 능력 있는 창업자가 그의 출신과 전혀 상관없이 기회를 잡을 수 있어야 한다는 것, 그래서 자본으로의 접근이 민주화되어야 한다는 것을 의미한다. 여기에서 나아가 현대적 질서는, 경제적 소유권이 민주주의를 철폐하고 특권 집단의 이익을 시민들에게 강요하게 될 권력 도구가 되는 것을 막을 차단벽을 필요로 한다.

이들 기준에 따라서 우리는 기업의 네 가지 법적 형태들을 제안한다.

주식회사를 해체하고 그것을 대체할 네 가지 기본 형태로서, 개인회사, 직원회사, 지역공동체회사Öffentliche Gesellschaft, 그리고 공동번영회사 등을 들 수 있다. 이 회사들은 사업체의 크기와 공적 참여 등에서 서로 다른 요구를 제기하기 때문에 서로 구별된다.

개인회사: 위험에 대해 전적인 책임을 지고 부를 이루다

개인회사는 지금도 존재한다. 일반적으로 그 소유자가 자기자본으로 시작하고 기업에서 일어난 모든 일에 대해 전적으로 책임을 지는 기업이 이에 해당한다. 카페를 연다거나 수공업을 창립하거나 가사 서비스를 중개하려고 하는 사람은 일반적으로 외부의 모험자본을 필요로 하지 않으며 공적인 지원을 필요로 하지도 않는다. 자기 저축에 은행 융자를 더하면 충분하거나 이것저것 여러 가지 모으기만 하면 곧바로 해결된다. 이런 방법의 기업 창업을 선택한 사람은 완전히 위험에 빠질 수 있다. 창업에 실패하는 경우에도 대체로 가진 모든 것을 잃는다. 그것을 감안하고도 마지막에 성공한 사람은 부자가 될 수도 있다. 자유로운 기업가가 자신의 기업을 개인이 소유하는 개인회사로 운영하고 싶다면 모든 공적 지원, 신용보증, 보조금, 그리고 특별 지원 등에서 제외되어야 한다.

이 기업의 소유자가 언젠가 공적 지원을 요구하고 싶으면 직원회사로의 전환이 필수적이다. 이런 전환은 건전한 기업들에서도 다른 이유로 나타날 수 있는데, 창업자가 점차 커지는 사업에서 개인적 책임의 위험을 더 이상 지고 싶지 않거나 기업이 너무나 신속하게 성장하기 때문에 추가 자본 수요가 생겼기 때문일 수도 있다. 오늘날 재단을 설립하는 데 하나의 이유가 되는, 즉 상속에 의한 분열로부터 회사를 보호하기 위해서 또는 회사 자체가 높은 상속세로 부담을 지지 않도록 하려는 동기를 생각해 볼 수 있다. 개인회사에서 직원회사로 전환하면 원래 소유주는 창업 시에 투자한 자본(기업 내의 그것의 성장은 아니지만)과 그 이자 그리고 그동안 달성한 수익을 조금씩 돌려받을 수 있다.

직원회사: 팔 수 없고 빼앗을 수 없다

직원회사는 직원들이 사적 지분을 갖는 기업은 아니다. 직원회사는 외부의 소유자가 없으며 마치 재단처럼 누구에게도 속하지 않는다. 직원회사의 법적 형태를 가진 기업은 그러니까 자기 자신에게 속하며 이런 의미에서 그 회사의 회사원들 전체에 속한다. 그렇다고 오늘날의 소유권 이해에 나타나는 것처럼 개인이 팔거나 유산으로 물려줄 수 있는 개인의 소유물은 아니다.

기업이 외부의 소유자를 갖지 않으면 곧바로 세 가지 측면에서 바뀐다. 우선 기업 혹은 그 일부를 팔 사람이 없고 그것을 살 수 있는 사람도 없다. 금융 투자자 혹은 경쟁자들이 훔치거나 떼어 갈 수 있는 거래 및 양도의 대상이 될 수 없다. 두 번째로, 소유권을 근거로 기업의 성과물을 갈취해 갈 수 있는 사람이 아무도 없다. 이렇게 해서 이윤을 배당해야 할 압박이 사라져 그 이윤을 장기적인 성장 전략을 위한 투자에 더 잘 사용할 수 있다. 세 번째 차이는 외부 소유자가 없는 기업에서는 누가 기업에 목표를 설정하고 그것을 통제할지에 대한 새로운 해결 방법을 찾을 수 있다는 점이다. 오늘날에는 기업을 소유한 사람들이나 감독이사회에서 그들을 대표하는 사람들이 그런 일을 담당하기 때문에 문제가 발생한다.

유일한 소유주로서 통제

한 기업의 경영진이 태만하고 게으르거나, 간단히 말해 일을 제대로 하지 않는 것을 막기 위해서 재단이 100퍼센트 지분을 소유하고 있는 성공적인 기업에서 볼 수 있는 바와 같이 외부의 소유자가 필요한 것은 아니다. 필요한 것은 운명이 기업과 밀접하게 결합되어 있고, 기업을 가능한 한 장기적으로 좋은, 안정적인, 그리고 성공적으로 발전시키는 데 관심과 의욕이 있는 사람들로 구성된 통제 기구이다.

현재 기업의 소유자들은 때로 그렇지 않다. 금융 펀드, 개인 투자회사, 그리고 다른 기관 투자자들은 한 기업에서 다른 기업으로 이동해 가면서 단기적으로 이익을 얻으려 한다. 가족상속자들은 이상적인 경우 실제로 장기적인 성공에 관심을 두기는 하나 때로 배당금을 높이라는 압박을 가하고 기업의 경영에 부담이 될 정도로 자신들의 주머니를 채우거나 심지어 심각한 가족들의 불화로 불안정성을 걱정하게 만든다.

그 대신 만약 회사원들 중 (협력 노동자들부터 기술 인력 그리고 상층의 관리직 노동자에 이르기까지) 다양한 부분이 통제위원회에 대표자들을 낸다면 회사원들 전체의 이익이 그곳에서 다시 실현되는 것이 보장될 것이다. 작은 기업일 경우 50명의 노동자들마다 한 명의 대표자를 선발할 수 있을 것이다. 그것이 직원들이 기업 경영진의 구성을 결정하고 기업에 목표를 설정하는 바로 주주총회 '그 자체이다'.

더 규모가 큰 기업들에게는 물론 오늘날 기업들이 그렇듯 탁월한 지적 역량과 위계질서가 필요하다. 다른 모든 전문 활동이 그러하듯 경영진은 필요한 능력과 지식을 가진 사람들이 맡아야 한다. 그러나 그것은 기업 소유의 문제와는 직접적인 관련이 없다. 매일 총회를 열어 회사원들이 다수결에 의해 기업을 경영할 수는 없다는 것이야말로 자명한 이치이다.

고전적인 소유권들 중 직원회사에서 유일하게 유지해야 할 것은 기업의 통제와 그 사업 경영에 관한 권리이다. 이 통제권이 오늘날은 외부의 소유자에게 있는 반면 직원회사에서는 직원들에게 있다.

장기적 성공에 관심

기업이 잘 운영된다면 모든 직원은 더 많은 급료를 받게 될 것이고 매출이 떨어지면 더 적게 받게 될 것이다. 그리고 그들 모두가 일자리의 장기적 보장에 관심을 갖기 때문에 경영진의 과제는 좋은 영업 성과, 견실한 수익, 저임금과 불안한 일자리를 대가로 하지 않는 높은 투자, 장기적인 기업 성장이 될 것이며 단기적 수익 사냥을 지향하지는 않게 될 것이다.

자기자본 수익을 두 배로 증가시키고 직원들의 수익을 절반으로 낮추는 경영자는 아마도 더 이상 총회에서 박수를 받는 영웅이 되지 못할 것이다. 그 반대로 노동 절약 기술을 채택하는 대신, 더 짧은 노동시간 혹은 직원들의 재교육, 새로운 성장 아이디어를 통해 마찬가지 수익을 낸 경영진은 계약 연장을 기대할 수 있을 것이다.

　이것이 장기적으로 적자를 낸 직원회사 조차 위기에 일자리를 없애야만 하는 일이 없다는 것을 의미하지는 않는다. 그러나 일자리 축소는 그런 조건에서도 최후의 수단이 될 것이며 오늘날처럼 기업의 회생을 위해 가장 우선적으로 선호하는 수단이 되지는 않는다. 자본의 수익을 극대화하려는 비열한 목적에 이바지하는 조치들이 미래에는 사라지게 될 것이다. 좋은 급료를 받는 정규직 일자리들이 임금 비용을 절약하기 위해 파견 노동과 임시직 혹은 근무지 이동 등에 의해 대체되는 것 또한 마찬가지로 사라지게 될 것이다.

직원들의 동기 유발

기업 법제의 이런 형태는 직원들에게 오늘날보다 훌륭한 노동을 제공하도록 아주 강력한 동기가 될 것이라는 사실을 지지하는 사람들이 있다. "만약 한 회사가 더 많은 공동결정권을 통해 공동체로 변하게 되면, 생산성 또한 증가한다." 오늘날의 노사관계 자체에 관한 수없는 연구를 토대로 불평등을 연구한 리처드 윌킨슨Richard Wilkinson은 이렇게 말했다. 직원회사에서 직원들은 공동결정권을 가질 뿐만 아니라 기업 상속자의 고급 자동차 포르쉐를 위해서가 아니라 오로지 자기 자신만을 위해 일한다.

　직원회사는 오늘날 이 모델에 전혀 모순되는 법적 형태 안에서도 작동할 수 있다는 사례들이 있다. 특별히 나쁜 출발 조건을 가진 경우에도 충분히 그렇다. 기업이 이전의 소유주에 의해 파산에 이르게 됐고 미래가 불투명한 직원들이 일자리를 구하려고 시도하면 직원들을 그대로 수용하는 사례가 오늘날에도 있다. 1980년대에 그런 직원 수용의 사례가 40여 건에 달했다. 그중 15건의 경우 나쁜 출발 상황에도 불구하고 기업과 일자리 모두 장기적으로 보장됐다.

독일에는 모두 합해 약 7,000개의 사업장이 전부 혹은 대부분을 그 직원들이 소유하고 있으며 그 가운데 1,800개 사업장은 '조합회사'이다. 현재 법적 형태의 어려움은, 소유가 일반적으로 기업 내의 직원들 총체와 결합되어 있지 않고 개인과 결합되어 있다는 점이다. 그래서 만약 어떤 사람이 그 기업을 떠나더라도 조합원 지분을 갖고 가거나 그것을 상속할 수 있다. 직원들이 유한회사의 회사 지분 혹은 사원 주식을 보유하는 경우에도 마찬가지이다. 게다가 이런 모든 법적 형태들에서는 이익의 일부를 배당하도록 허가하거나, 대부분의 경우에 그렇듯이 허가하도록 확실하게 압박할 가능성이 있다. 우리의 모델에서는 아주 제한적으로만 그렇게 해야 한다. 그렇게 한 사례들은 직원들이 소유한 기업에서도 심지어 환경과 법적 형태들이 상당이 불리한데도 기업 경영이 성공적으로 이루어지고 있다는 사실을 보여 준다.

공적 모험자본 펀드

혼자서 혹은 다른 사람과 함께 직원회사를 설립하기 위해 이니셔티브를 잡은 사람은 거기에 필요한 스타트 자본을 공적 모험자본 펀드로부터 얻을 기회를 갖는다. 이 펀드는 국내총생산액의 적어도 1퍼센트까지 사용 가능하고 전체 기업 부문의 수익 저축을 통해 자금을 제공한다.

자신의 자금을 여기에 보태거나 혹은 순전히 자기 자금만으로 직원회사를 세울 수도 있다. 그렇게 한 사람은 기업이 잘 운영되면 수익에서 원금과 이자를 되돌려 받을 수 있다. 어떤 사람에게 신용을 제공한 은행이 이자와 함께 대출금을 돌려받는 것처럼, 회사 총회의 결정만으로 그런 권리를 독립적으로 행사할 수 있다.

  기업이 커지면 커질수록 그 혜택이 단지 자기 직원들에게 머물지 않고 일반인들에게도 그만큼 더 많이 돌아가게 될 것이다. 그래서 기업의 규모를 정하기 위해 직원 대표자들만이 아니라 기초 자치단체 대표들, 그리고 후에는 광역 자치단체의 의회에서 임명한 사람들이 함께 모여 상의하고 회사 총회에서 투표권을 가져야 할 것이다. 무엇보다 기업이 상당 규모의 공적 지원금을 얻으려면 공공의 이익에 좋은 영향을 미친다는 증거를 제시해야만 할 것이다.

지역공동체회사: 모든 사람들과 상의

과두독점 시장에 공급하고 그래서 거의 피할 수 없이 경제적 권력을 행사할 수 있는 대기업에는 직원회사가 어울리지 않는다. 그런 대기업을 위해서는 여기에서 지역공동체회사라는 법적 형태를 추천한다. 지역공동체회사는 직원회사와 마찬가지로 외부 소유주가 없다. 여기에서도 기업은 그 지역자치단체에 속한다(그리고 국가에 속하지도 않는다). 직원회사와의 차이는 통제위원회의 공동 구성이다. 이 통제위원회는 현재 감독이사회라고 부르는 것이며 직원 대표자들은 오직 절반만을 차지한다. 나머지 절반은 소도시들, 기초 자치단체들, 그리고 그 기업이 생산 시설을 두고 있는 광역자치단체 등에서 임명한 공공의 대표자들로 구성한다.

물론 어느 정도 크기로 기업을 시작할지, 공적 개입의 정도는 어떠해야 할지 등 경계 설정이 항상 어렵고 또 일정 수준까지는 상황에 따라 마음대로 정할 수 있다. 그러나 창문 건설 회사와 폭스바겐 사이, 그리고 뒤셀도르프 시내의 한 카페와 스타벅스Starbucks 사이에 양적인 차이가 존재한다는 것에는 이론의 여지가 없다. 2,000명의 노동자를 채용하는 기업은 그 지역공동체[자치단체]에서 중심이 될 규모이다. 주州[광역자치단체] 차원에서 핵심적인 역할을 하기 위해서는 그에 비해 좀 더 규모가 커야한다.

직원회사는 노동자 1,000명 이상부터 회사 총회에 지역공동체의 대표들을 받아들이고 그보다 더 큰 기업이나 공적 자금을 지원받은 회사는 그에 따라 더 많은 지역 대표자들을 받아들이는 것을 생각해 볼 수 있다. 아무리 낮추어 잡더라도 2만 명 이상의 노동자를 고용한 기업부터는 직원회사 또는 개인회사의 법적 형태의 범주에 들어가서는 안 된다(개인회사로서 이 정도 규모의 사업체는 어차피 드문 예외이다). 그런 규모에서부터 지역공동체회사의 지배가 시작된다. 지역공동체회사는 또한 수익을 내기 위해 전문 경영인에게 경영을 맡기는 상업적 기업이기도 하다. 직원회사와 달리 이 지역공동체회사에서는 그럼에도 공적 대표자들의 의사에 반해서, 그리고 일반의 이익에 반해서 목표가 설정되거나 중점 투자 부문이 결정될 수는 없다. 그렇게 해서 이런 기업의 공적인 무게가 고려된다.

실제로 현재 공적 지분을 근거로 그리고 또한 공공의 대표자들이 기업의 감독이사회에 참석하는 몇 개의 기업들이 있다. 가장 잘 알려진 예로는 니더작센 주가 의결저지권을 갖고 있는 폭스바겐콘체른이다. 이 공적 영향력이 성공적인 기업 경영에 방해가 된다고 주장할 수는 없을 것이다. 물론 그것이 실제로 배출가스 저감 장치 스캔들에서 보듯이 훌륭한 기업 경영의 확실한 보장 역시 아니다.

공동번영회사: 공공에 유익한 서비스

우리가 제안하는 네 번째 법적 형태는 공동번영회사다. 이런 형태를 채택할 수 있는 분야는, 체인망의 형성이나 네트워크 효과의 등장으로 (혹은 둘 모두 때문에) 독점이 이루어질 경향이 있거나, 생산한 재화와 서비스가 생계의 기본 수요에 해당해서 개인의 구매력에 따라서가 아니라 모든 인간이 동일하게 가져야 하기 때문에 상업적 기업 경영에 맞지 않는 모든 분야이다.

공동번영회사들은 공적 자금으로 설립되고, 오늘날 공익 기관이나 기초 자치단체가 운영하는 일부 기업이 그러하듯이 수익 지향적으로 일하지 않는다. 이 회사들은 가능하면 비용을 받지 않으면서 일하는 (수도와 전기의 공급 같은) 공급 업무를 맡는다. 공동번영회사는 또한 국가에 속하지 않고 독립적이다. 이 회사들은 정한 규칙들과 공공의 통제를 받아 운영하지만 그러나 누구도 자기 마음대로 들어와 지배할 수는 없다. 국가에 속하지 않기 때문에, 국가가 그것들을 팔아 버릴 수도 없고 또 그것들이 사유화될 수도 없다.

우리는 지난 수년 동안 지자체의 수도 공급이나 병원들을 상업화했을 때, 특히 오로지 수익에만 관심을 가진 기업에 넘겼을 때 많은 부정적 결과들이 그에 결합해 나타났던 것을 경험했다. 시장들이 작동하지 않는 부문, 그리고 진정한 경쟁이 있을 수 없는 부문에는 경제의 다른 규정이 유효해야 한다. 은행 통제 역시 다른 장에서 서술한 공동번영 행처럼 그것이 갖는 경제적 핵심 지위를 감안해 공동번영회사라는 법적 형태를 가진 기구들에 의해 지배되어야 할 것이다.

모두를 위한 신속한 네트워크

커뮤니케이션 서비스와 다른 무엇보다 디지털 경제의 인프라 구조를 위해서도 이런 형태의 회사들이 필요하다. 상대적으로 주민이 적은 지역에서는 신속한 디지털 연결망의 확장이 수익 지향 공급자들에게 큰 이익을 주지 않기 때문에 독일에서 뿐만 아니라 다른 나라에서도 그런 사업이 얼마나 성의 없이 그리고 얼마나 느리게 진행되는지 우리는 경험하고 있다. 또한 라디오나 텔레비전 망의 구축 역시 많은 지역에서 아직 취약하고 과도한 부담을 준다. 실제로 경제학자 해럴드 호텔링은 그의 이론에서 이 분야를 대표적인 사례로 든다. 그는 인터넷, 전화, 텔레비전 공급의 가장 저렴한 방안은 이익 지향적이지 않은 공동번영회사의 손에 공적 네트워크 건설을 맡기는 것이라고 주장했다. 네트워크로의 접근은 더 이상 제한되어서는 안 되며 모든 사람이 언제 어디에서나 이용할 수 있어야 한다. 이를 위해 모든 가구가 매월 사용료를 지불해야 하지만 현재 가계 평균 커뮤니케이션 사용료 지출보다 훨씬 더 낮아야 하며 네트워크 구조의 무료 정비와 상시적인 교체가 보장되어야 한다.

　디지털 세계 또한 공동번영 지향적 공급자를 필요로 한다. 우리는 디지털 정보들을 가지고 하는 두 가지 영업 형태를 보아 왔다. 하나는 지금까지 그다지 성공적이지는 않지만 인위적인 정보의 억제와 정보의 판매이고 다른 하나는 구입자 혹은 이용자의 개인 정보를 축적해 이익을 얻고 되파는 것이다. 무료로 복제할 수 있는 것을 인위적으로 억제하는 것이 반드시 좋은 해결책은 아니다(특정 분야에서는 네트워크상에서 양질의 저널주의 보존을 위해서 다른 대안이 없을 수도 있지만 말이다). 이에 반해 우리의 삶이 빅데이터의 형태로 데이터 독점자들에 의한 서비스에 더 광범위하고 더 완벽하게 축적된다면 우리는 점점 더 자유와 사생활 영역을 잃어버리게 될 것이다.

출구가 없다……

"우리의 집, 자동차, 그리고 전자기구들의 감시 시스템이 자리를 잡게 되면 더 이상 출구는 없다."[102] IT 전문가 이본 호프슈테터가 한 말이다. 그런 감시는 자동적이고 즉각적으로 삭제하도록 하는 엄격한 규정에 의해서만 막을 수 있다. 데이터 괴물의 서버들이 데이터들을 일정 기간까지 축적하도록 허락했던 법들은 이미 시대에 뒤떨어져 버렸다. 우리의 디지털 흔적들은 우리 자신이 분명히 축적할 의사를 표명한 것을 제외하고는 며칠 후에 자동으로 그리고 완벽하게 삭제하는 것을 의무로 정할 필요가 있을 것 같다. 그렇게만 하면 디지털 경제의 많은 분야에서 상업적 영업 모델의 토대가 사라진다. 그래서 그 자리에 공적 자금을 지원받는 대신 이익을 추구하지 않는 공급자를 앉혀야 한다. 그렇게 하지 않으면 미래에 검색 엔진을 클릭할 때마다 혹은 사회적 네트워크에 계정을 열기만 하면 우리에게 돈을 청구하게 될 것이다. 그것이 우리의 데이터를 활용하지 못하게 된 상황에 따른 상업적 대응이 될 수 있기 때문이다.

의존성의 탈피와 권력 또한 중요한 문제다. 디지털 네트워크는 미래 산업의 중요한 인프라 구조이다. 앞으로 가치 창조 네트워크의 디지털화가 한 걸음씩 진전되면서 누가 이 네트워크를 통제할 것인가가 더욱 중요해질 것이다. 그것을 개인 독점 사업자들에게 맡겨 둔다면 그것과 결합되어 있는 막강한 권력이 각각의 시장경제에 치명적인 방식으로 행사될 것이다. 여기에도 엄격하게 통제되는 공익적 공급자 이외에 현실적으로 합리적인 대안이 존재하지 않는다. 그래서 예컨대, 단지 공급자와 고객을 서로 연결해 줄 뿐 거기에서 많은 이익을 취하거나 우리의 데이터를 활용하지 않는 지성적인 소프트웨어를 만드는 등 인터넷 거래가 공적인 포털을 통해 이루어지도록 해야 할 것이다. 우리의 자동차, 집, 그리고 우리의 전체 삶이 디지털화될수록 디지털 기술과 관련해 공익을 지향하는 새로운 시작은 그만큼 긴급하다.

최소 규모로 줄여라

여기에 제안한 경제 질서는 시장 법제와 각 분야의 공적 성격에 따라서 네 개 기본 유형의 기업들로 분류할 수 있을 것인바, 개인회사, 직원회사, 지역공동체회사, 공동번영회사가 그것이다. 현재의 자본회사들을 이런 법적 형태로 전환하는 것은 비교적 간단하다. 외부에서 투입된 자본을 적절한 이자와 함께 높이 평가해 되돌려 주는 것이다. 거기에서 수년 동안 받아 간 배당금을 제해야 한다. 이 계산에서 자본 투자자가 받아 간 돈보다 기업에 투자한 돈이 더 많다는 결과가 나온다면 부족한 금액은 기업의 수익에서 지불하면 될 것이다. 내부에서 형성된 자본은 그 기업에 속한다. 현실에서 투자자에게 더 지불해야 하는 경우는 많지 않을 텐데, 일반적으로, 특히 이전의 기업들에서는 배당이 외부 투입 자본을 크게 넘어서기 때문이다.

공동번영회사를 예외로 하면 모든 기업은 상업적으로 그리고 수익 지향적으로 운영한다. 현대적인 경제 질서는 그래서 기업들을 기술적으로 의미 있는 최소의 크기로 줄이는 시장 법제를 만들려고 노력해야 한다. 말할 필요도 없이 많은 산업 분야에서는 오직 대기업만이 살아남을 수 있다. 그러나 소유권과 결합된 전 지구적 산업 및 상업 거대 기업들을 필요로 하는 사람은 아무도 없다. 그 거대 기업들은 경쟁을 무력화하고 공급자들을 의존할 수밖에 없도록 만들고 고객의 선택 가능성을 제한하는 등의 방법을 통해 다른 무엇보다 자신들의 주식 소유자들을 위해서 일한다.

기업들이 혁신적이고 비용을 절감하는 그리고 더 생산적인 기술들을 채택하는 방향으로 움직이도록 하기 위해서는 가능한 한 열린 시장들과 집약적인 경쟁을 필요로 한다. 경쟁자를 따돌리고 싶은 사람은 기술적인 우위, 탁월한 품질 혹은 간단히 이전에 누구도 가지 않았던 틈새시장들을 통해서 그렇게 해야 한다. 동시에 오늘날의 헐렁한 법 대신 엄격한 환경 및 소비자 보호법을 만들되, 일반인들에게 부담을 떠넘기지 않는 비용 절감 기술들이 채택되도록 유의해야 한다. 시장과 경쟁은 이런 자극을 주지 못한다.

해체

자본회사의 직원회사 혹은 지역공동체회사로의 전환은 그래서 직접적인 해체로 연결되어야만 할 것이다. 그러면 프라이부르크 학파의 수장 발터 오이켄이 제2차 세계대전 후에 직접적으로 요구한 바를 실현하는 것이 된다. "콘체른, 트러스트, 그리고 독점적 개별 기업은 기술적으로 혹은 국민경제적 사정이 그러한 해체와 청산을 불가능하게 하지 않는 한 해체되거나 청산되어야 한다."[103] 1946년과 1949년 사이에 루트비히 에르하르트의 주도로 만들어진 독일 카르텔 법의 초안, 이른바 요스텐 구상은 강력하게 해체 조치를 요구했다. "경제 권력을 갖고 있는 개별 대기업들"은 그 자체에서 운영하고 있는 주요 사업체들로 해체되어야 한다고 규정했다. 그렇게 하지 않을까 염려했던 대로, 경제 로비스트들이 이 생각에 반대해 벌 떼처럼 일어났다. 그들에게는 성공적으로, 1952년에 발표한 정부 초안에는 더 이상 해체에 관한 언급이 없었다. 여기에서 루트비히 에르하르트는 그의 이전의 질서자유주의자 친구들과 지지자들의 기대를 저버렸고 똘똘 뭉친 경제 권력 앞에 무릎을 꿇었다. 그러나 그 문제는 오늘날 1950년대보다 훨씬 더 현실성을 띤다. 당시의 대기업들은 오늘날의 세계적 거대 기업들과 비교하면 기껏 좀 커다란 중기업에 지나지 않았기 때문이다.

　기업 규모의 축소와 소유 구조에서 복잡한 중복 투자의 금지는 기업에 부과하는 세금을 매우 단순하게 만든다. 이때 새로 정하는 법인세를 충분히 높게 책정함으로써, 공동번영회사에 대한 자금 지원에 이바지하도록 하고, 병원이나 간병 시설에서 다른 사람을 돌보는 사람들이 좋은 기계를 제작하는 사람들보다 더 적게 버는 일이 더 이상 없도록 하기에 충분한 재원을 마련해야 할 것이다.

　그렇게 규모가 줄어든 기업들이 전 세계의 나머지 거대 기업들과의 경쟁에서 다른 나라들이 비슷한 변화를 이루기까지 살아남을 수 있을까 걱정할 필요는 없다. 그런 공동번영기업들은 자금을 빼내서 목을 조르는 주식 보유자들이 없고 16퍼센트의 최소 수익을 달성해야 할 의무가 없다는 바로 그 이유 때문에, 품질 개선과 혁신에 더 많은 투자를 할 수 있고 그들의 경쟁자들보다 좋은 상품들을 시장에 낼 수 있다. 철강 부문에서 비교적 작은 기업인 자르철강은 한 재단이 소유하고 있어 더 많은 자금을 투자할 수 있었으며 현재까지 철강 부문의 강자로 비교적 문제없이 지탱하고 있다. 위에서 서술한 새로운 화폐 질서는 그와 결합해 있는 더 좋아진 자금 형성 조건에 근거하여 더 격렬한 경쟁에서 유리함을 제공할 수 있을 것이다.

오직 자신의 노동만으로 이루어지는 소유

　여기에서 제안한 현대적 경제 질서의 모델은 소유가 실질적으로 오직 자신의 노동만으로 이룩될 수 있고 봉건적 구조와 성과 없는 소득이 과

거의 유물이 되는 경제로 가는 길을 열게 될 것이다. 우리는 우리의 경제를 더 혁신적이고 더 역동적이며 동시에 사회적으로 더 정의롭게 형성하기를 바란다. 어느 누구도 더 이상 다른 사람의 노동으로 그리고 다른 사람에게 부담을 지워 부자가 되는 지위에 있을 수 없게 될 것이다. 진정한 시장들과 자유로운 경쟁은 오늘날보다 더 그것들이 잘 작동하고 윤리적으로 추구되는 곳, 확실히 오직 그런 곳에서만 이루어질 것이다. 우리의 공동체는 통제 불능의 거대 기업들이 우리를 끊임없이 쥐어짜는 일이 없어지면 다시 민주적으로 형성될 것이다.

 자본주의에 대한 대안이 없는 것은 아니다. 자본주의에 반대해, 우리가 자유롭고 민주적이고 혁신적이며 살기 좋고 정의로운 사회에서 살고자 한다면 우리는 자본주의적 경제 봉건주의를 극복해야만 한다. 탐욕에 한계를 설정하고 다른 사람에게 부담을 떠넘겨 무제한으로 자기 부를 늘리는 것을 불가능하게 만들기만 하면 우리 모두 마침내 더 풍요로워질 것이다. 오직 새로운 경제 질서의 틀 안에서만 우리는 디지털 기술들을 더 나은 삶을 위해 실질적으로 모두에게 유용하게 사용할 수 있고, 자연 환경에 적정한 정도로 우리의 번영을 생산해 내려는 목표에 좀 더 가까이 다가가는 것에 성공할 수 있을 것이다.

주(註)

1. Oxfam, "Ein Wirtschaftssystem für die Superreichen", 2016년 1월.
2. "조직적인 돈에 의해 움직이는 정부는 조직폭력단에 의해 움직이는 정부만큼이나 위험하다는 것을 우리는 이제 알고 있다", 1936년 10월 31일 메디슨 스퀘어 가든에서 한 프랭클린 루스벨트의 연설.
3. Friedrich A. Hayek, *Individualismus und wirtschaftliche Ordnung*, Salzburg 1976, 339.
4. 같은 책, 330.
5. J. M. Keynes, "National Self-Sufficiency", *The Yale Review*, Vol. 22, no. 4 June 1933, 755-769.
6. Byung-Chul Han, *Duft der Zeit: Ein philosophischer Essay zur Kunst des Verweilens*, Bielefeld 2015.
7. Richard Wilkinson, Kate Pickett, *Gleichheit ist Glück. Warum gerechte Gesellschaft für alle besser sind*, Berlin 2009.
8. 같은 책, 68.
9. Karl Polanyi, *The Great Transformation-Politische und ökonomische Ursprünge von Gesellschaften und Wirtschaftssystem*, Frankfurt am Main 1978, 75. (칼 폴라니, 『거대한 전환』, 길 2009 참고)
10. Chrystia Freeland, *Die Superreichen. Aufstieg und Herrschaft einer neuen globalen Geldelite*, Frankfurt 2013, 279.
11. Sven Beckert, *King Cotton*, München 2015, 91에서 재인용.
12. Jaron Lanier, *Wem gehört die Zukunft?*, Hamburg 2013, 456.
13. Peter Thiel, *Zero to One. Wie Innovation Unsere Gesellschaft rettet*, Frnkfurt am Main 2014, 15.
14. https://www.gruene-bundestag.de/uploads/tx_ttproducts/datasheet/r18-018_obsoleszenz.pdf
15. http://www.gegenblende.de/++co++1e74bb7e-7c5e-11e3-96bf-52540066f352
16. Christian Felber, *Geld. Die neuen Spielregeln*, Wien 2014, 161.

17 *Handelsblatt*, 2015년 6월 17일.
18 Mariana Mazzucato, *Das Kapital des Staates*, 228에서 재인용.
19 http://www.patentverein.de/files/Frauenhofer_102003.pdf
20 Hermann Simon, *Hidden Champions des 21. Jahrhunderts*, Frankfurt am Main 2007.
21 http://www.gegenblende.de/++co++1e74bb7e-7c5e-11e3-96bf-52540066f352
22 Thomas Piketty, *Das Kapital im 21. Jahrhundert*, München 2014, 367. (토마 피케티, 『21세기 자본』, 글항아리 2014 참고)
23 같은 책, 600 아래.
24 같은 책, 369.
25 Chrystia Freeland, 앞의 책, 100.
26 Thomas Piketty, 앞의 책, 587.
27 Jürgen Kocka, *Geschichte des Kapitalismus*, München 2013, 7에서 재인용.
28 Joseph A. Schumpeter, *Kapitalismus, Sozialismus und Demokratie*, Tübingen 2005, 35.(조지프 슘페터, 『자본주의・사회주의・민주주의』, 한길사 2011 참고)
29 Michael Hartmann, *Eliten und Macht in Europa*, Frankfurt am Main 2007, 149.
30 같은 책, 144.
31 같은 책, 146.
32 Thomas Piketty, 앞의 책, 324.
33 *Handelsblatt*, 2014년 3월 17일.
34 Alex Capus, *Patriachen. Zehn Portraits*, 5. Aufl., Klagenfurt 2008, 12.
35 Thierry Volery, Ev Müller, *Visionäre, die sich durchsetzen*, Zürich 2006.
36 Bernt Engelmann, *Das Reich zerfiel, die Reichen blieben*, München 1975, 59.
37 Alexander Rüstow, *Die Religion der Marktwirtschaft*, Band 4, 3. Aufl., Berlin-Münster-Wien-Zürich-London 2009, 96.
38 Johann Wolfgang Goethe, *West-Östlicher Divan, Noten und Abhandlungen*, Leipzig 1949, 167.
39 Fernand Braudel, *Die Dynamik des Kapitalismus*, Stuttgart 1986, 58.
40 *Die Zeit*, 1959년 5월 1일.
41 *Handelsblatt*, 2014년 11월 4일.

42 Barry C. Lynn, Cornered, *The New Monopoly Capitalism and the Economics of Destruction*, Hoboken 2010, XⅡ (저자에 의한 번역)
43 Stefania Vitali, James B. Glattfelder and Stefano Battiston, "The network of global coporate control", Zürich 2011. http://arxiv.org/pdf/1107.5728.pdf
44 Ulrike Hermann, *Der Sieg des Kapitals*, Frankfurt am Main 2013, 68.
45 Carl Shapiro, Hal R. Varian, *Online zum Erfolg*, München 1999, 30.
46 같은 책, 84.
47 같은 책, 89.
48 Walter Eucken, *Grundsätze der Wirtschaftspolitik*, Tübingen 2004, 172. (발터 오이켄, 『경제정책의 원리』, 민음사 1996 참고)
49 Jeremy Rifkin, *Die Null-Grenzkosten-Gesellschaft*, Frankfurt am Main 2014, 200에서 재인용. (제러미 리프킨, 『한계비용 제로 사회』, 민음사 2014 참고)
50 Christoph Keese, *Silicon Valley*, München 2014 참고.
51 Yvonne Hofstetter, *Sie wissen alles*, München 2014, 219.
52 Milton Friedman, *Kapitalismus und Freiheit*, München 2004, 36.
53 Fernand Braudel, 앞의 책, 60.
54 같은 책, 55.
55 Goethe, *Faust* Ⅱ, Vers 11, 187 아래.
56 Sven Beckert, 앞의 책, 같은 곳.
57 Karl Polanyi, 앞의 책, 279.
58 같은 책, 330.
59 Mariana Mazzucato, 앞의 책, 22.
60 *Handelsblatt*, 2014년 9월 23일.
61 *WirtschaftsWoche* NR. 1/2 2012년 1월 9일.
62 *Spiegel Online*, 2014년 10월 29일.
63 *Spiegel Online*, 2014년 10월 29일, 28/29쪽.
64 Peter Thiel, 앞의 책, 103.
65 Jeseph Schumpeter, *Theorie der wirtschaftlichen Entwicklung*, Leipzig 1912, 351.
66 Hans D. Babier, Fides Krause-Brewer, ed., *Die Person hinter dem Produkt. 40 Portraits erfolgreicher Unternehmer*, Bonn 1987, 274에서 재인용.
67 같은 책, 227.

68 Jeremy Rifkin, 앞의 책, 445.
69 Alexander Rüstow u.a., *Das Versagen des Wirtschaftsliberalismus*, Marburg 2001, 121.
70 같은 책, 94.
71 Ludwig Erhard, "Franz Oppenheimer. Dem Lehrer und Freund", in: Karl Hohmann, Ludwig Erhard, *Gedanken aus fünf Jahrzehnten, Reden und Schriften*, Düsseldorf 1990, 858-864.
72 Fernand Braudel, 앞의 책, 66.
73 Steven Johnson, *Wo gute Ideen herkommen. Eine kurze Geschichte der Innovation*, Bad Vilbel 2013. (스티브 존슨, 『탁월한 아이디어는 어디서 오는가』, 한국경제신문사 2012 참고)
74 같은 책, 255.
75 같은 책, 38.
76 Carl Benedikt Frey, Michael A. Osborne, "The Future of Employment: How Susceptible are Jobs to Computerisation?", 2013년 9월 17일. http://www.oxfordmartin.ox.ac.uk/
77 Rebert and Edward Skidelsky, *Wie viel ist genug?*, München 2013, 289에서 재인용.
78 Anat Admati, Martin Hellwig, *Des Bankers neue Kleider*, München 2013, 38.
79 Christian Felber, *Geld. Die neuen Spielregeln*, Wien 2014, 22에서 재인용.
80 Joseph Stiglitz, *Der Preis der Ungleichheit*, München 2012, 99. (조지프 스티글리츠, 『불평등의 대가』, 열린책들 2013 참고)
81 Daniel Stelter, *Die Schulden im 21. Jahrhundert*, Frankfurt am Main 2014, 78 등을 참고.
82 Karl Polanyi, 앞의 책, 304.
83 같은 책, 305.
84 경험적인 증거는 다음 연구를 볼 것. Richard A. Werner: http://inflationsschutzbrief.de/studien/richard-werner-studie-koennen_einzele_banken_geld_aus_dem_nichts_schoepfen.pdf
85 그 기술들에 관해서는 Dirk Sollte, *Weltfinanzsystem am Limit, Einblicke in den 'Heiligen Gral' der Globalisierung*, Berlin 2009를 볼 것.
86 Walter Eucken, 앞의 책, 4.

87 World Bank, The East Asian Miracle. Economic Growth and Public Policy 1993; http://documents.worldbank.org/curated/en/1993/09/698870/east-asian-miracle-economic-growth-public-policy-vol-1-2-main-report
88 경제학자 제임스 헨리James Henry가 이끄는 세금정의네트워크Tax Justice Network의 연구를 볼 것. http://www.texjustice.net/cms/upload/pdf/Price_of_Offshore_Revisited_120722.pdf; 독일어 번역본, http://www.texjustice.net/cms/upload/pdf/Deutsch/TJN2012_KostenOffshoreSystem.pdf
89 Jean-Jacques Rousseau, *Abhandlung über den Ursprung und die Grundlage der Ungleichheit unter den Menschen* (장 자크 루소, 『인간 불평등기원론』, 책세상 2003 참고)
90 Pierre-Joseph Proudhon, *Eigentum ist Diebstahl. Theorie des Eigentums*, Marburg 2014, XI. (피에르 조제프 프루동, 『소유란 무엇인가』, 아카넷 2003 참고.)
91 Martin Nettesheim, Stefan Thomas, *Entflechtung im deutschen Kartelrecht*, Tübingen 2011을 볼 것.
92 Adam Smith, *Untersuchungen über die Natur und die Ursachen des Nationalreichtums*, Zweiter Band, Breslau 1794, 206. (애덤 스미스, 『국부론』 (상,하), 비봉출판사 2007 참고)
93 Werner Plumpe, ed., *Eine Vision, zwei Unternehmen. 125 Jahre Carl-Zeiss-Stiftung*, München 2014, 14에서 재인용.
94 *Die Welt*, 2011년 2월 18일.
95 *Handelsblatt*, 2014년 11월 24일.
96 Joseph A. Schumpeter, *Kapitalismus, Sozialismus und Demokratie*, Tübingen 2005, 218.
97 Werner Plumpe, ed., 앞의 책, 15.
98 같은 책, 45/46.
99 같은 책, 45.
100 같은 책, 114.
101 Ota Šik, *Humane Wirtschaftsdemokratie. Ein Dritter Weg*, Hamburg 1979, 151.
102 Yvonne Hofstetter, 앞의 책, 224.
103 Walter Eucken, *Wirtschaftsmacht und Wirtschaftsordnung*, Berlin 2012, 86.